KB275950

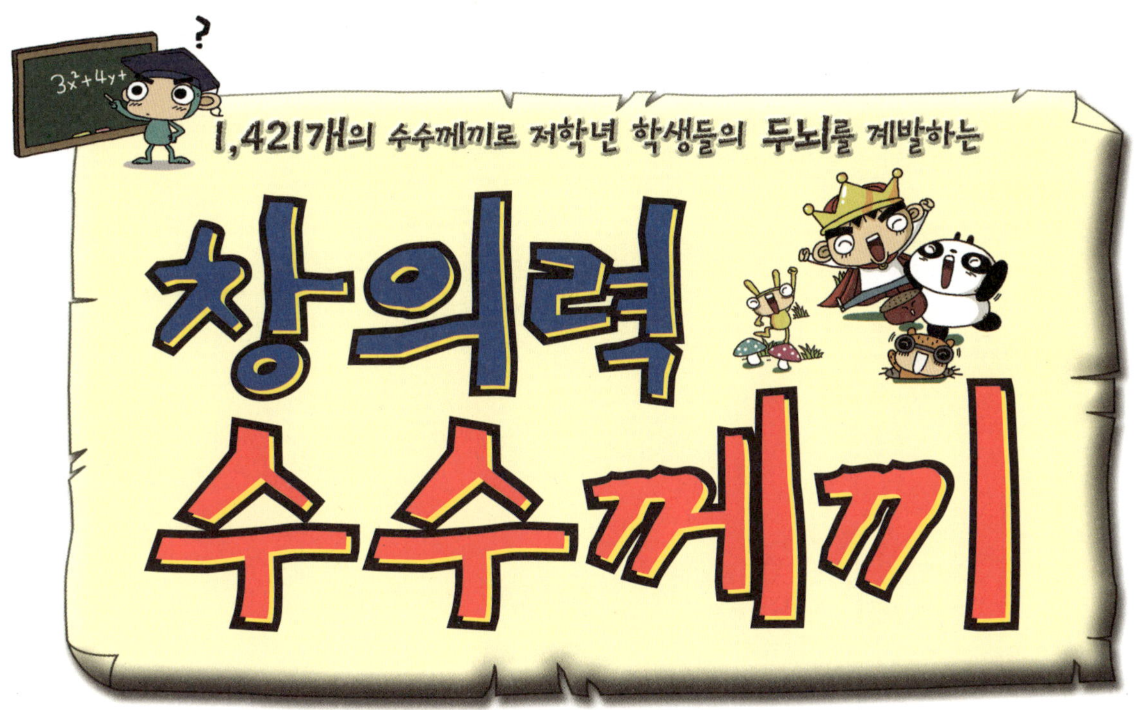

창의력 수수께끼

| 김건우 엮음 · 김진호 그림 |

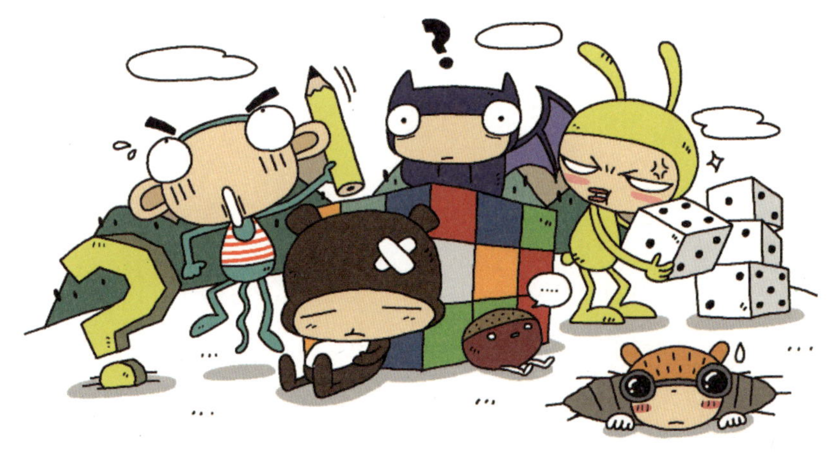

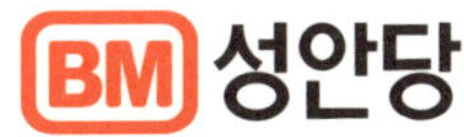

Foreign Copyright:
Joonwon Lee
Address: 127, Yanghwa-ro, Mapo-gu, Chomdan Building 6th floor,
    Seoul, Korea
Telephone: 82-70-4345-9818
E-mail: jwlee@cyber.co.kr

1,421개의 수수께끼로
저학년 학생들의 두뇌를 계발하는

창의력 수수께끼

2011. 8. 1. 초   판 1쇄 발행
2015. 12. 10. 장정개정 1판 1쇄 발행
2016. 9. 8. 장정개정 1판 2쇄 발행

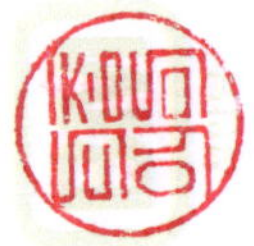

엮음 | 김건우
그림 | 김진호
펴낸이 | 이종춘
펴낸곳 | BM 주식회사 성안당
주소 | 04032 서울시 마포구 양화로 127 첨단빌딩 5층(출판기획 R&D 센터)
   | 10881 경기도 파주시 문발로 112(제작 및 물류)
전화 | 02) 3142-0036
   | 031) 950-6300
팩스 | 031) 955-0510
등록 | 1973. 2. 1. 제406-2005-000046호
출판사 홈페이지 | **www.cyber.co.kr**
도서 내용 문의 | kkwgun@naver.com
ISBN | 978-89-315-7896-6 (13000)
정가 | 12,000원

이 책을 만든 사람들
기획 | 최옥현
진행 | 최창동
교정 | 이영민
본문 디자인 | 김경미
표지 디자인 | 박원석
홍보 | 박연주
국제부 | 이선민, 조혜란, 고운채, 김해영, 김필호
마케팅 | 구본철, 차정욱, 나진호, 이동후, 강호묵
제작 | 김유석

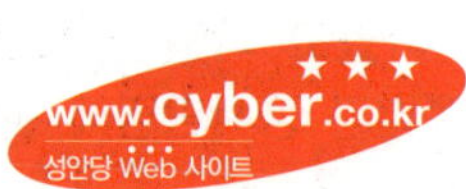

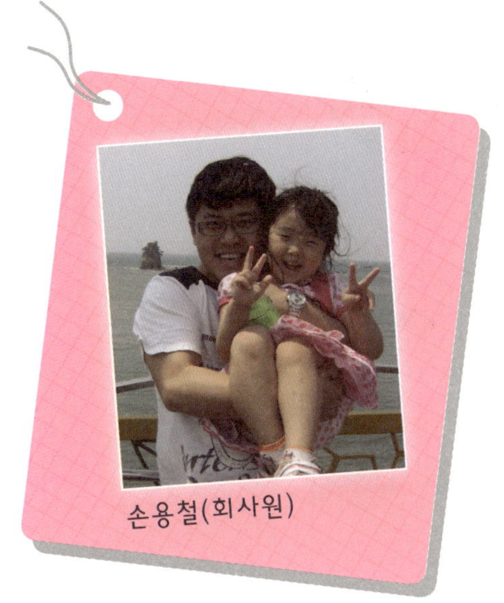

손용철(회사원)

수수께끼도 풀고 게임도 하고~!

서점에서 많은 수수께끼 책을 보고, 우리 아이에게 어떤 책을 사줄지 고민하던 중에 단계별로 짜임새 있게 구성된 수수께끼와 게임판 부록을 보고 선뜻 결정했습니다. 보고만 있어도 재미있게 그린 수수께끼 그림과 다양한 구성은 집중력이 약한 아이들이 책 속에 푹 빠지게 할만큼 잘 만들었어요. 가끔씩 아이가 먼저 수수께끼 문제를 함께 풀자고 할 때면 만사를 제쳐놓고 즐겁게 책을 보게 된답니다.

부록으로 제공되는 '수수께끼 섬을 탈출하라!' 게임판으로 게임을 하는 재미 또한 쏠쏠한데, 게임과 수수께끼 문제가 연결되어, 게임도 즐기고 수수께끼도 풀 수 있어서 아이도 무척 좋아하지만 아이와 함께 즐길 수 있는 놀이라 부모님들도 무척 좋아할 부록이라 생각합니다. 수수께끼를 통한 교육과 재미를 한꺼번에 잡을 수 있는 1석 2조의 부록이에요~

교육적이고 재미있는 수수께끼

일반 수수께끼 책과는 달리 상상력/추리력/창의력을 길러주는 수수께끼, 친구를 사귈 때 도움이 되는 수수께끼, 아이큐를 쑥쑥 올려주는 수수께끼 등의 12단계로 정리한 수수께끼와 숨은 그림 찾기, 꼬리에 꼬리를 무는 수수께끼 등 재미있고 다양한 내용이 학습을 통한 아이들의 두뇌계발과 정서함양에 많은 도움을 줄 수 있으리라 생각됩니다.

재미와 교육의 두 마리 토끼를 잡고 싶어하시는 모든 부모님들께 적극 추천합니다.

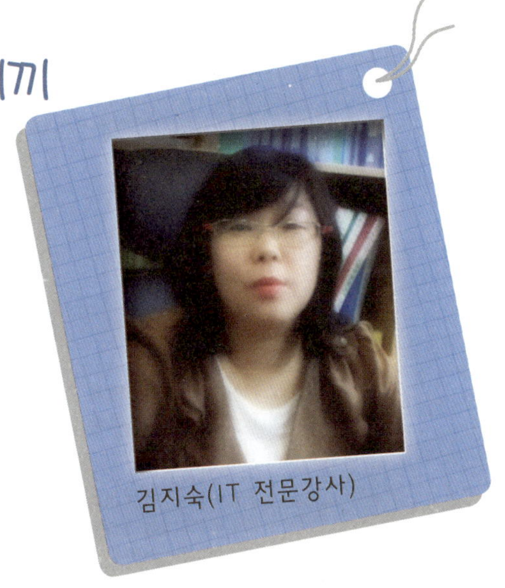

김지숙(IT 전문강사)

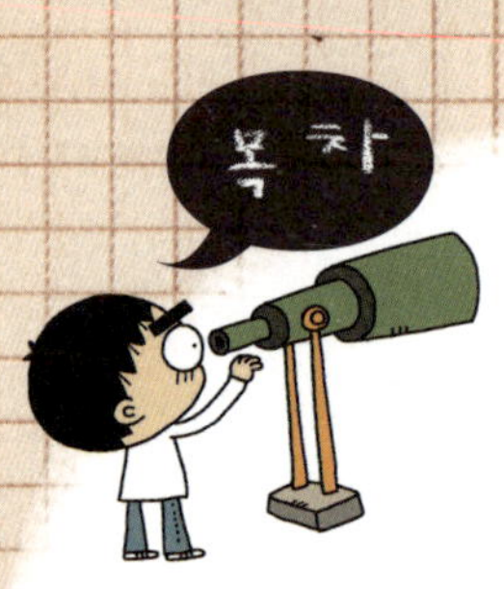

목차

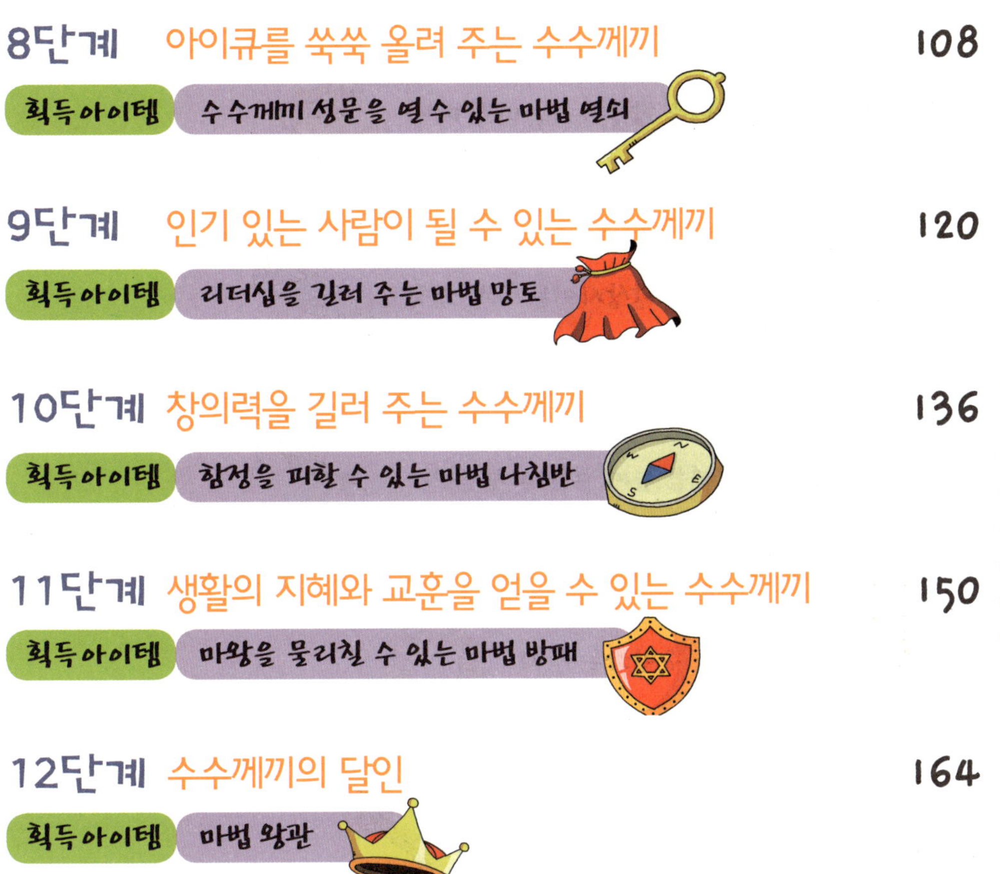

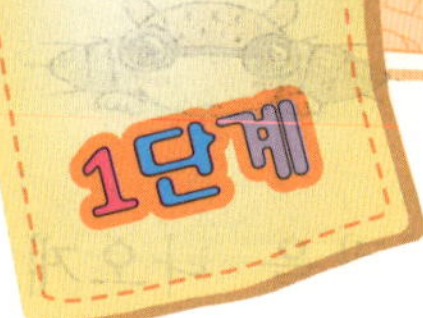

상상력을 키우는 수수께끼

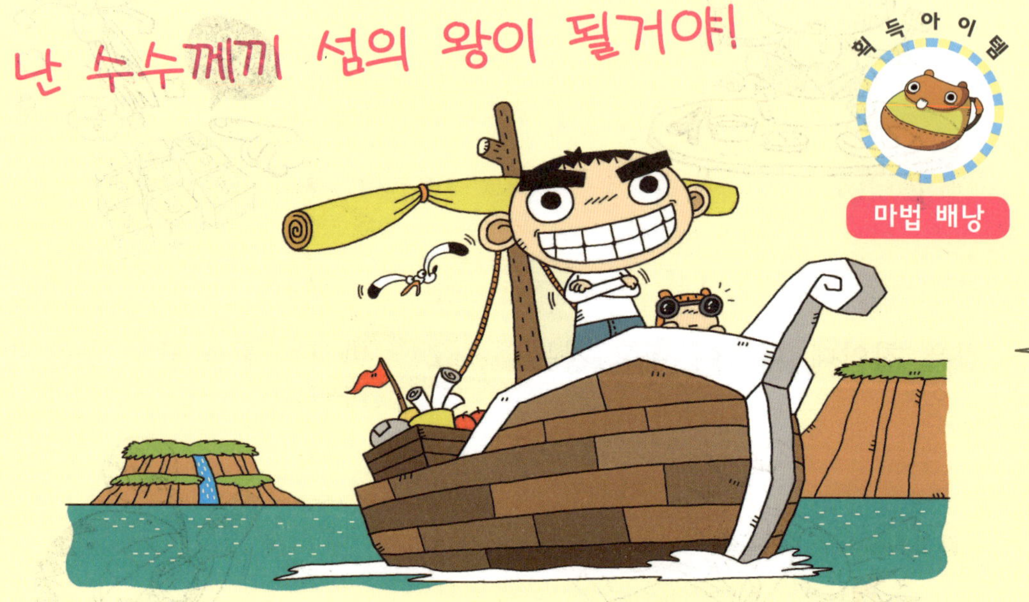

뽀롱이는 전설 속에 전해 내려오는 수수께끼 섬에 도착했어요.
누구보다 수수께끼에 자신이 있는 뽀롱이는 자신만만하게 배에서 내려
앞으로 나아 갔어요.

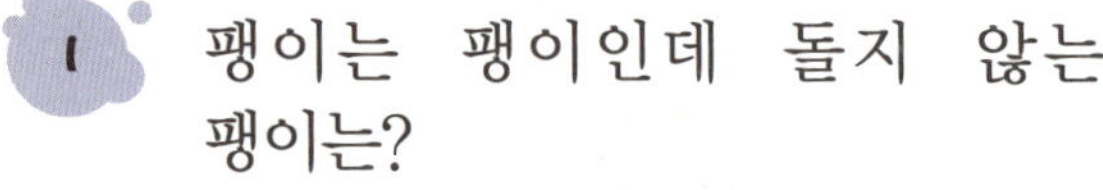

1 팽이는 팽이인데 돌지 않는 팽이는?

2 매일 길가에 서서 사람들에게 윙크하는 것은?

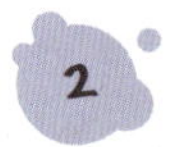

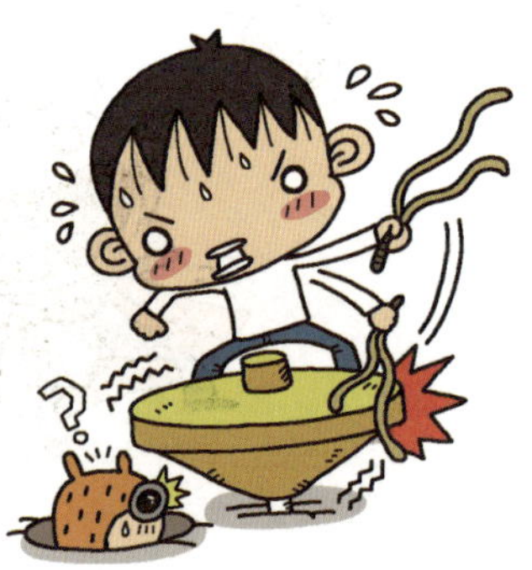

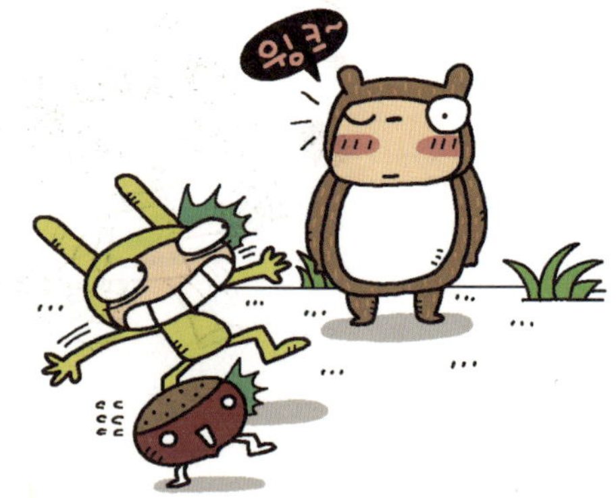

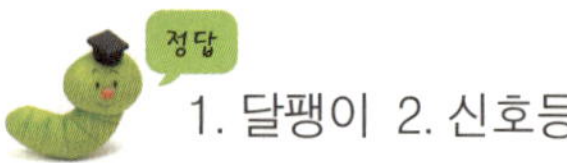
정답

1. 달팽이 2. 신호등

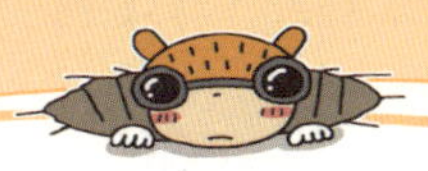

3 나무로 밥을 만드는 것은?

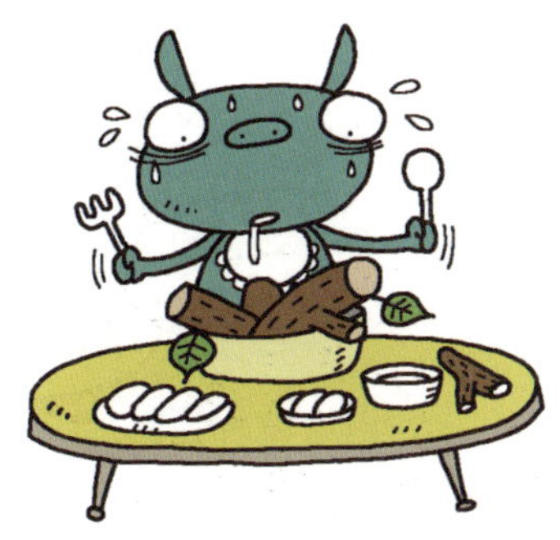

4 숫자를 누르면 사람을 나오게 하는 것은?

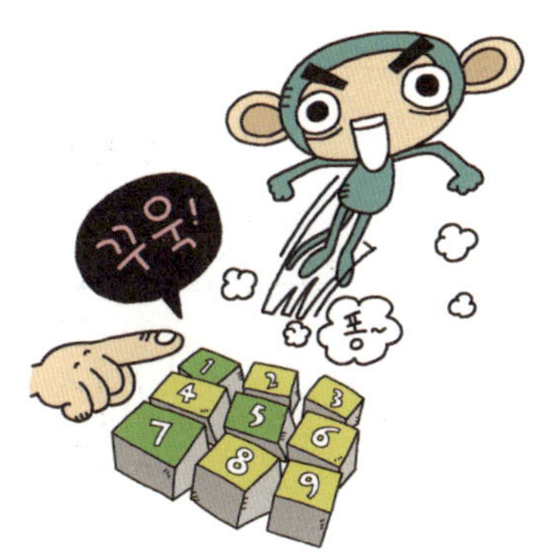

5 침은 침인데 머리에 베고 자는 침은?

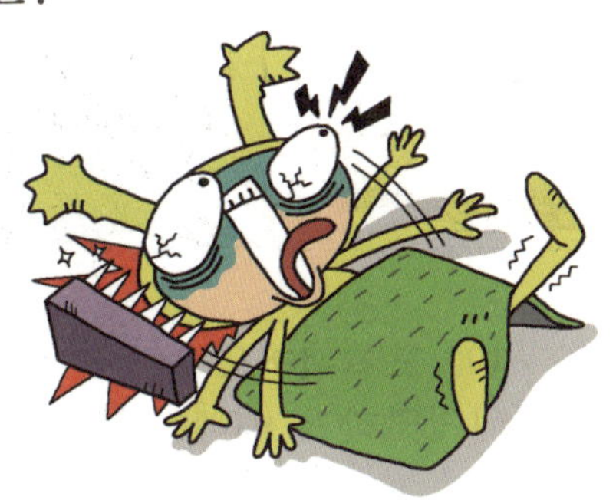

6 마시는 물을 줄로 묶을 수 있는 방법은?

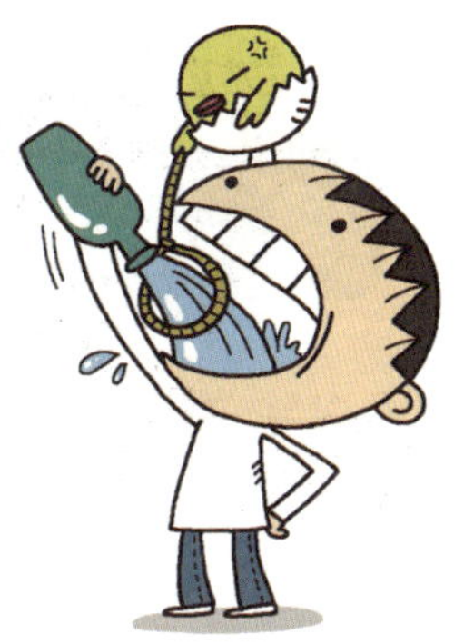

7 물건을 사고도 받아 오는 돈은?

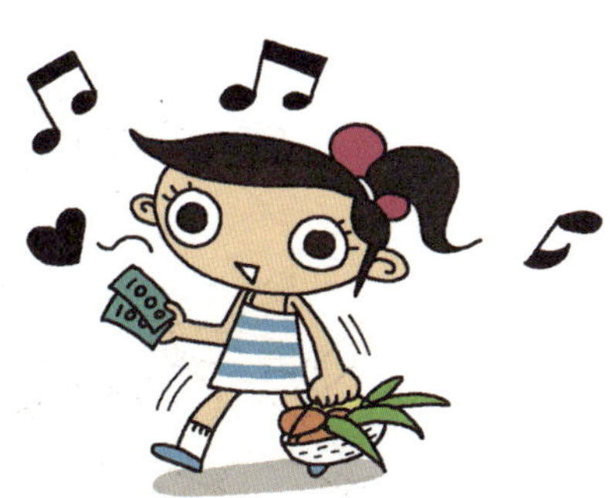

8 빛을 보이면 사용할 수 없는 것은?

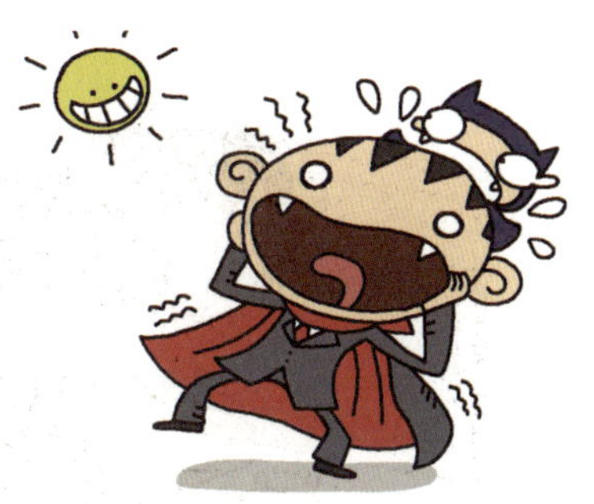

정답

3. 대패 4. 전화기(핸드폰) 5. 목침 6. 얼려서 묶는다 7. 거스름돈 8. 카메라필름

9 수많은 바늘을 단 옷을 입고 있는 것은?

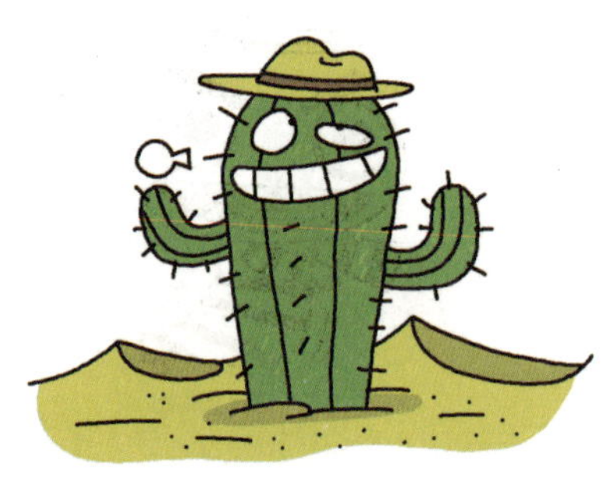

10 세상에 태어나서 단 한 번도 새 옷을 입어 보지 못한 것은?

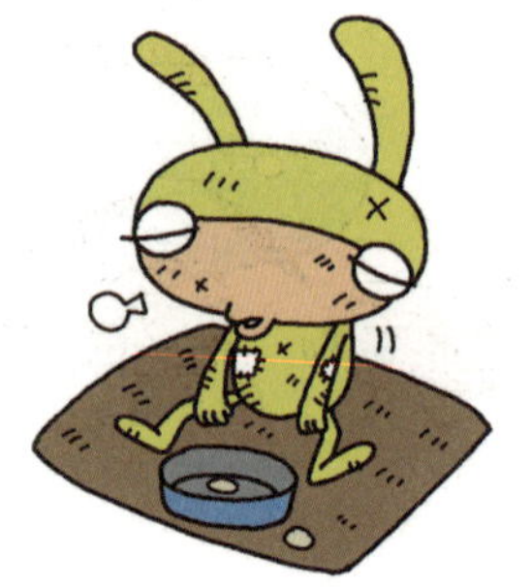

11 풀 수는 있지만 감는 것은 불가능한 것은?

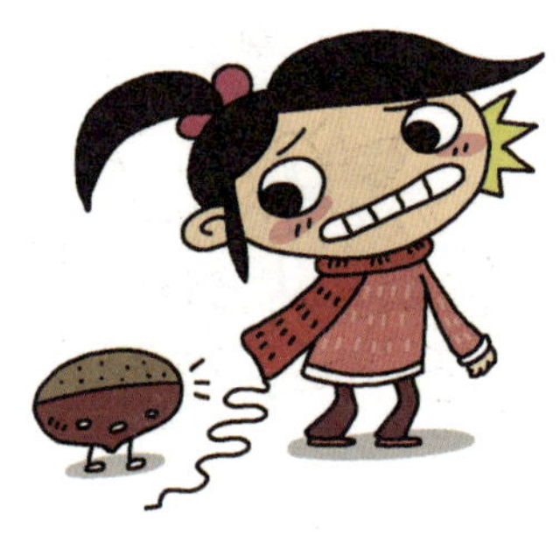

12 풀리면 풀릴수록 짧아지는 것은?

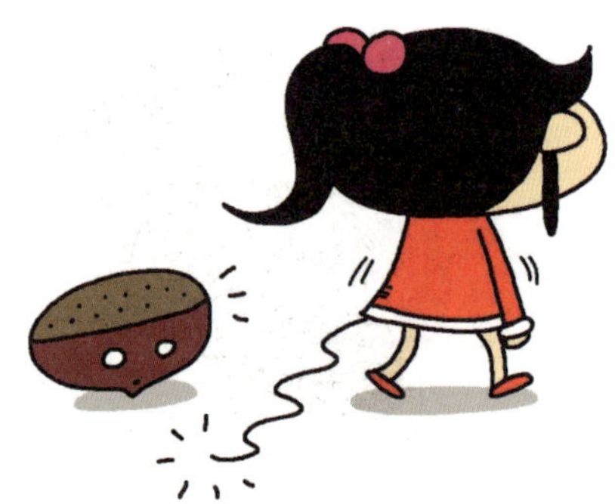

13 풀리면 풀릴수록 시원한 것은?

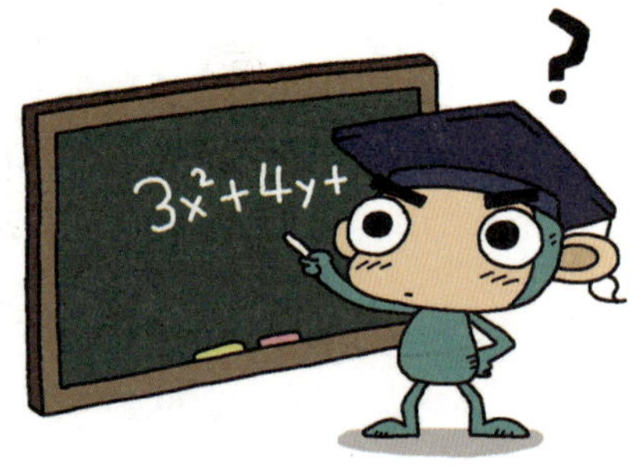

14 찢어진 천 구멍 사이로 얼굴을 보여주는 것은?

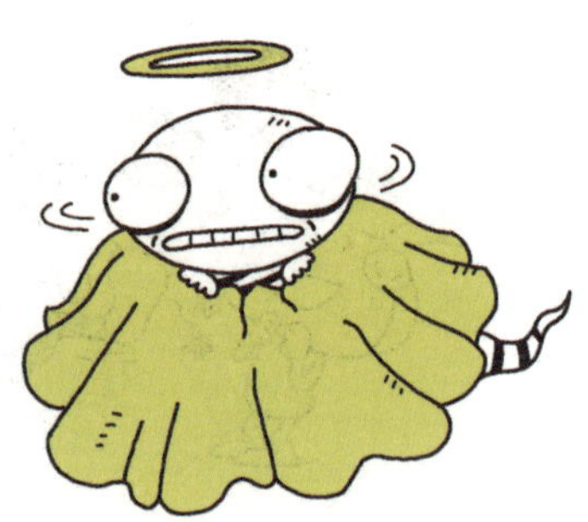

정답
9. 고슴도치 10. 허수아비 11. 코 12. 두루마리 13. 피로, 스트레스 14. 단추

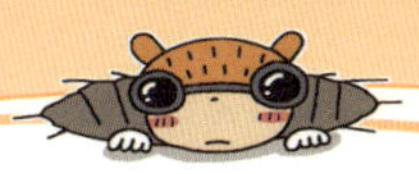

15 어릴 때 더 늙어 보이는 것은?

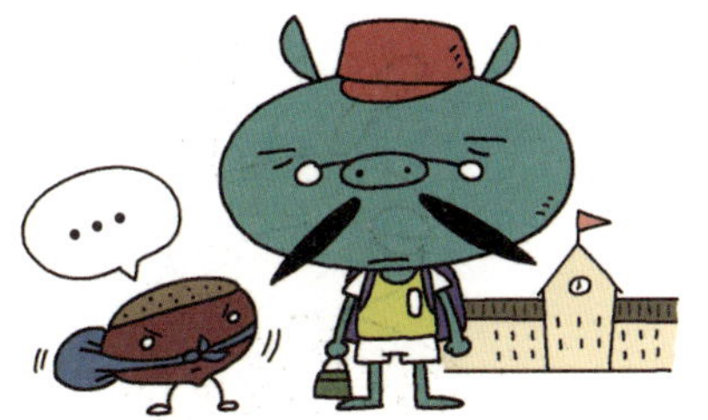

16 흰색과 검은색의 줄무늬 옷을 입고 있는 것은?

17 김은 김인데 먹지 않는 김은?

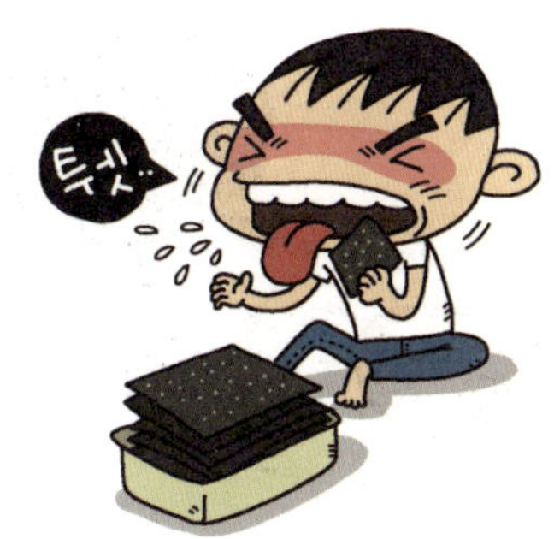

18 매일 정장을 입고 뒤뚱거리는 동물은?

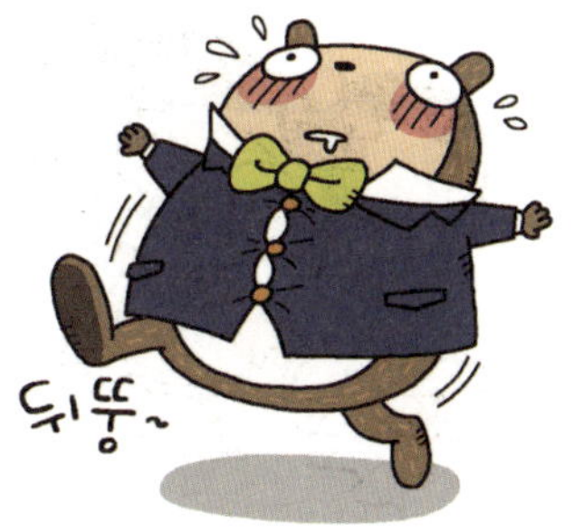

19 발은 발인데 향기로운 냄새가 나는 발은?

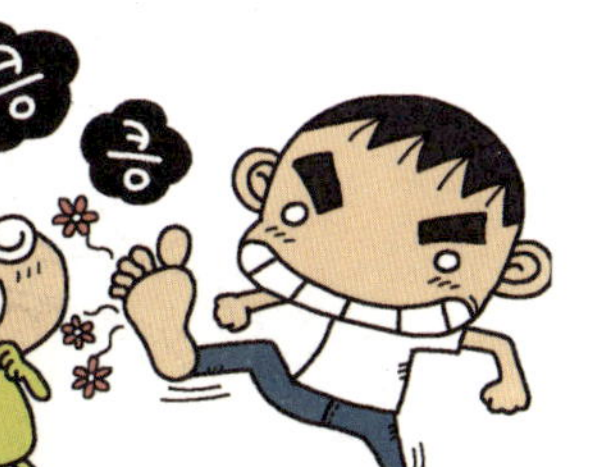

20 아무리 빨리 돌려도 늘 제자리에 있는 것은?

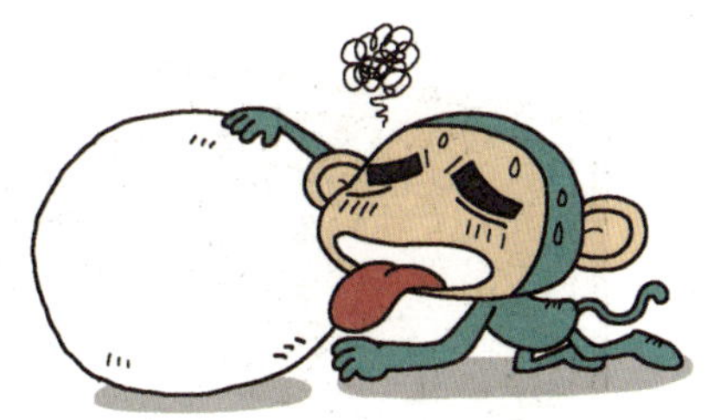

정답
15. 번데기 16. 얼룩말 17. 입김 18. 펭귄 19. 꽃다발 20. 물레방아

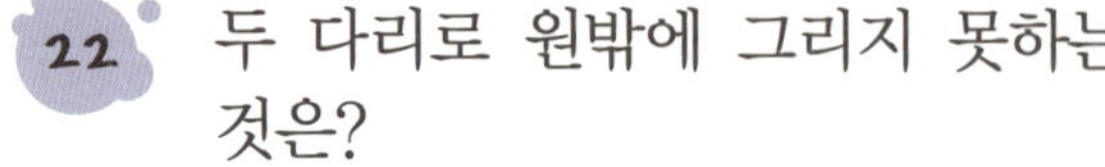

21 잘못한 것이 없는데도 손으로 싹싹 비는 것은?

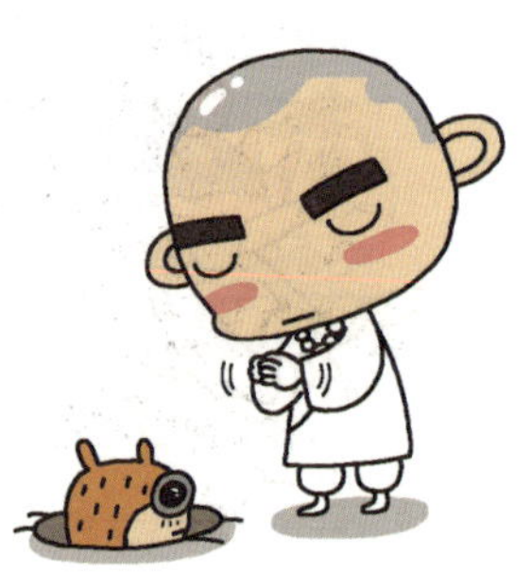

22 두 다리로 원밖에 그리지 못하는 것은?

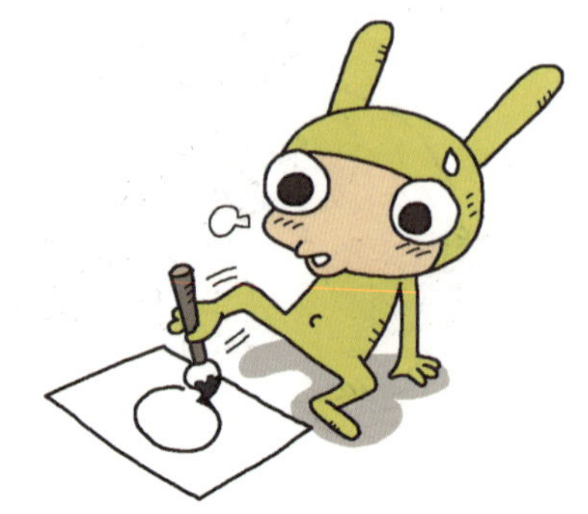

23 많이 가지면 가질수록, 생기면 생길수록 괴로운 것은?

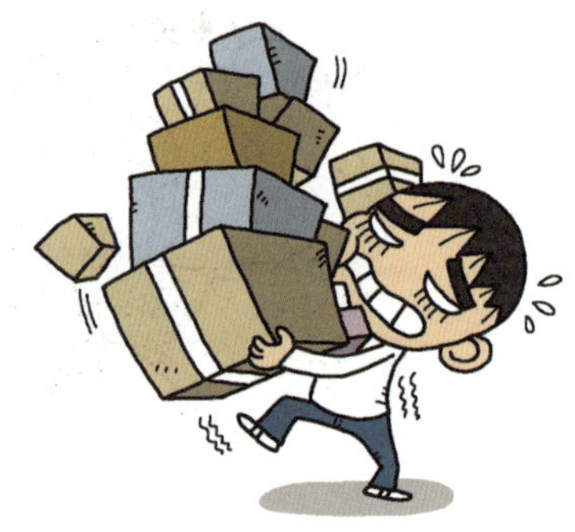

24 신부는 신부인데 신랑이 없는 신부는?

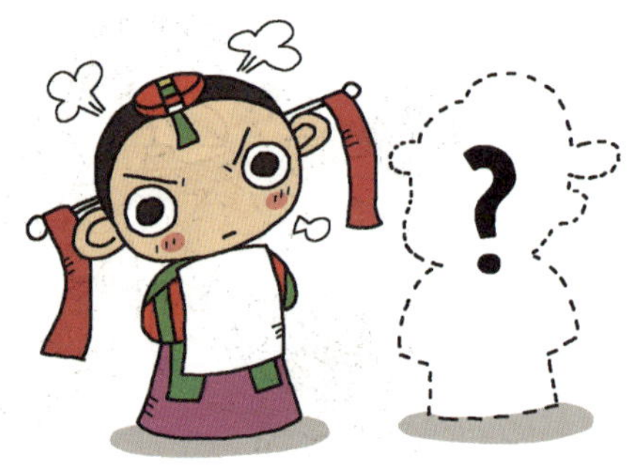

25 초가 모이면 무엇이 될까?

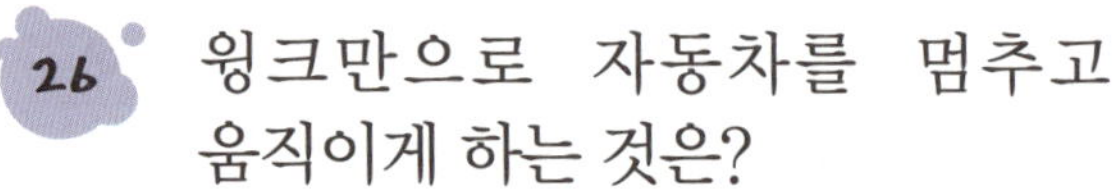

26 윙크만으로 자동차를 멈추고 움직이게 하는 것은?

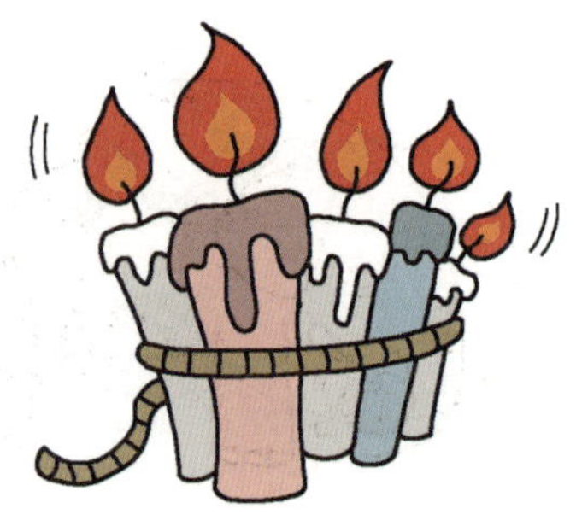

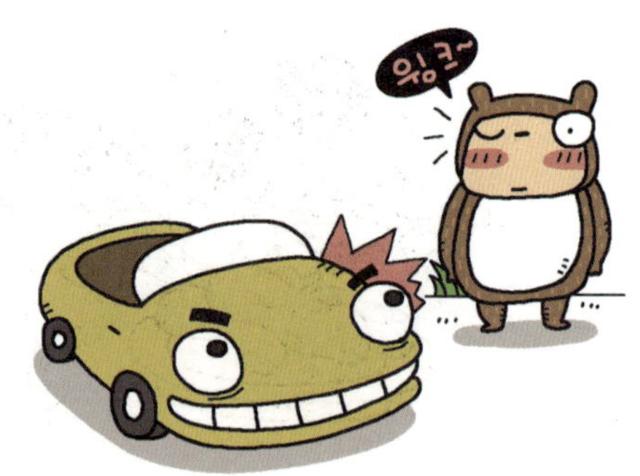

정답
21. 파리 22. 컴퍼스 23. 병 24. 천주교 신부 25. 분 26. 신호등

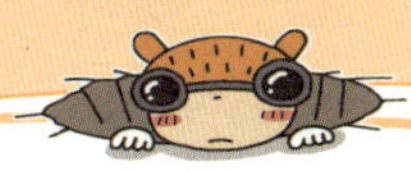

27 하면 할수록 많아지는 것은?

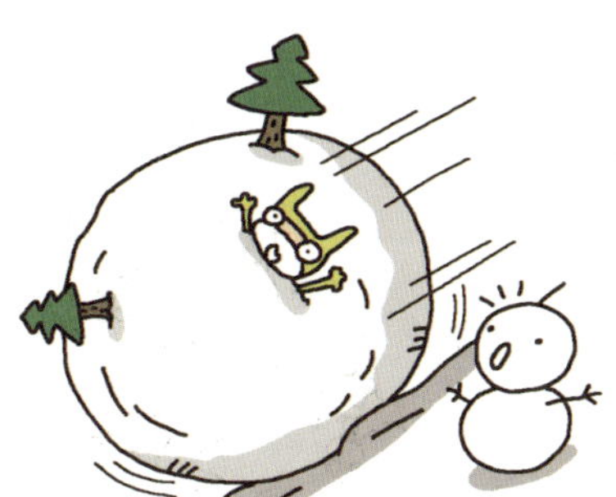

28 비는 비인데 불을 일으키는 비는?

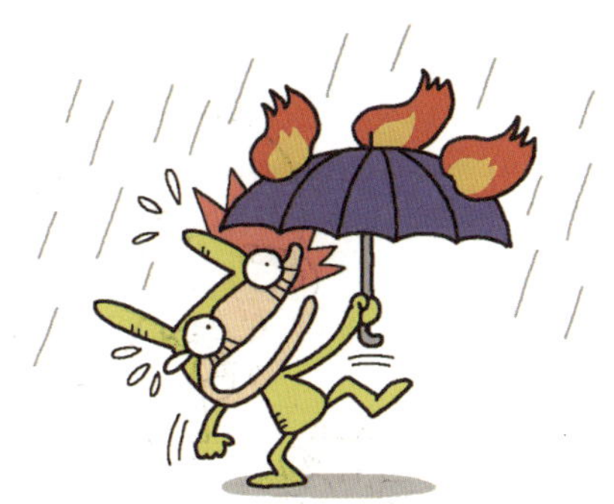

29 자루인데 물건을 담을 수 없는 자루는?

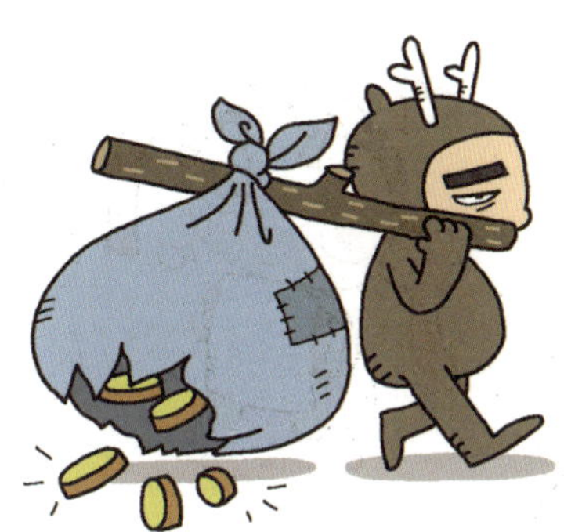

30 비는 비인데 고통을 주는 비는?

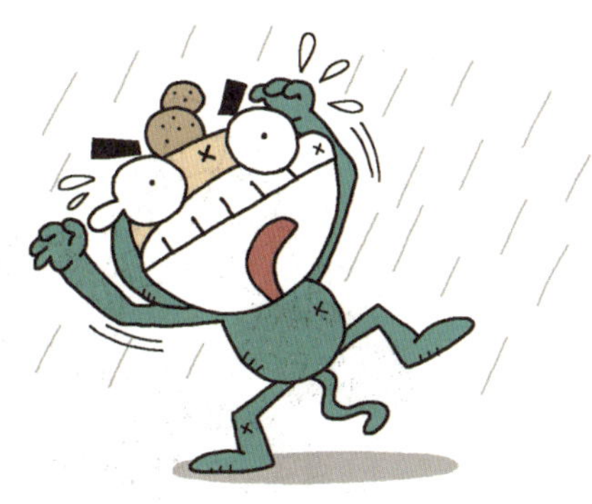

31 굴은 굴인데 먹지 못하는 굴은?

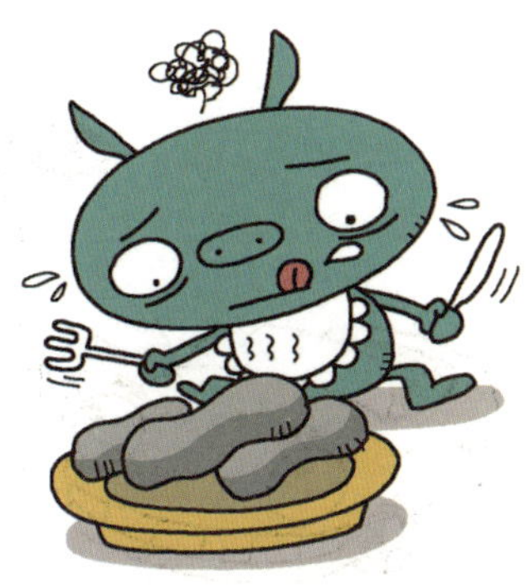

32 입이 없어도 코로 먹을 수 있는 것은?

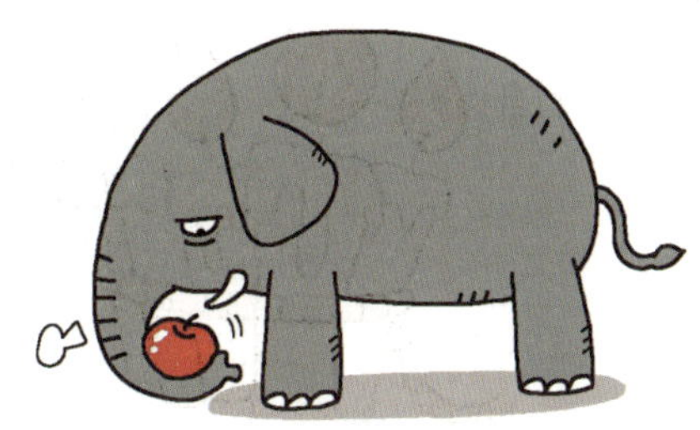

정답
27. 저축 28. 성냥개비 29. 빗자루 30. 변비 31. 땅굴 · 동굴 32. 공기

33 붉은 주머니에 금돈이 가득한 것은?

34 기웃거리면 뾰족한 침으로 혼나는 집은?

35 밤은 밤인데 맞으면 아픈 밤은?

36 아기일 때는 꼬리가 있고, 어른이 되면 없어지는 것은?

37 먹기 전에는 하나지만 먹은 뒤에는 두 개가 되는 것은?

38 못은 못인데 망치가 필요 없는 못은?

39 멍은 멍인데 모든 사람이 가지고 있는 멍은?

40 부자되기는 틀린 집은 어떤 집인가?

41 성격이 급한 사람을 계속해서 따라다니며 비추는 달은?

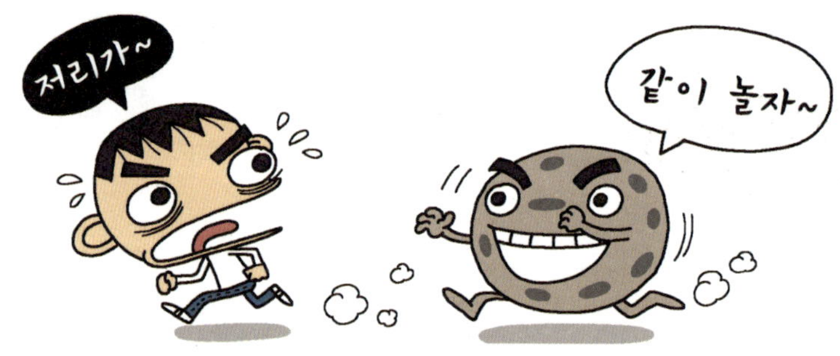

42 사방으로 날아가 산산이 부서지는 산은?

43 하늘에서 그물질 하는 것은?

44 가기 싫다고 해도 가야 하는 것은?

45 미소는 미소인데 웃음이 아닌 것은?

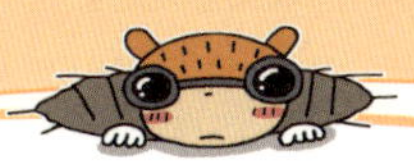

46 목욕탕에 가면 두고 나오는 것은?

47 날지 못하는 오리는?

48 친구들과 빵집에 가서 서로 돈을 안 내려고 추는 춤은?

49 사람의 신체 일부를 볶아 먹고 사는 사람은?

50 돼지가 열 받으면 어떻게 될까?

51 동이 아닌 구리는?

52 나올 때는 천천히 나오고, 들어갈 때는 빨리 들어가는 것은?

53 곰이 목욕하는 곳은?

54 자기 혼자만 갈 수 있는 나라는?

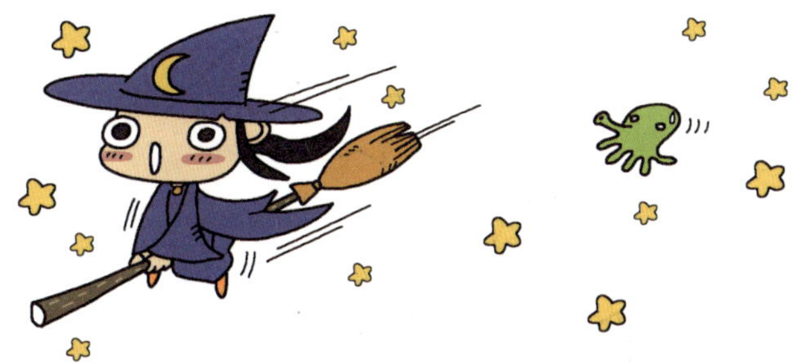

55 아버지는 수염이 없는데 아들은 수염이 난 것은?

56 작은 집에 일렬로 머리를 맞대고 많이 들어가 있는 것은?

57 웃으면 이빨이 쏟아지는 것은?

58 어디든지 따라다니는데 방에는 못 따라가는 것은?

정답
46. 때 47. 가오리 48. 주춤주춤 49. 미용사 50. 바비큐 51. 딱따구리 52. 콧물 53. 곰탕 54. 꿈나라
55. 옥수수 56. 성냥 57. 석류 58. 신발

59	따라만 다니고 얻어 먹지 못하는 것은?
60	쓰레기만 먹고 사는 것은?
61	뼈가 없어도 힘이 센 것은?
62	술과 술이 맞닿는 것은?
63	불어도 시원하지 않는 바람은?
64	바가지를 쓰고 다니는 사람은?
65	똑같이 걷지만 나란히 걷지 못하는 것은?
66	며느리는 있어도 시어머니는 없는 것은?
67	얼리면 고체, 끓이면 기체가 되는 것은?
68	훔칠수록 더러워지는 것은?

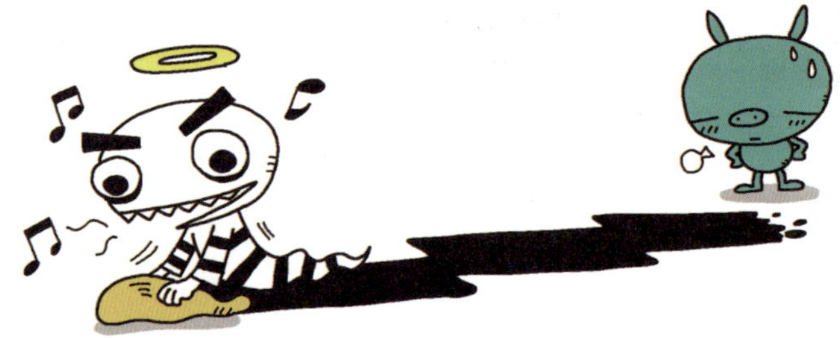

69	닦을수록 까맣게 되는 것은?
70	네 발 가지고도 걸어다니지 못하는 것은?
71	다리만 잡으면 흔드는 것은?

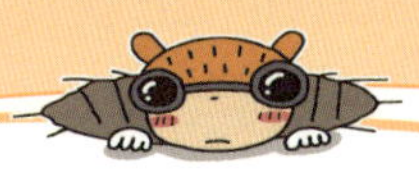

72 곱지만 슬픈 것은?

73 나오면 들어갈 수 없는 것은?

74 남의 이름을 거꾸로만 쓰는 사람은?

75 걷지 않고 짧은 시간에 빨리 가는 것은?

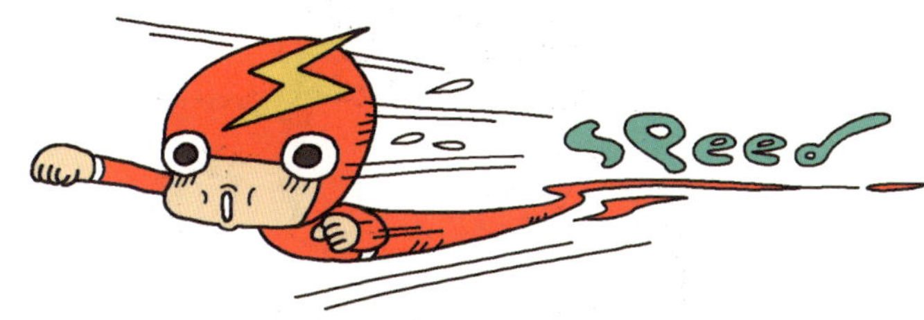

76 강한 것이 먼저 없어지고 부드러운 것이 오래 남는 것은?

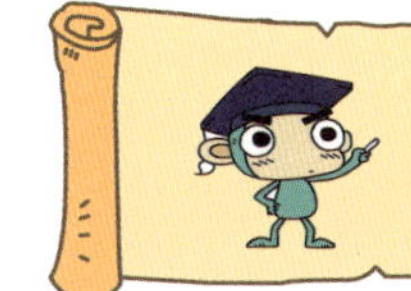

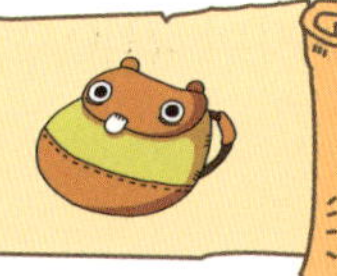

정답

72. 상여 73. 치약 74. 도장 파는 사람 75. 전파 · 빛 · 소리 76. 잇몸

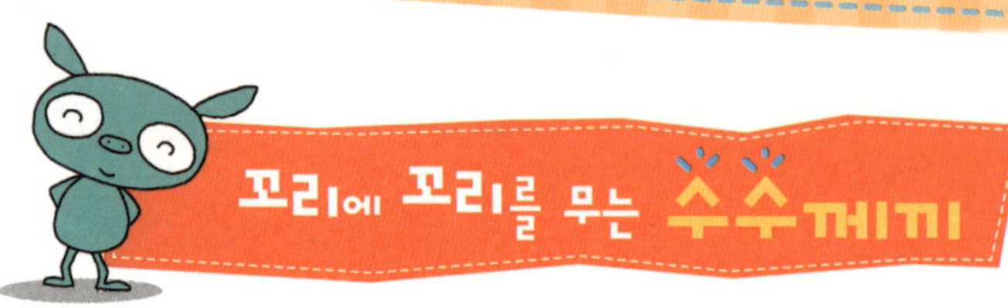

1 펭귄이 다니는 중학교는?

2 펭귄이 다니는 고등학교는?

3 펭귄이 다니는 대학교는?

4 펭귄이 타는 차는?

5 펭귄 왕의 무덤 이름은?

6 펭귄 한 마리를 넣고 끓인 탕은?

7 펭귄 두 마리를 넣고 끓인 탕은?

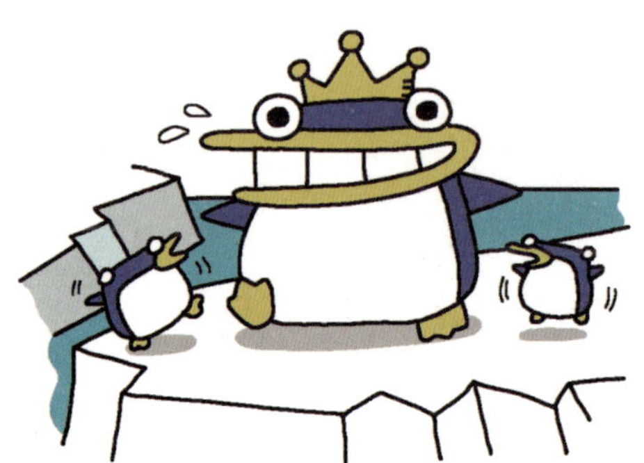

8 호주의 술은?

9 호주의 쌀은?

10 호주의 떡은?

11 호주의 돈은?

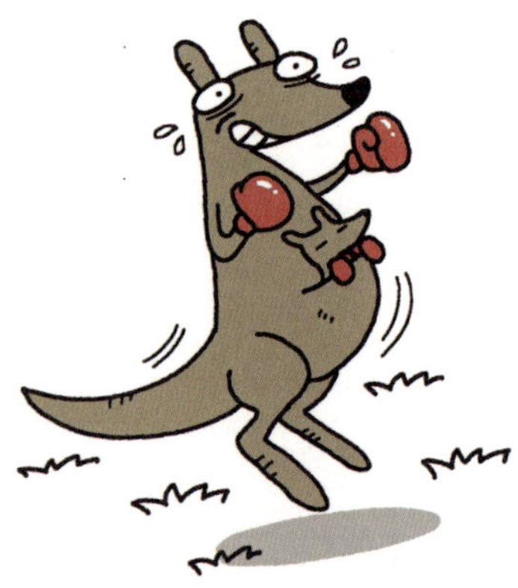

정답
1. 냉방중 2. 냉장고 3. 빙하 시대 4. 알래스카 5. 썰릉 6. 설렁탕(썰렁해서) 7. 추어탕(추워서)
8. 호주(酒) 9. 호미(米) 10. 호떡 11. 호주머니(money)

12 바늘만 가지고 다니는 사람을 부르는 말은?

13 라이터만 갖고 다니는 사람을 부르는 말?

14 담배만 갖고 다니는 사람을 부르는 말?

15 도둑이 자신의 생업을 버리지 못하는 이유는?

16 도둑이 혼자서 일하는 이유는?

17 도둑에게 가장 황당한 일은?

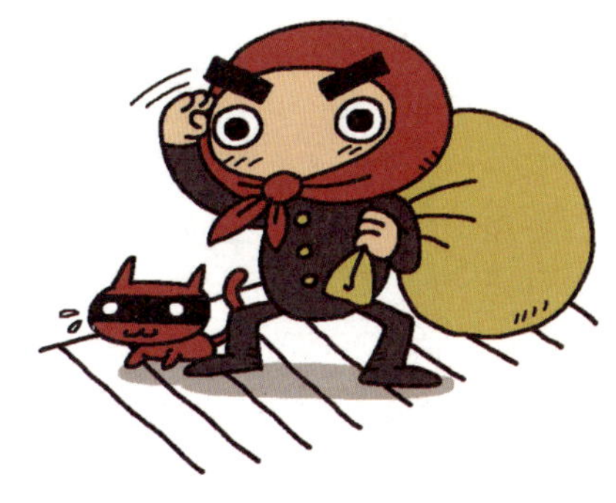

정답
12. 실 없는 사람 13. 불만 있는 사람 14. 불필요한 사람 15. 빈부의 격차를 없애기 위해
16. 자신 외에는 믿을 놈이 없기 때문에 17. 훔친 물건을 소매치기 당했을 때

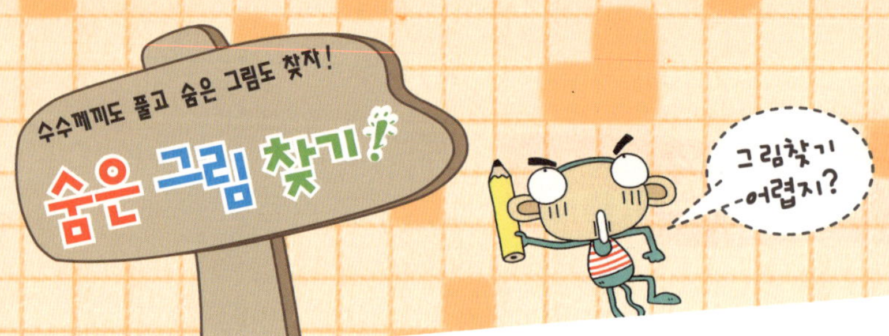

Q 산은 산인데 하늘을 날아다니는 산은?

Q 매일 밥과 반찬을 만져도 밥을 동동거리며 얻어먹지 못하는 것은?

Q 비오는 날에만 나오고 맑은 날에는 쉬는 것은?

Q 흙 속에 사는 아기는?

Q 귓구멍 하나만 가지고 숨바꼭질만 하면서 사는 것은?

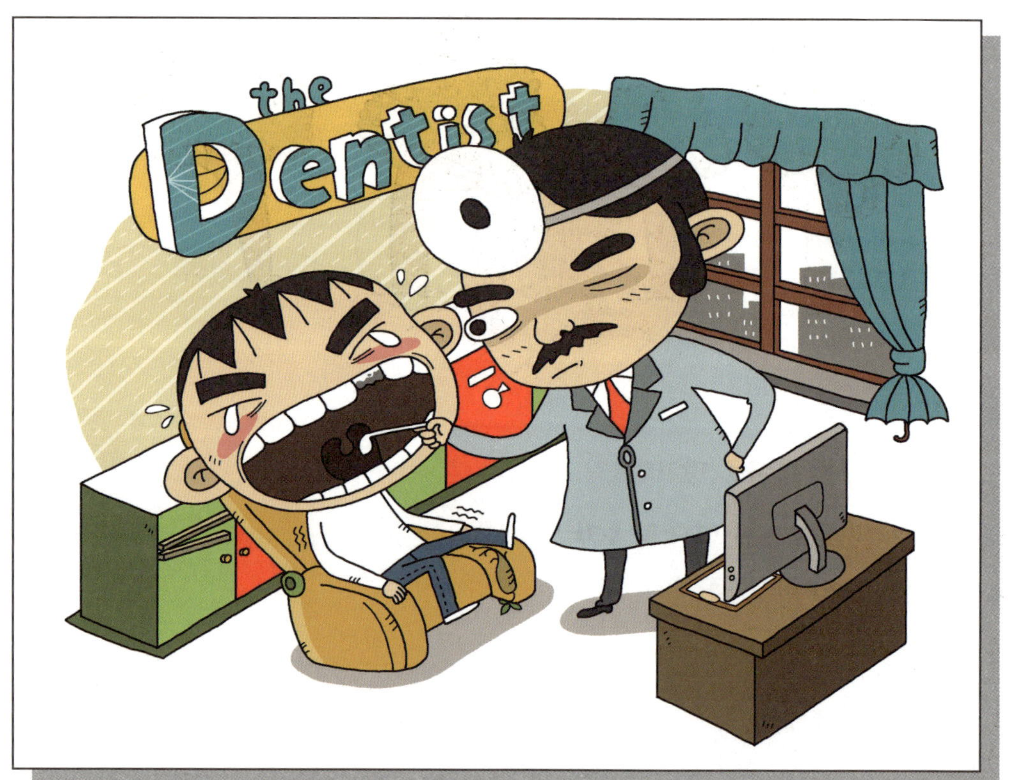

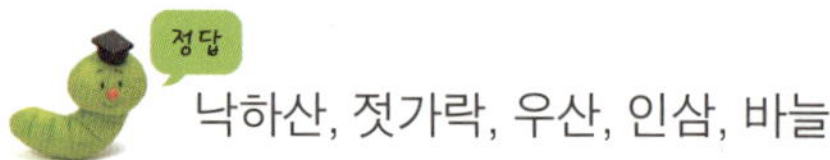

낙하산, 젓가락, 우산, 인삼, 바늘

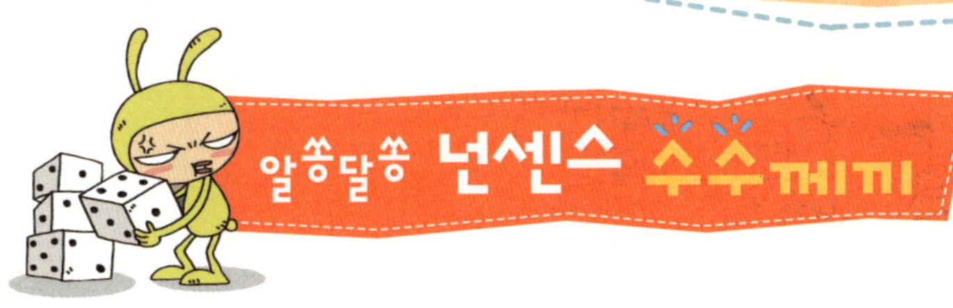

1 국사책을 태우면?

2 수학책을 익히는 것은?

3 바나나가 발차기 하는 것은?

4 아몬드가 죽으면?

5 나무가 빼빼이면 무엇인가?

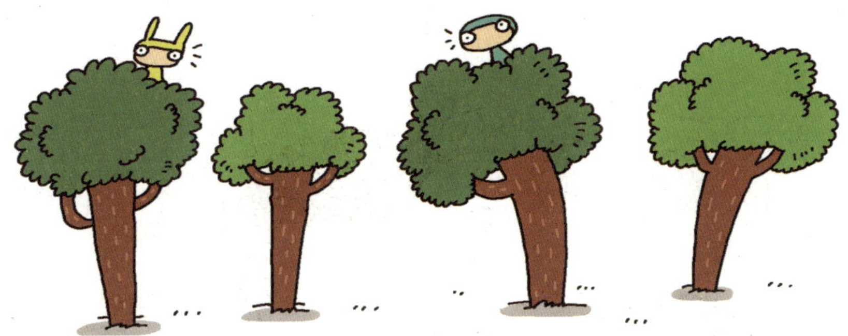

6 사과가 웃으면?

7 오뎅을 다섯 글자로 말하면?

8 우리에게는 내일이 없다고 누가 말했나?

9 가장 오래된 망고는?

10 세상에서 제일 뜨거운 과일은?

11 칠판이 웃으면?

정답

1. 불국사 2. 수학 익힘책 3. 바나나킥 4. 다이아몬드(다이(die) : 죽다) 5. 포트리스 6. 풋사과
7. 뎅뎅뎅뎅뎅 8. 하루살이 9. 할망고 10. 천도복숭아 11. 킥보드

추리력을 높이는 수수께끼

높은 곳으로 올라가 섬을 확인해 보자.

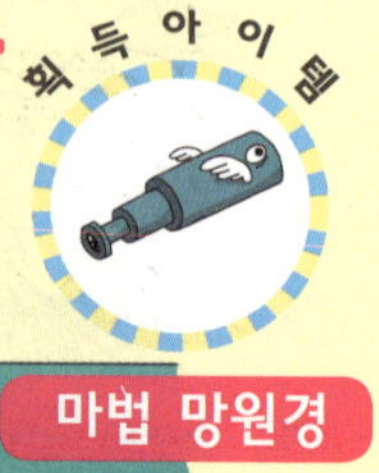

획득아이템

마법 망원경

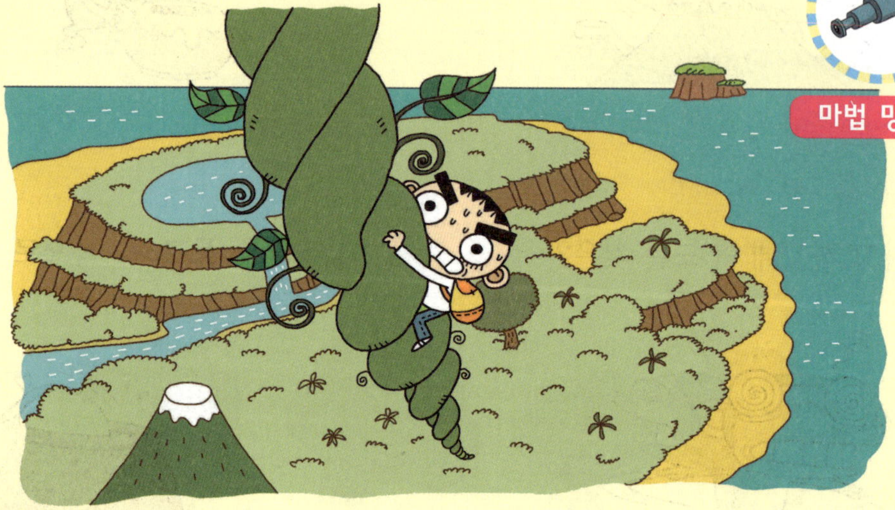

말을 하는 커다란 콩나무는 뽀롱이를 끌어 올렸어요.
하늘 끝까지 솟은 콩나무를 오르기 위해선 수수께끼를 모두 풀어야
한다고 말을 합니다.

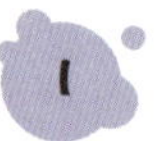 먼저 생길수록 젊은 것은?

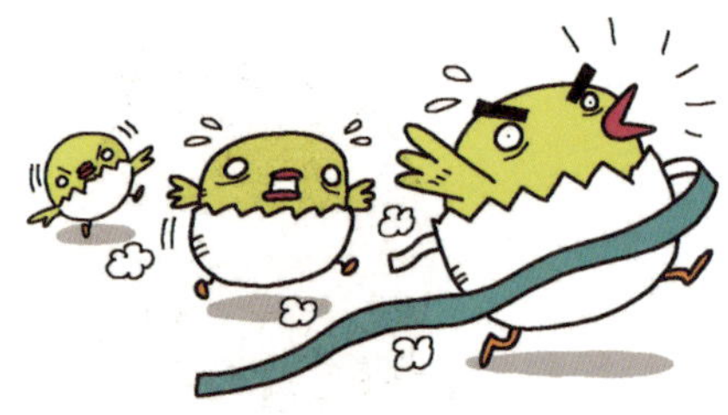

 모자는 모자인데 쓸 수 없는 모자는?

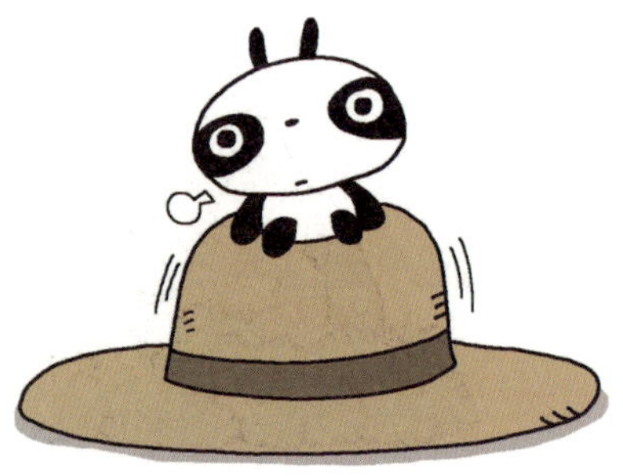

 정답
1. 전화 번호 2. 모자(어머니와 아들)

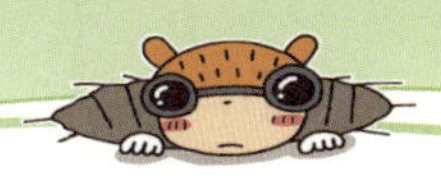

3 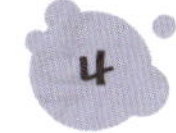 먼 산에 머리 풀고 하늘로 올라가는 것은?

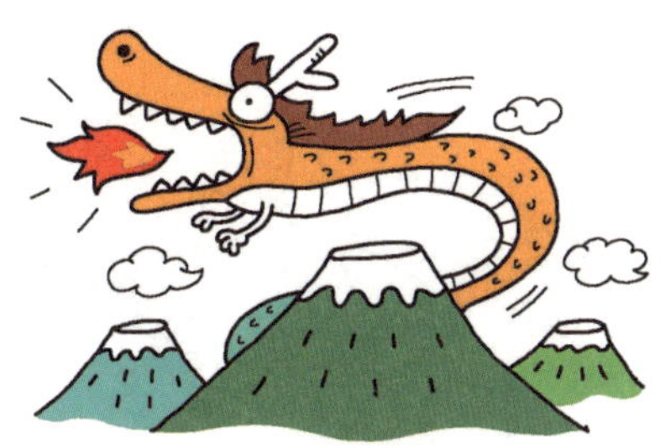

4 먹지 않아도 맛이 단 것은?

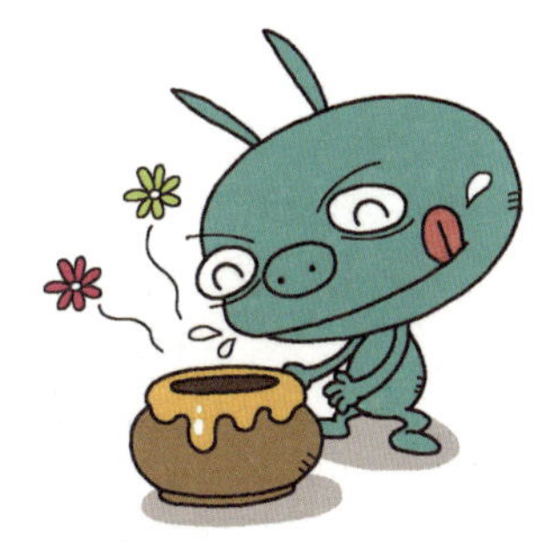

5 돈다고 하는데 안 도는 것은?

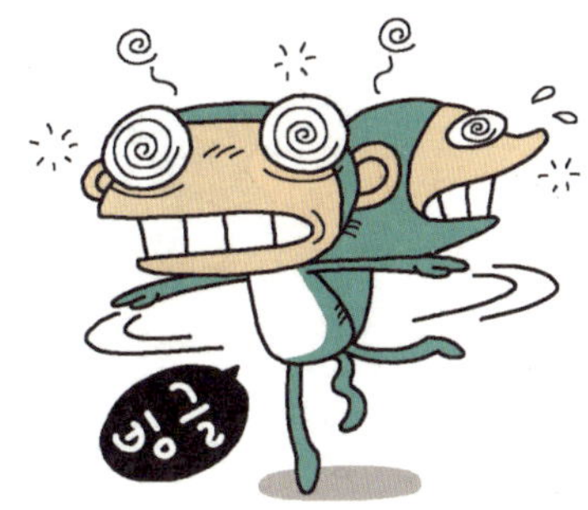

6 머리를 풀고 독 속으로 들어가는 것은?

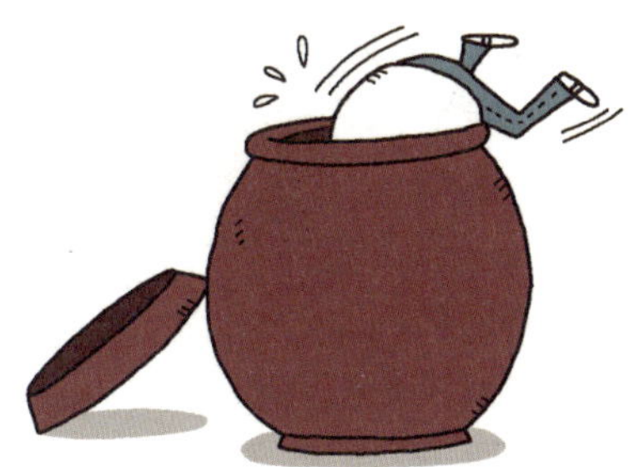

7 둥근 산에 구멍 일곱 개 있는 것은?

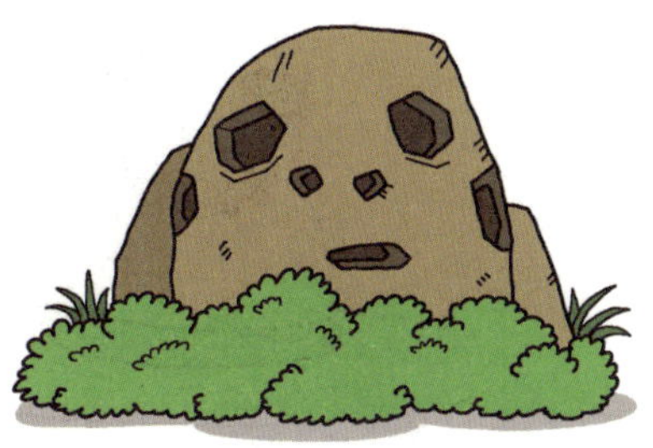

8 막을수록 새는 것은?

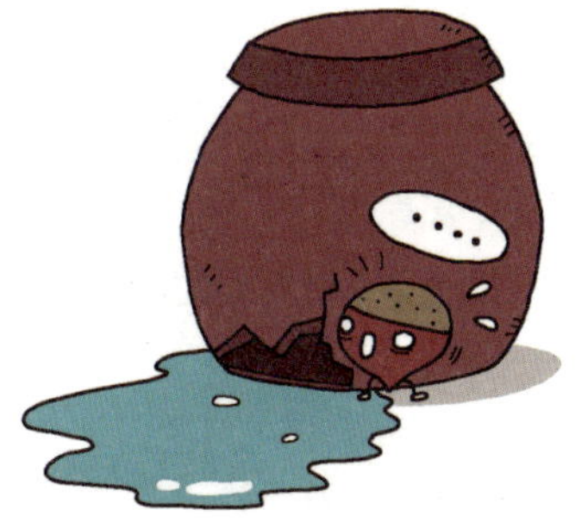

정답
3. 아지랑이 4. 단잠 5. 지구 6. 김장 배추 7. 얼굴 8. 하늘(구름으로 막을수록 비가 샘)

9. 매질을 하면 할수록 살이 찌는 것은?

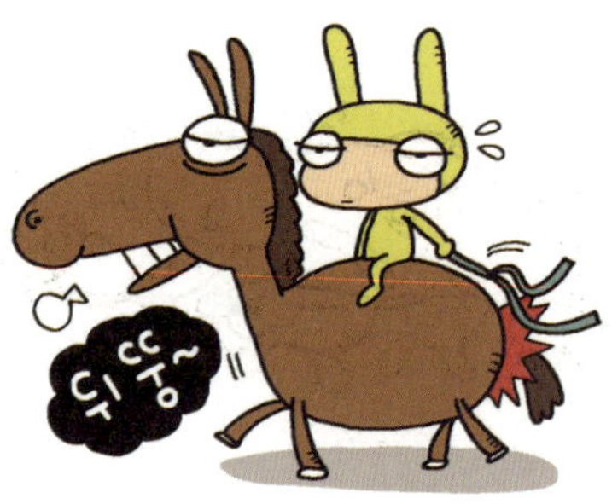

10. 뒤통수에 눈 박힌 것은?

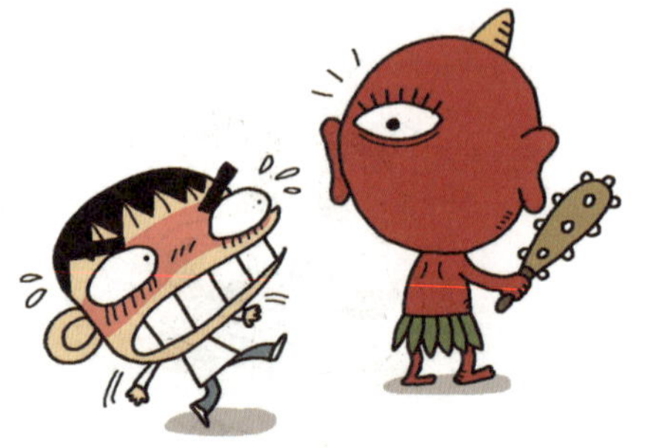

11. 눈에는 안 보이지만 마디가 있는 것은?

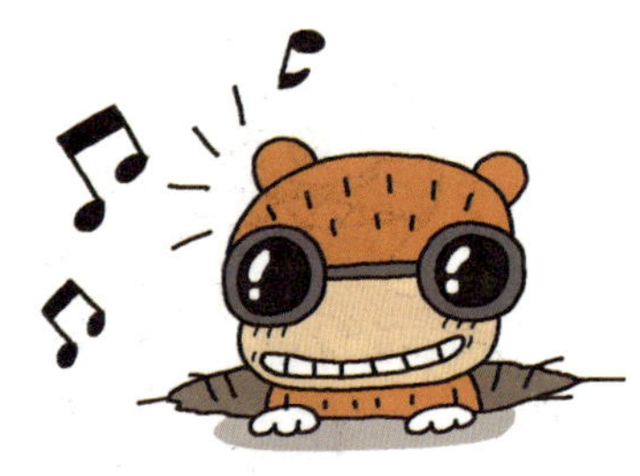

12. 머리하고 발이 똑같은 날은?

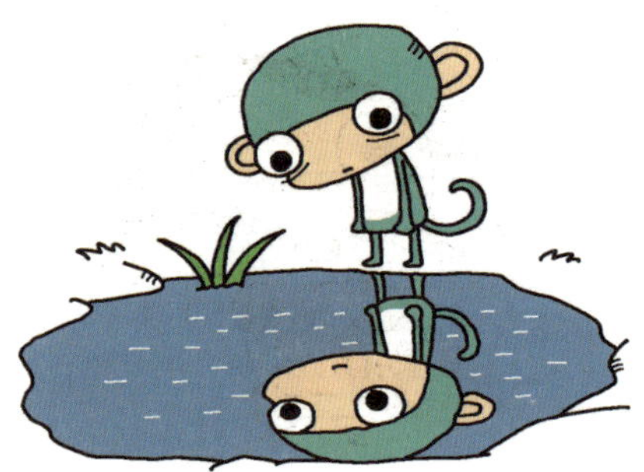

13. 대나무 끝에 털 난 것은?

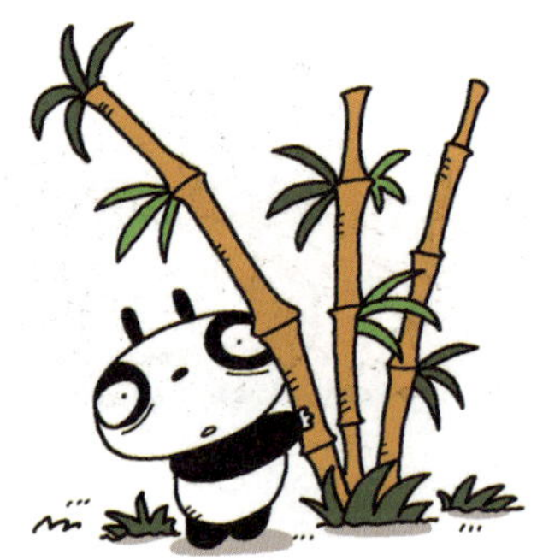

14. 눈으로 보지 않고 손으로 보는 것은?

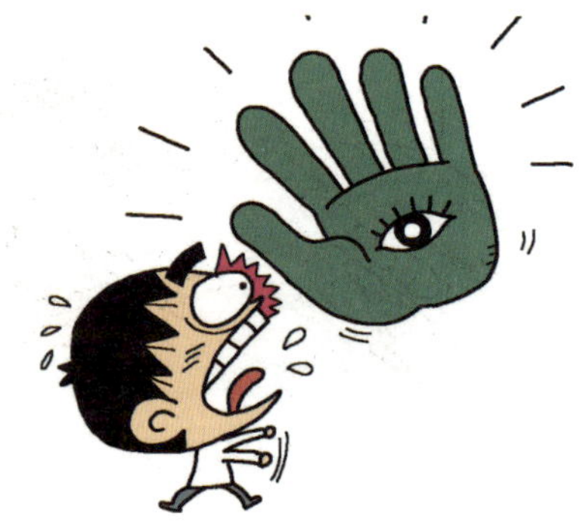

정답

9. 솜 10. 개구리 11. 노래 12. 일요일 13. 붓 14. 병자의 맥

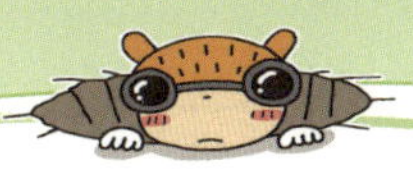

15 다리에 발이 달리지 않고 머리에 발이 달린 것은?

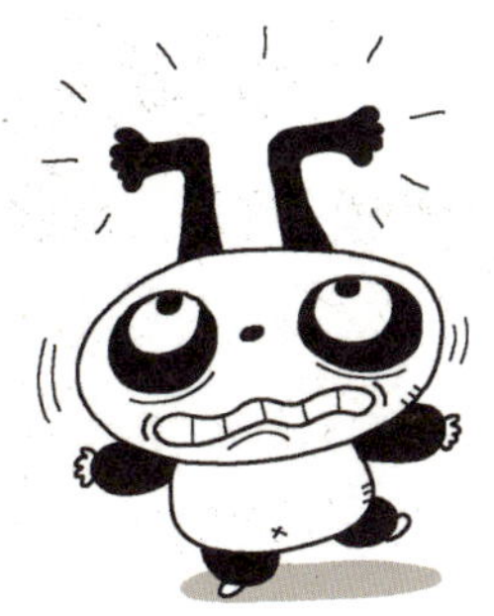

16 다섯 놈은 당기고 다섯 놈은 들어가는 것은?

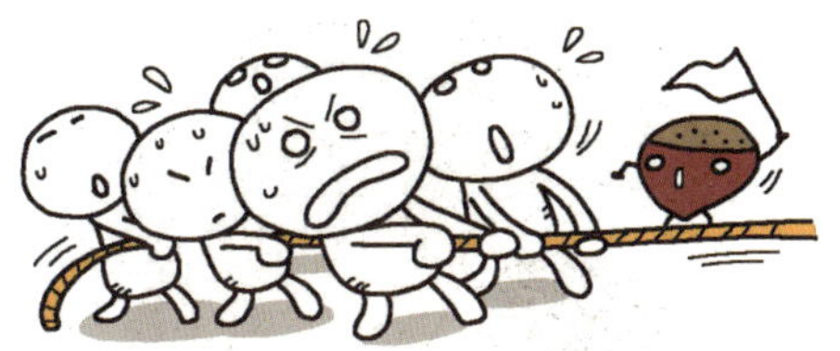

17 늙어서 고와지는 것은?

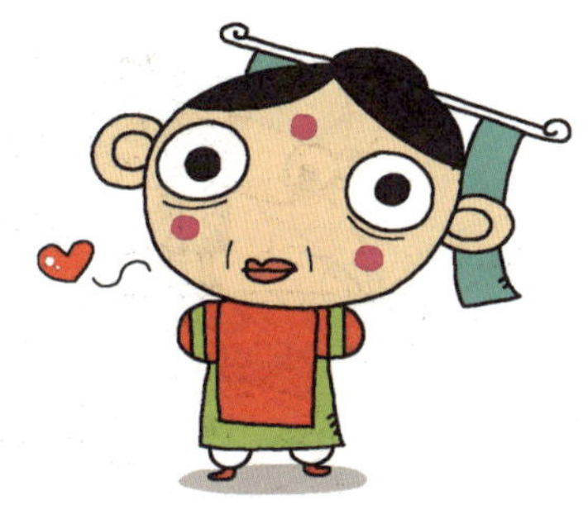

18 눈은 하나뿐인데 다리가 셋인 것은?

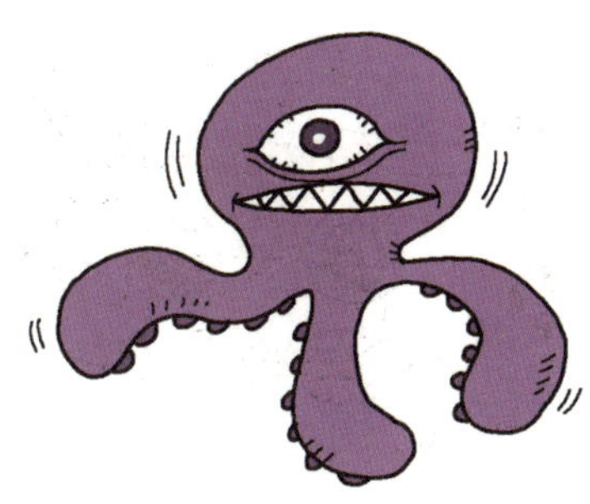

19 사람의 몸에 칼을 들이대고도 칭찬 받는 사람은?

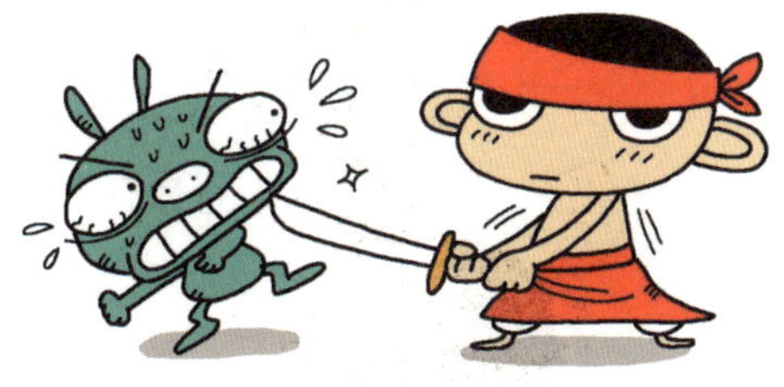

20 개미가 모이면 더러운 이유는?

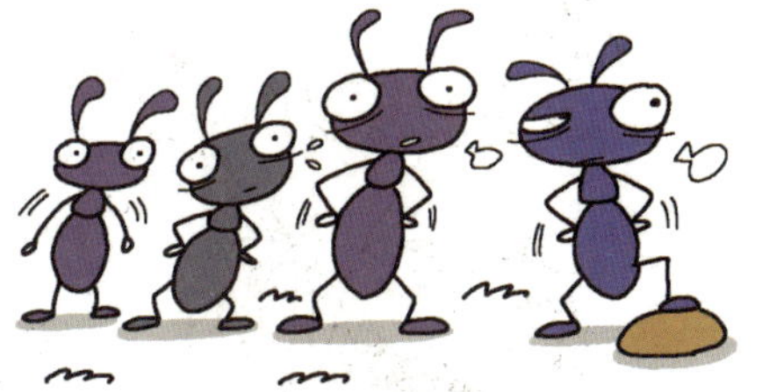

정답
15. 문어 16. 장갑 17. 고추 18. 삼각대 위의 사진기 19. 의사, 이발사 20. 개미 '떼(때)'이기 때문

21 하늘에는 총이 두 개 있고, 땅에는 침이 두 개 있는데 무엇인가?

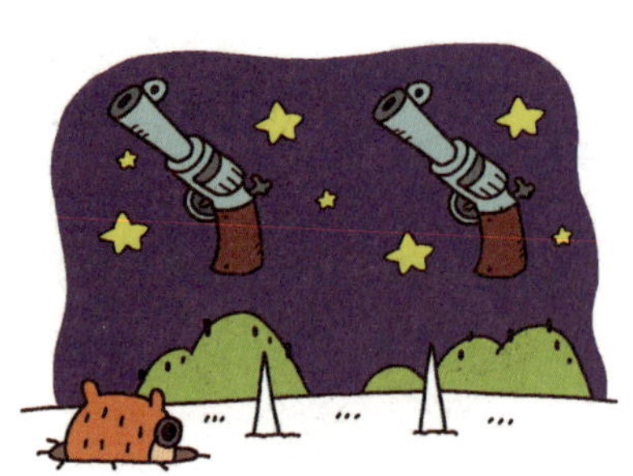

22 사자로 끓인 국은?

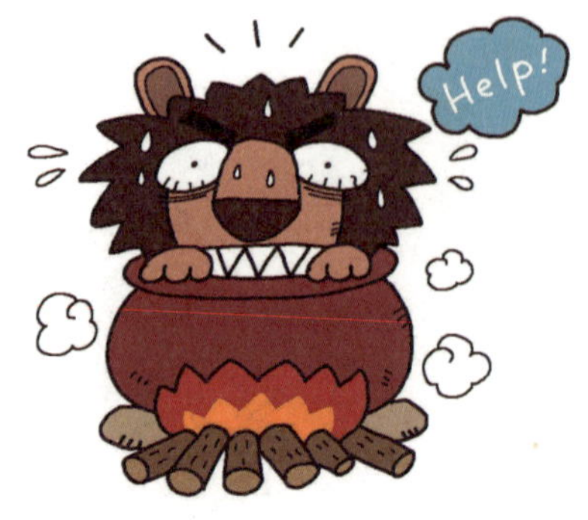

23 눈 좋은 사람에겐 안 보이고, 눈 나쁜 사람에겐 잘 보이는 것은?

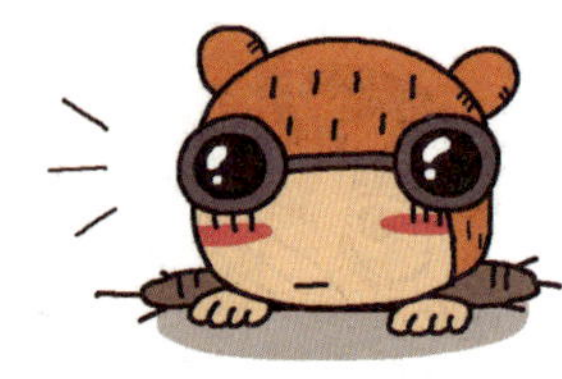
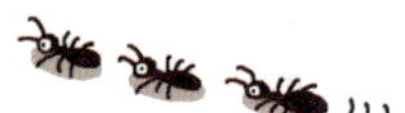

24 늘 둥근데, 길어졌다 짧아졌다 하는 것은?

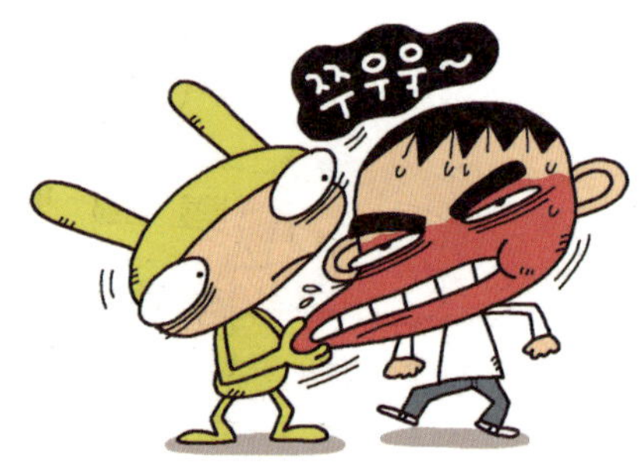

25 아이 때에 희고, 커서는 푸르고, 늙어서는 붉은 것은?

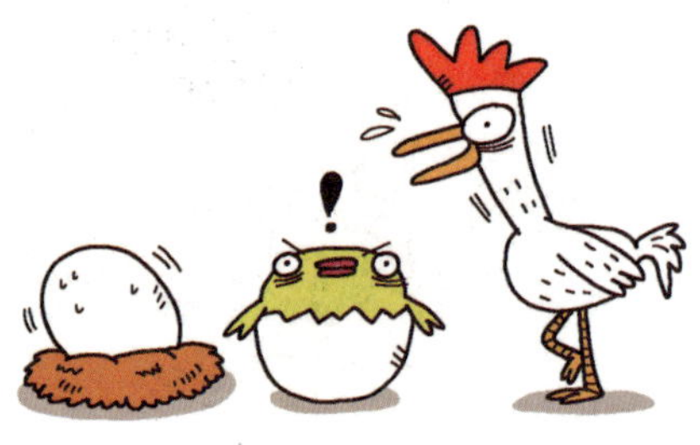

26 닭이 열 받으면 무엇이 되나?

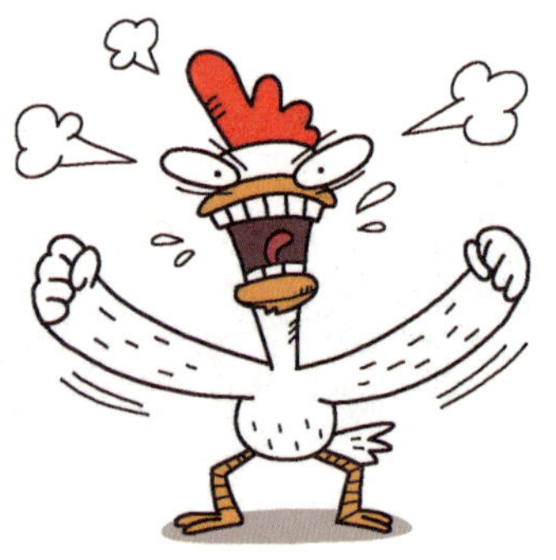

정답
21. 별총총, 어둠침침 22. 동물의 왕국 23. 안경 24. 해 25. 고추 26. 후라이드 치킨

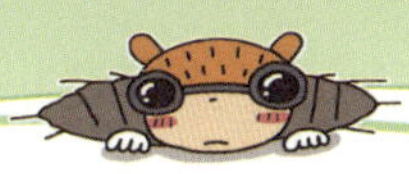

27 입으로 먹지 않고 귀로 먹는 것은?

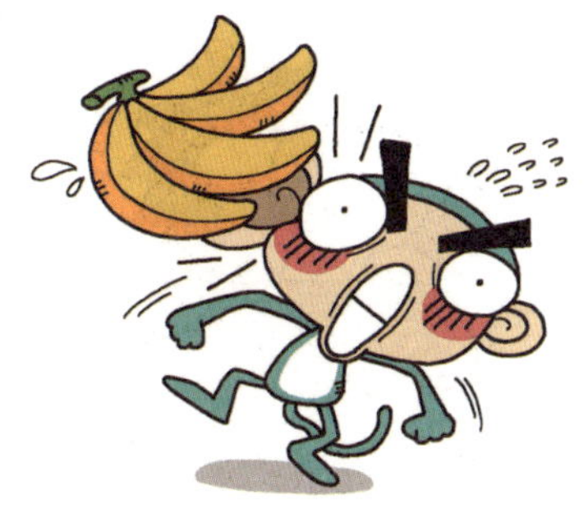

28 여름철에 생선 장수들이 가장 많이 하는 사냥은?

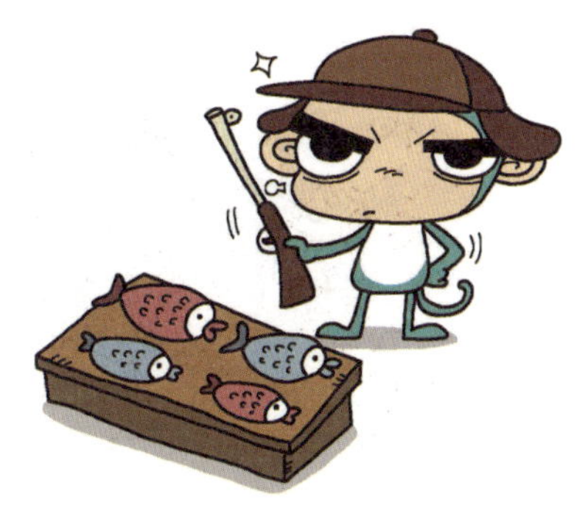

29 아픈 데가 없는데도 매일 병원에 가는 사람은?

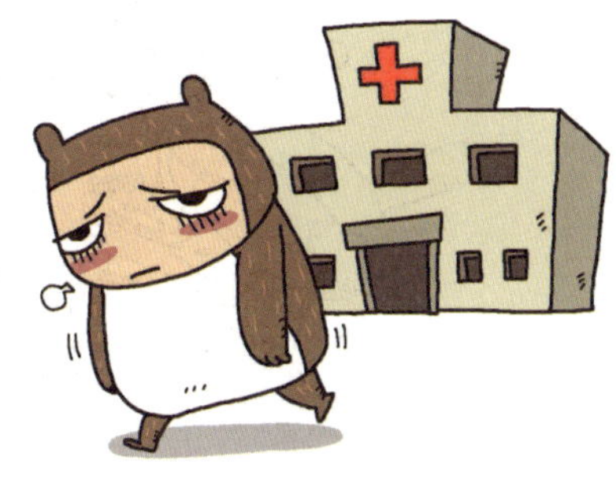

30 사람은 사람인데 따뜻하면 사라지는 사람은?

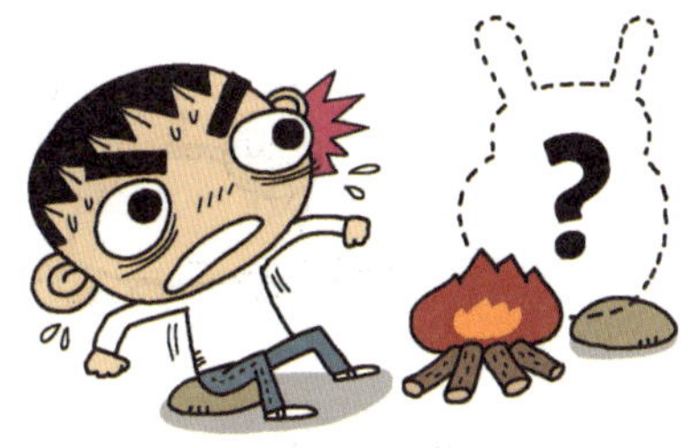

31 들어갈 때는 빳빳하고, 나올 때는 흐물흐물한 것은?

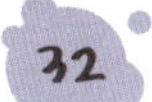

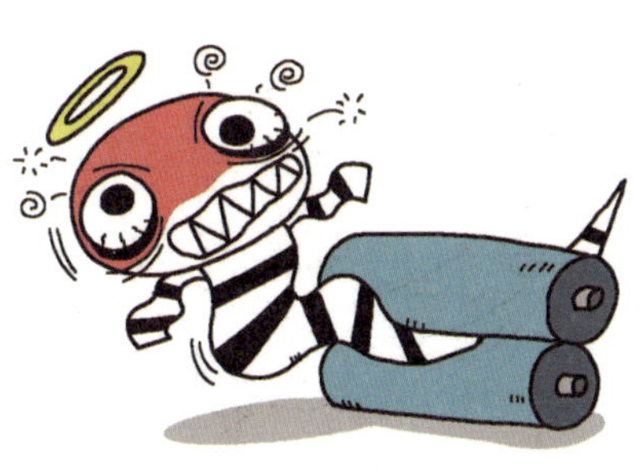

32 돼지의 방귀를 세 글자로 말하면?

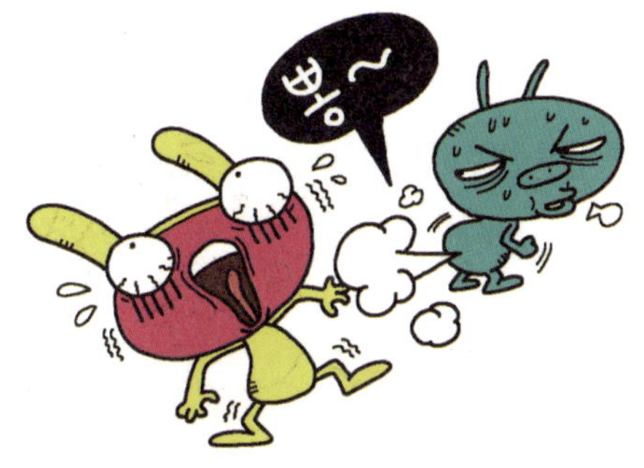

정답
27. 욕 28. 파리사냥 29. 의사, 간호사 30. 눈사람 31. 껌 32. 돈가스

33 신이 존재하기 때문에 잘 살 수 있는 사람은?

34 하늘을 향해 방귀 뀌는 것은?

35 하얀 수염이 난 노인이 닭에게 모이를 주고 있는데 몇 살일까?

36 먼 산 밑에 바가지를 엎어 놓은 것은?

37 사회에서 제일 깨끗한 사람들을 만나려면 어디로 가야할까?

38 새 발의 피 때문에 성공한 사람은?

39 천장과 벽은 있으나 바닥이 없고, 구멍이 수없이 많이 나있는 것은?

40 인간의 이 중에서 가장 늦게 생기는 이는?

41 서 있으면 보이지 않지만 앉으면 보이는 것은?

42 오래되면 오래될수록 더 젊은 것은?

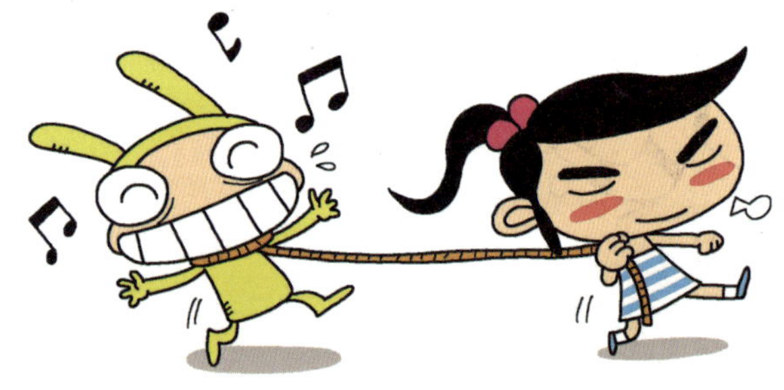

43 목을 조이는 것인데도 사람들이 즐겨하는 것은?

44 수십 명이 한 집에 살면서도 얼굴색이 제각각인 것은?

45 잡아당길수록 위로 올라가는 것은?

46 올라가면 올라갈수록 작아지는 것은?

47 날이면 날마다 비비 꼬는 사람은?

48 양이 치질에 걸리면?

49 동굴에 고슴도치가 들어가서 청소하는 것은?

50 일년 중 제일 가깝고도 제일 먼 날은?

51 입 속이 일터인 것은?

52 소는 소인데 배 안에 기름이 가득 찬 소는?

53 들어 올릴 수는 없지만 움직일 수는 있는 것은?

54 몸통에 꼬리를 주렁주렁 달고서 하늘을 날아다니는 것은?

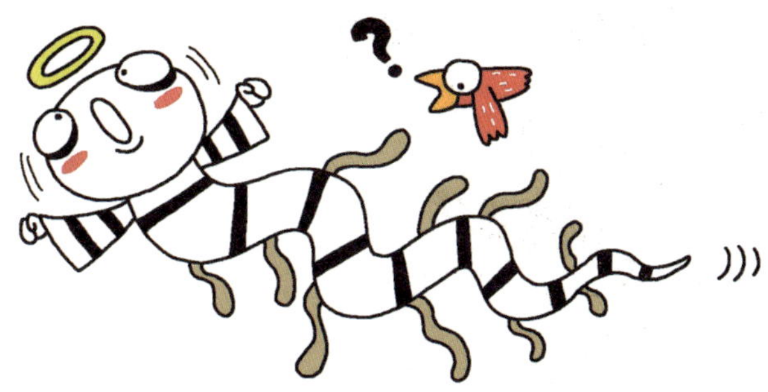

55 비는 비인데 가능하면 피하면 좋은 비는?

56 가장 힘들게 지은 절의 이름은?

57 매일 가서 두드려도 들어오라는 소리를 못 듣는 곳은?

58 상은 상인데 공원이나 전시관에 있는 상은?

정답
46. 비행기 47. 꽈배기 만드는 제빵사 48. 양치질 49. 양치질 50. 12월 31일과 1월 1일 51. 칫솔 52. 주유소
53. 그림자 54. 연 55. 과소비 56. 우여곡절 57. 화장실 58. 동상

59 타면 탈수록 좋은 사람은?

60 아무리 힘차게 두드려도 문을 열어 주지 않는 곳은?

61 날마다 사람들에게 '아~'라고 외치며 돈버는 사람은?

62 집에서는 먹기 힘든 식사는?

63 거품을 내면 낼수록 자신은 작아지는 것은?

64 100점 맞으면 혼나는 시험은?

65 쓸 만한 구석이 없어도 열심히 찾아다니는 사람은?

66 마시면 마실수록 늘어나는 것은?

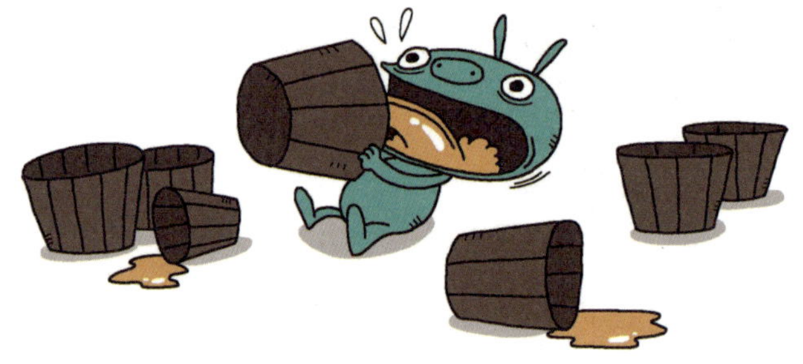

67 팔, 다리, 눈, 코, 입도 없이 몸뚱이 하나로 사는 것은?

68 늙으면 늙을수록 많이 생기는 살은?

69 곱하거나 더해도 같은 답이 나오는 숫자 세 개는?

70 달리면 서지만 달리지 않으면 쓰러지는 것은?

71 등 위에 산봉우리를 짊어지고 다니는 것은?

정답

59. 버스 기사 60. 화장실, 감옥 61. 치과 의사 62. 도시락 63. 비누 64. 수능 시험 65. 환경미화원(청소부)
66. 빈 병 67. 달걀 68. 주름살 69. 1,2,3 70. 자전거 71. 낙타

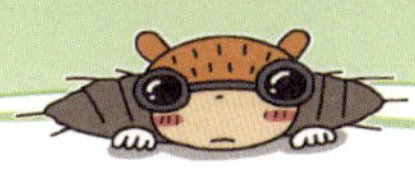

72 회장 선거의 반대말은?

73 바람이 불지 않으면 흔들리고, 바람이 불면 흔들리지 않는 것은?

74 자전거를 싸이클이라고 한다. 그러면 자전거를 못탄다는 말은?

75 사람의 욕심을 한 글자로 표현하면?

76 '사람' 다섯 번 써 놓고 말을 하면?

77 부처님도 하나님도 다 싫다하는 비는?

78 식인종이 엘리베이터를 보고 뭐라고 했을까?

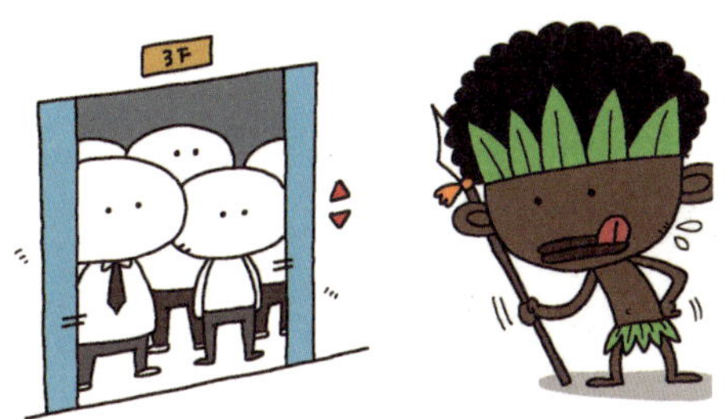

79 태어나서 한 번도 거짓말을 해본 적이 없는 사람은 누구일까?

80 슈퍼맨 가슴의 S자는 무엇의 약자일까?

81 못 먹는 밥의 종류는 총 몇 가지일까?

82 경마장에서 하는 장난은?

83 실패하면 살고 성공하면 죽는 것은?

84 새 중에 가장 빠른 새는?

정답
72. 회장 앉은 거 73. 부채 74. 모터 사이클 75. 더 76. 사람이면 다 사람인가? 사람이 사람 노릇을 해야 사람이지 77. 사이비 78. 자동 판매기 79. 벙어리 80. 스판 81. 82가지(쉰밥 50, 설은밥 30, 톱밥 1, 눈칫밥 1) 82. 말장난 83. 자살 84. 눈 깜짝할 새

85 집집마다 4개씩 있고, 온 세상에도 4개 밖에 없는 것은?

86 아버지는 청춘이고 아들은 백발인 것은?

87 마를수록 무거워지는 것은?

88 박은 박인데 못 먹는 박은?

89 먹어야 볼 수 있는 것은?

90 바람은 바람인데 불지 않는 바람은?

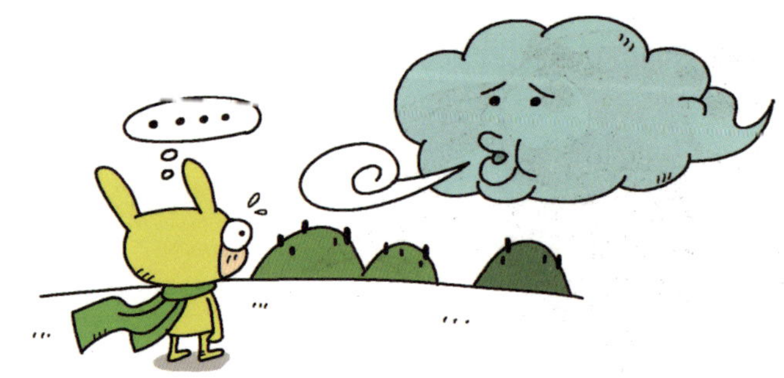

91 바지 속에서 잃고 못 찾는 것은?

92 깜깜한 동굴 속을 들어갔다 나오면 아주 커지는 것은?

93 몸이 열두 마디로 되어있고, 머리와 꼬리는 춥지만 몸통 부분은 더운 것은?

94 단골이 없는 직업은?

95 다리는 있는데 발이 없는 것은?

96 빨리 달려야만 날 수 있는 것은?

85. 동서남북 86. 목화 87. 노인의 다리 88. 우박, 두레박 89. 음식의 맛 90. 신바람 91. 방귀 92. 튀밥 93. 일년 12달 94. 장의사 95. 바지 96. 비행기

97 때릴수록 먹기 좋은 것은?

98 다리로 올라가서 엉덩이로 내려오는 것은?

99 갈수록 자꾸만 멀어지는 것은?

100 열심히 공부해서 남을 주는 사람은?

101 굴리면 굴릴수록 점점 커지는 것은?

102 귀에 거는 다리는?

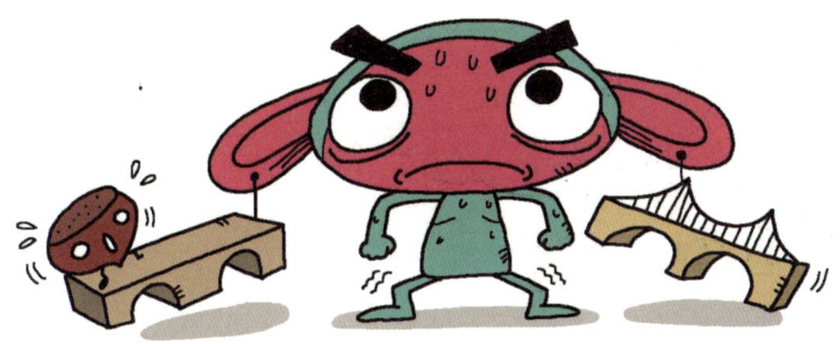

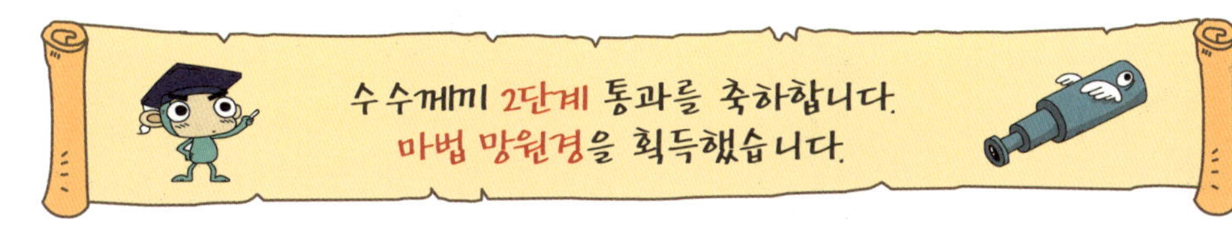

정답
97. 북어 98. 미끄럼틀 99. 출발점 100. 선생님 101. 눈덩이 102. 안경다리

먹으면서
하모니카 부는
것은?

꼬집어도
아프다고 말
못하는 것은?

사람들을
위해서 눈·코·
입을 찔리는
것은?

때돈을 버는
사람은?

인형

볼링공

목욕탕 주인

옥수수

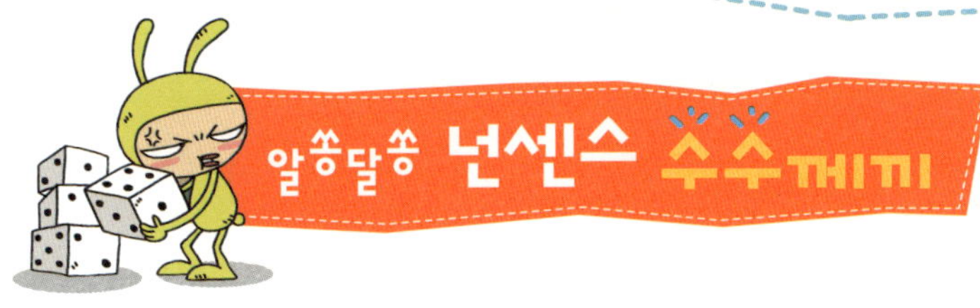

1. 오이가 무를 치면?

2. 투명한 집을 영어로 하면?

3. 전주비빔밥보다 더 신선한 것은?

4. 사과를 한입 먹으면?

5. 곰돌이 푸가 여러 마리 있으면?

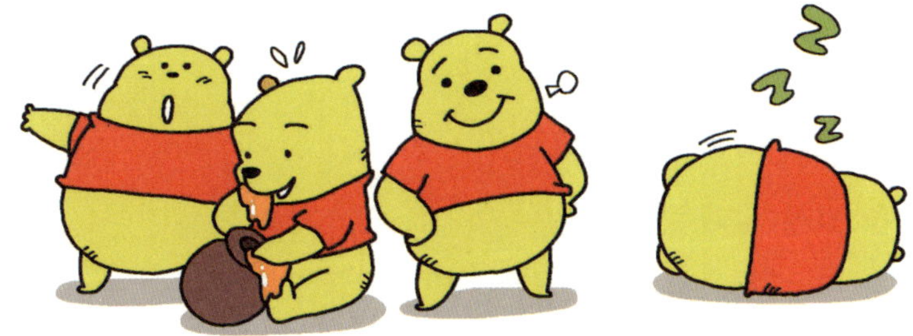

6. 참기름에 들기름, 설탕을 넣으면 어떻게 되나?

7. 엄마가 길을 잃으면 무엇인가?

8. 참기름과 간장이 싸우다 간장이 교도소에 갔다. 이유는?

9. 슬프게 울다가 지금은 그친 사람을 다섯 글자로 말하면?

10. 형과 동생이 싸웠는데 가족들은 동생편만 들었다. 이것을 다른말로 하면?

11. 물은 몇 도에서 끓을까?

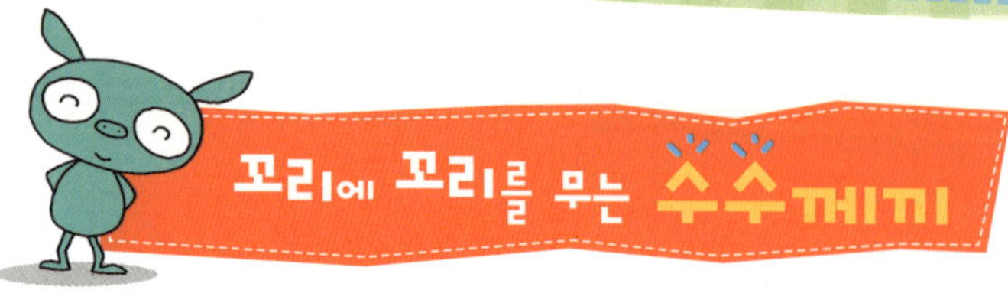

여기는 어디일까요?

1. 소가 다니는 나라는?
2. 파리가 많이 있는 수도를 가진 나라는?
3. 지체 부자유자들만 사는 나라는?
4. 불량배가 많은 나라는?
5. 굶는 사람이 많은 나라는?
6. 경찰서 화재가 가장 많은 나라는?
7. 차도는 없고 걸어가는 길만 있는 나라는?
8. 세계에서 배고픈 사람이 가장 많은 나라는?
9. 세계에서 바느질을 가장 잘하는 나라는?
10. 세계에서 국민들이 가장 거만한 나라는?

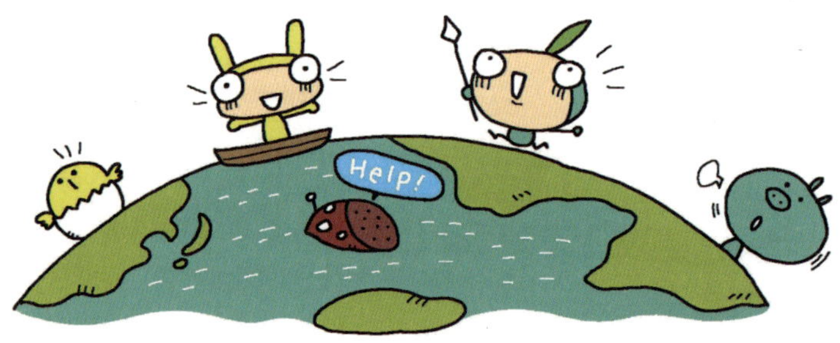

1. 우간다 2. 프랑스 3. 네팔 4. 칠레 5. 헝가리 6. 불란서(프랑스) 7. 인도 8. 헝가리 9. 가봉 10. 오만

11 세계에서 국민들이 가장 꽈가 많은 나라는?

12 세계에서 가장 큰 코를 가진 사람들이 사는 나라는?

13 세계에서 권투를 가장 잘하는 나라는?

14 세계에서 술을 좋아하는 사람들이 가장 많은 나라는?

15 인도는 지금 몇 시일까?

16 호랑이로 술을 만든 나라는?

17 인도보다 정확하게 네 배 더 큰 나라는?

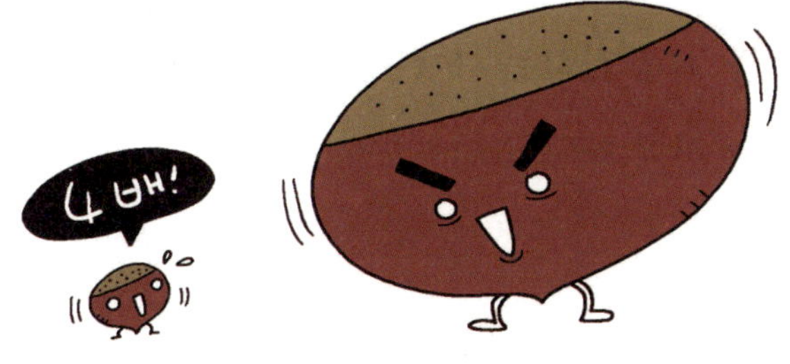

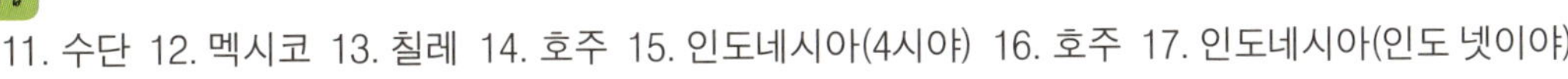

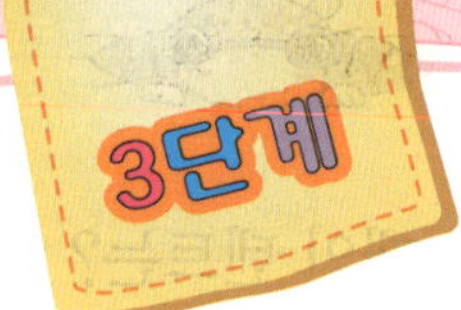

친구를 사귈 때 도움이 되는 수수께끼

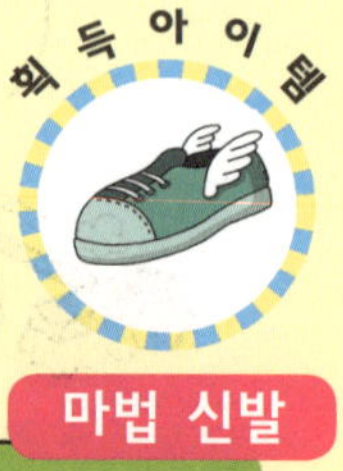

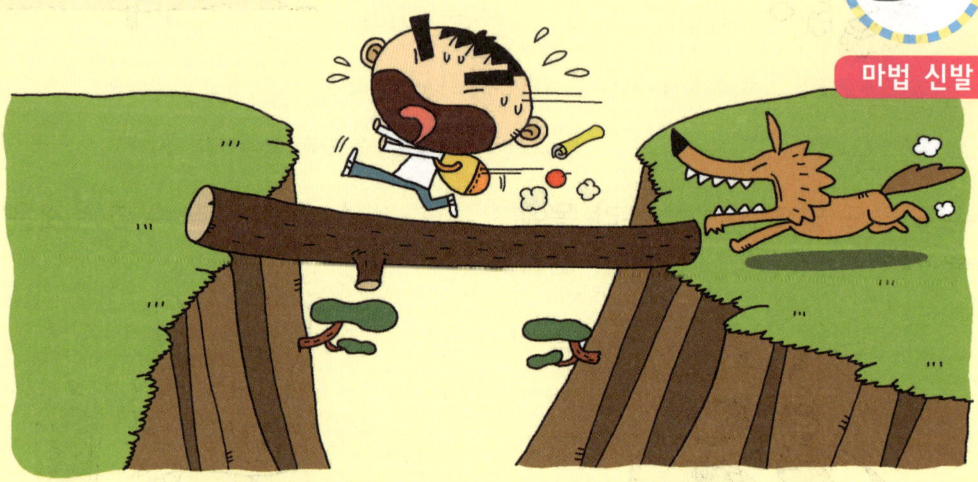

콩나무 언덕 위엔 늑대 무리들이 뽀롱이를 쫓아 옵니다.
커다란 회색 빛 늑대가 수수께끼가 틀릴 때마다 엉덩이를 물어 뜯습니다.

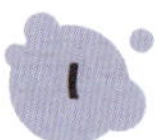 1 은덩이 안에 금덩이 든 것은?

 2 남에게 주고도 지니고 있는 것은?

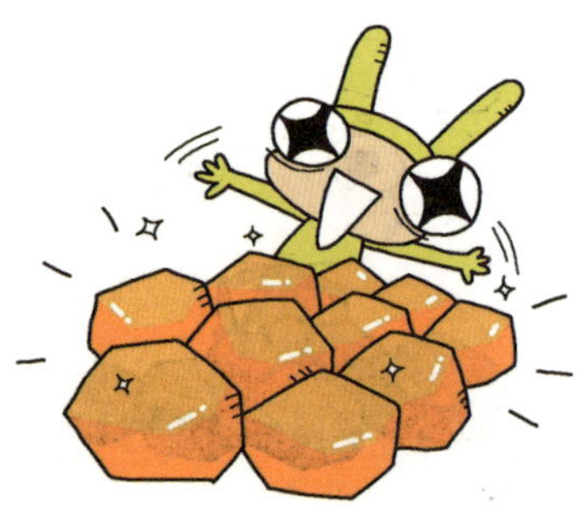

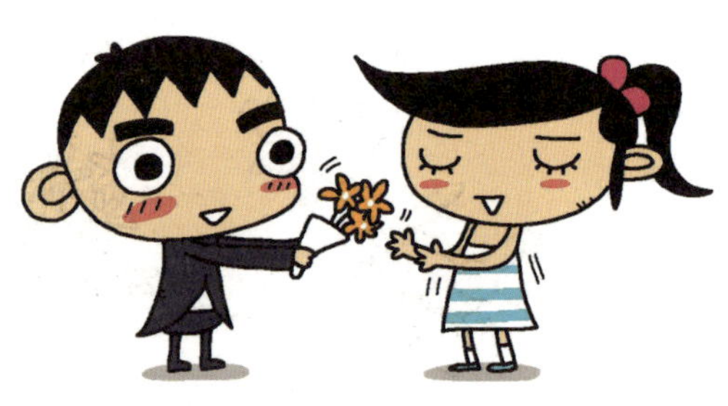

1. 삶은 달걀 2. 지식

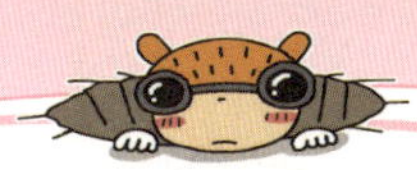

3 귀는 하나인데 일을 잘하는 것은?

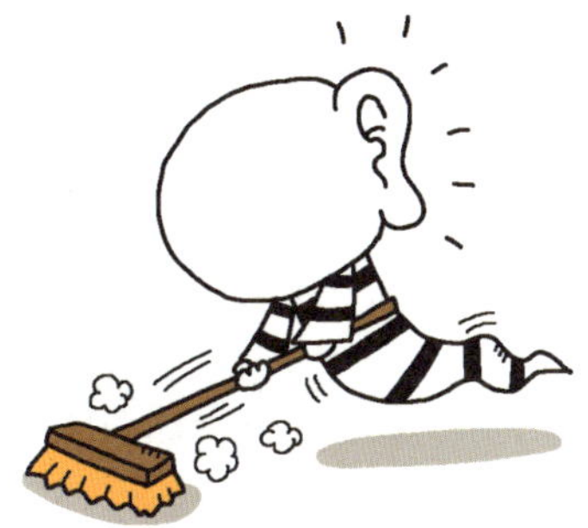

4 기둥 하나에 방이 두 개인 텐트는?

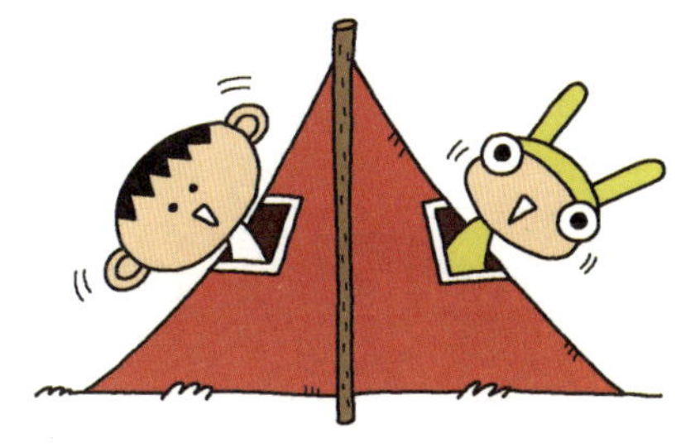

5 손도 발도 없으면서 늘 우리 몸에 붙어다니는 것은?

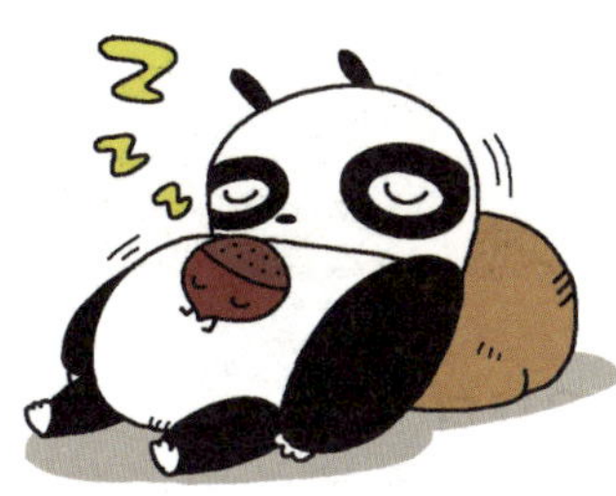

6 손 안 대고 쌀 수 있는 것은?

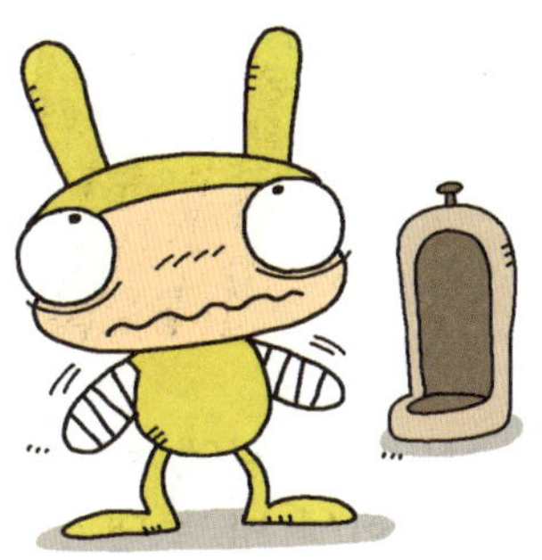

7 봄이 되면 연기도 아닌데 들판에 아른거리며 피어오르는 것은?

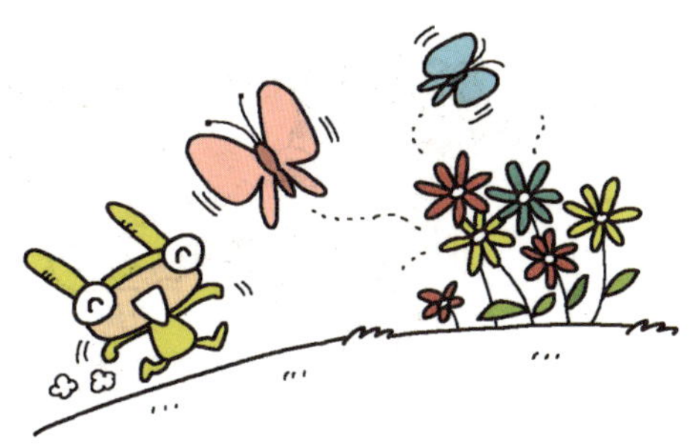

8 구리는 구리인데 쓸모 없는 구리는?

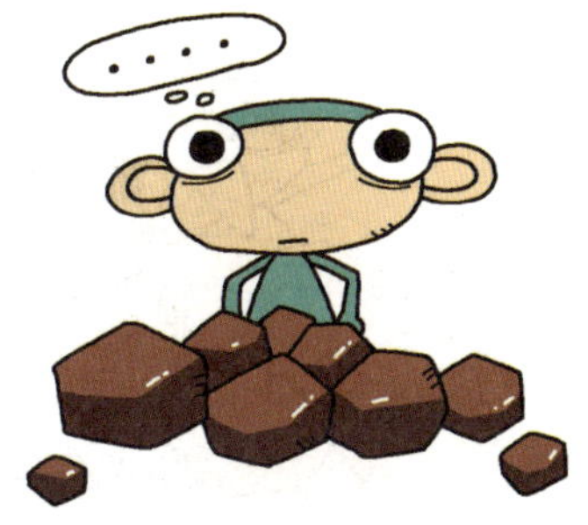

정답

3. 바늘 4. 코 5. 옷 6. 똥 7. 아지랑이 8. 멍텅구리

9. 아무리 말을 하려고 해도 못하고, 아무리 말을 안 하려고 해도 하게 되는 것은?

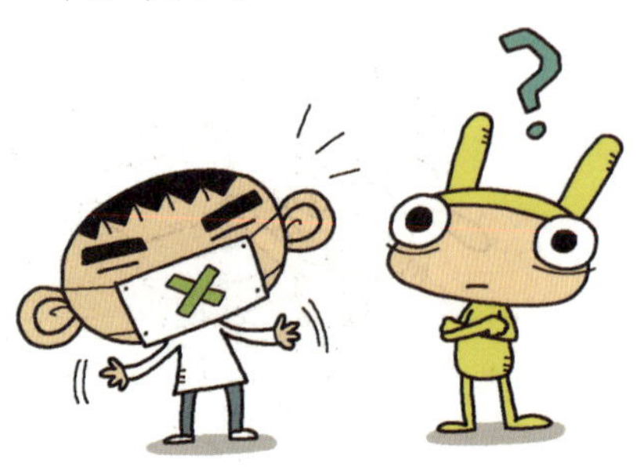

10. 깨는 깨인데 먹지 못하는 깨는?

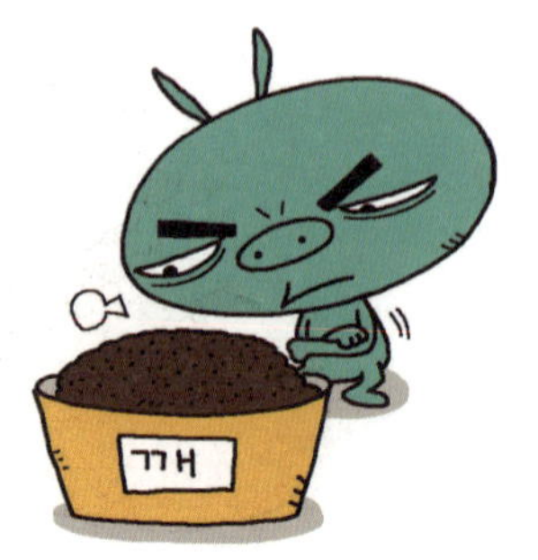

11. 다른 것은 안 먹고 꽃만 먹고사는 것은?

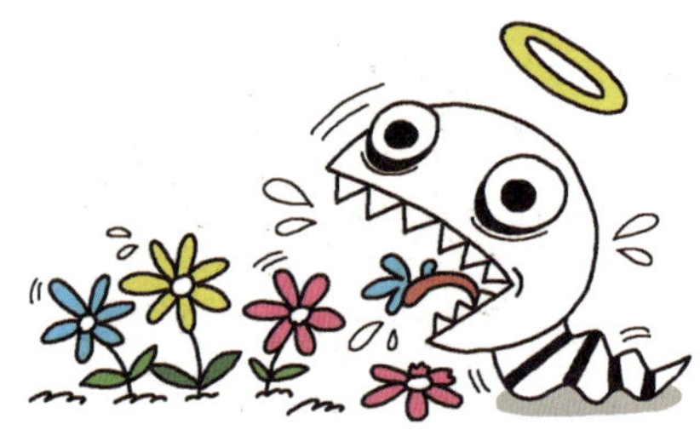

12. 학교 공부 시간에 공부를 하지 않아도 혼나지 않는 유일한 사람은?

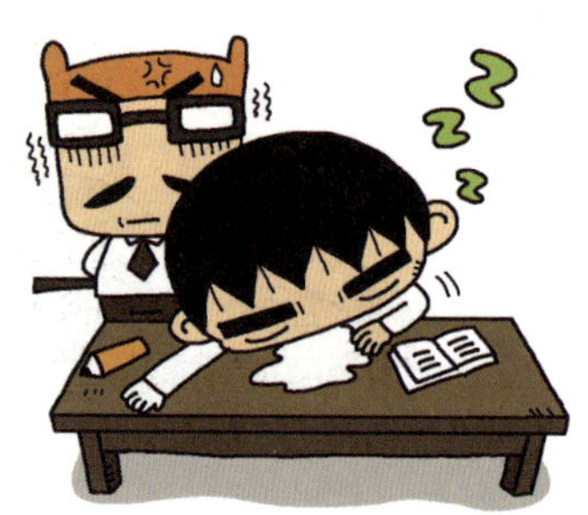

13. 세상에서 가장 짧은 시간에 생기는 적은?

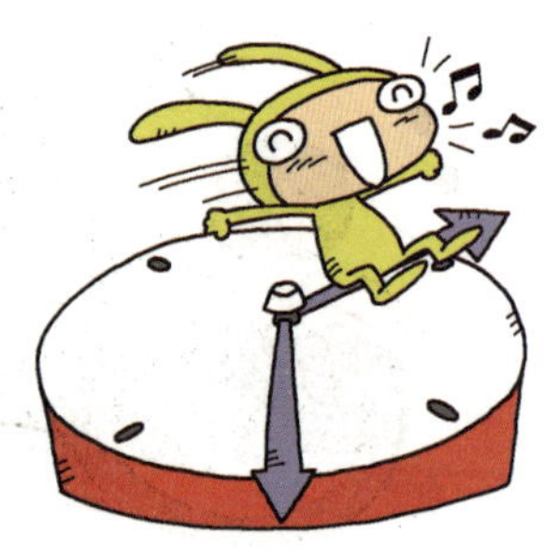

14. 낮에만 움직이는 시계는?

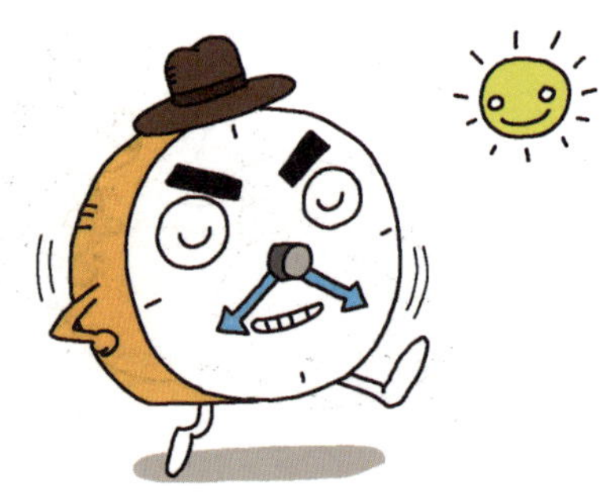

정답

9. 잠꼬대 10. 어깨, 주근깨 11. 꽃병 12. 선생님 13. 순간적 14. 해시계

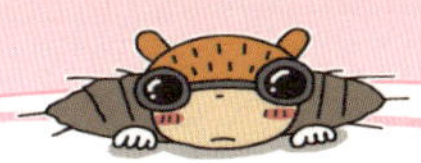

15 감은 감인데 어린이들이 제일 좋아하는 감은?

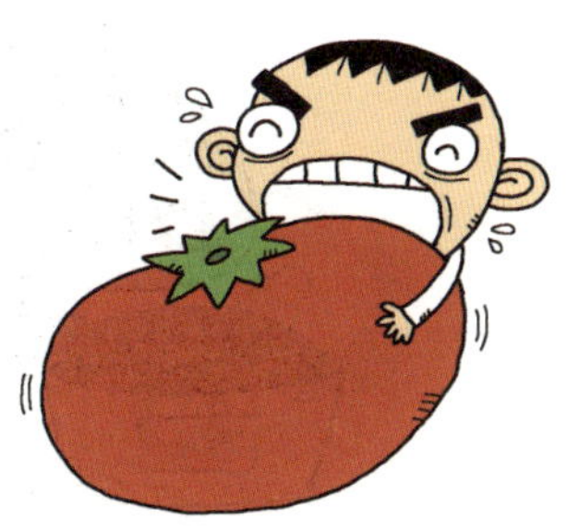

16 갈 때는 계단으로 힘들게 올라가고 올 때는 편하게 내려오는 것은?

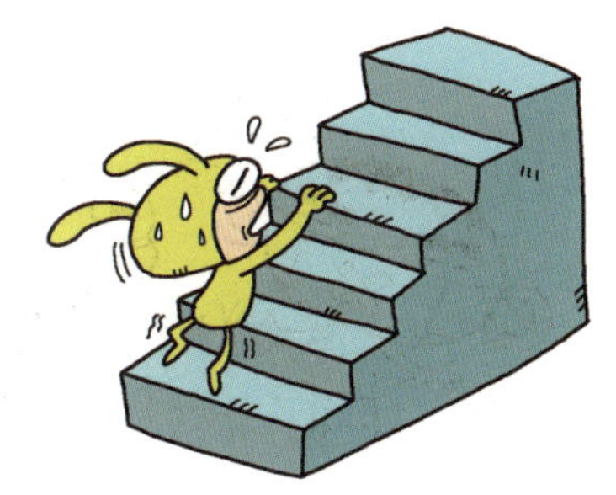

17 조금만 나와도 쑥 나왔다고 하는 것은?

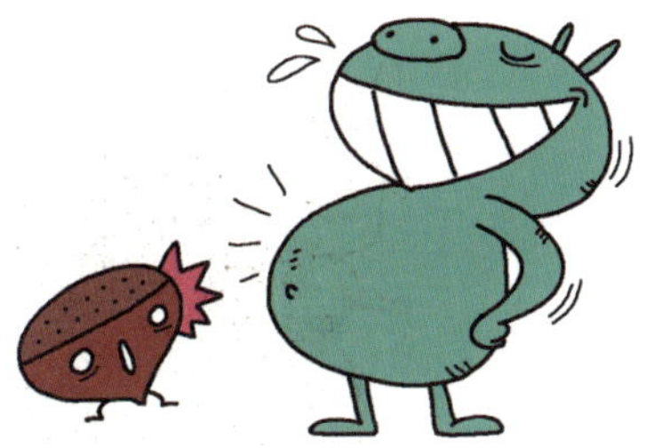

18 늘 아래로 흐르지만 항상 위로 간다고 하는 것은?

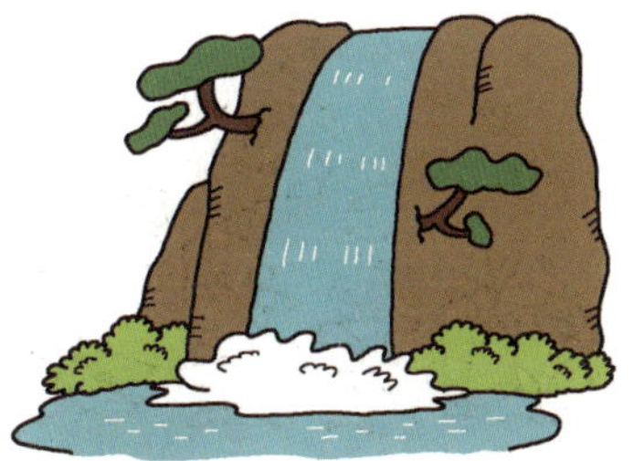

19 아무리 많이 모아도 결국 버리는 것은?

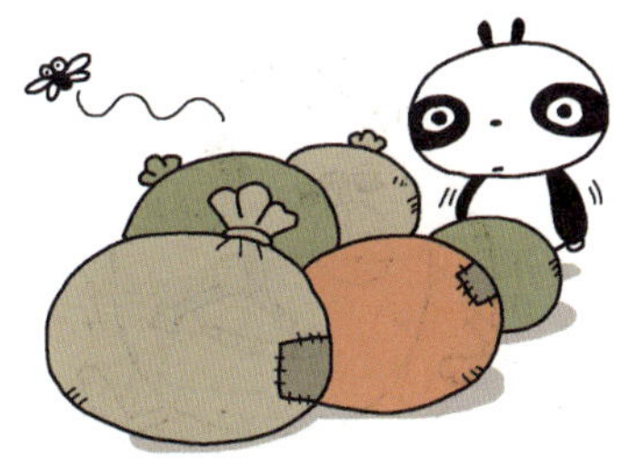

20 꼬리는 꼬리인데 노래를 잘 부르는 꼬리는?

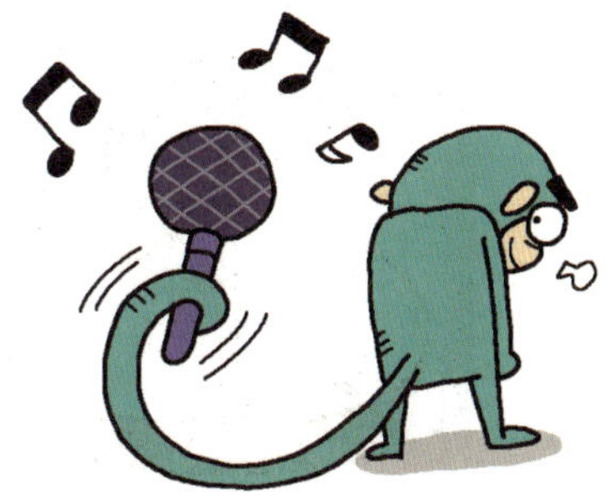

정답 15. 장난감 16. 미끄럼틀 17. 쑥 18. 음식물(사람의 위로 음식물이 간다) 19. 쓰레기 20. 꾀꼬리

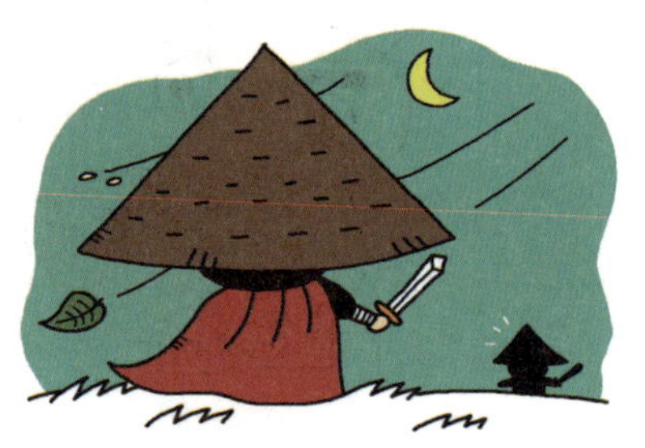

21 세모로 된 모자를 쓰고 다리가 열 개 달린 것은?

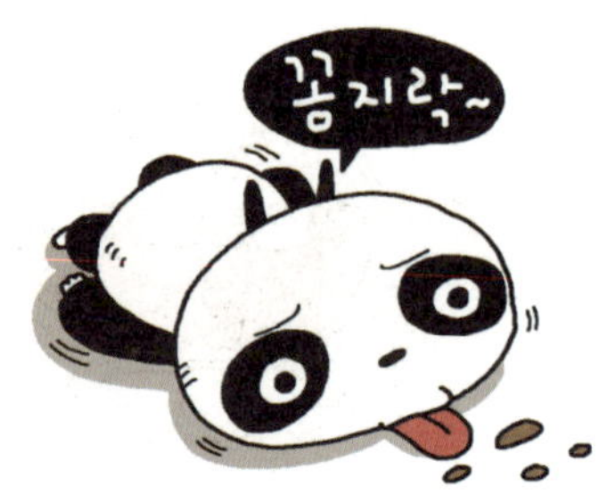

22 방 안을 돌아다니며 쓰레기만 먹고 사는 것은?

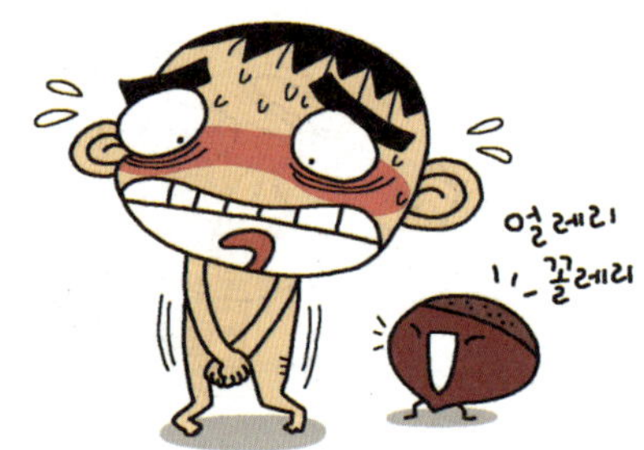

23 사람의 몸 가운데 있으면서 전혀 쓸모없는 것은?

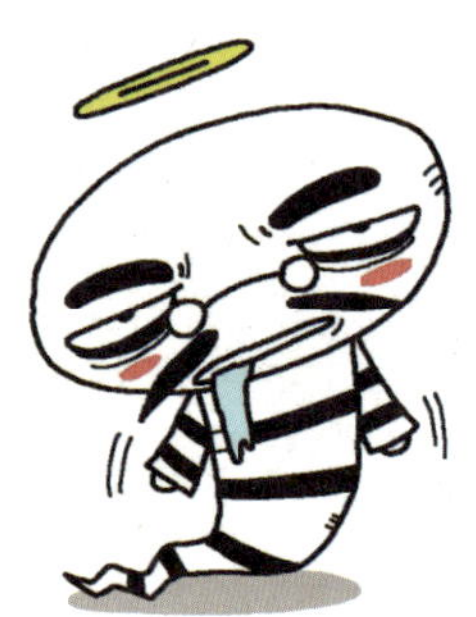

24 어른은 어른인데 침 흘리며 잘 우는 것은?

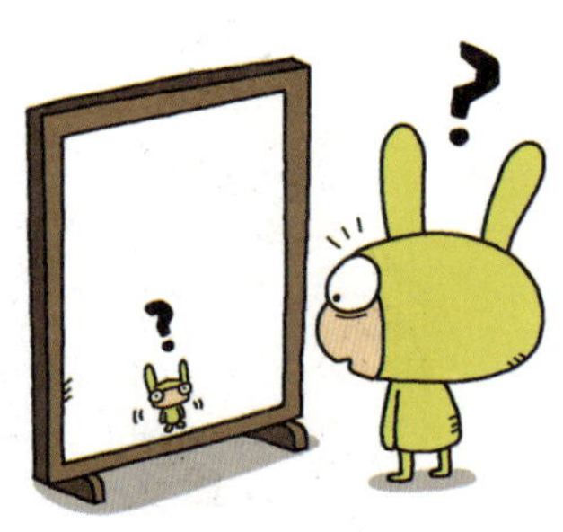

25 한쪽으로 보면 커 보이고, 반대쪽으로 보면 작아 보이는 것은?

26 눈이 녹으면 뭐가 될까?

21. 오징어 22. 진공 청소기 23. 배꼽 24. 소 25. 망원경 26. 눈물

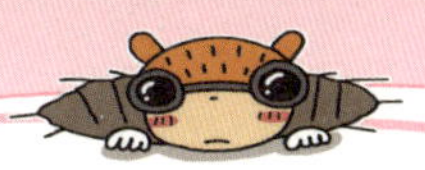

27 흰 이와 검은 이가 즐겁게 노래 하는 것은?

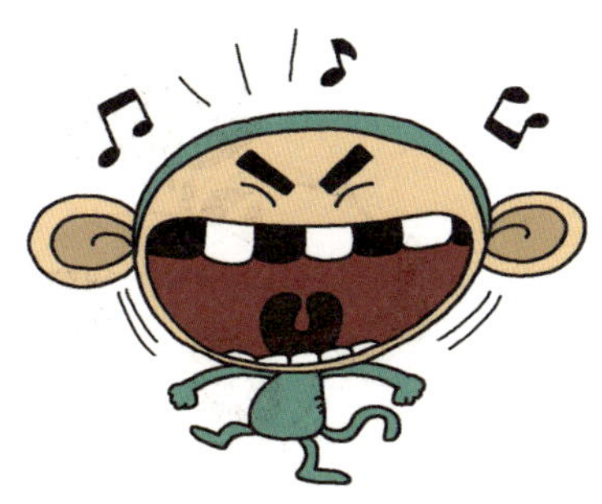

28 바가지 요금을 받아도 되는 장사는?

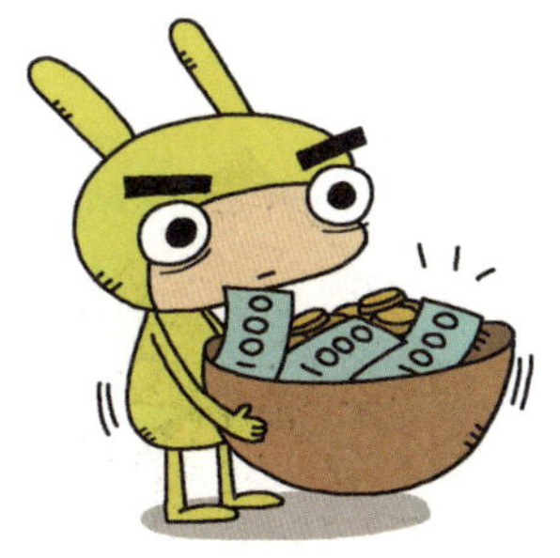

29 병아리가 잘 먹는 약은 무엇인가?

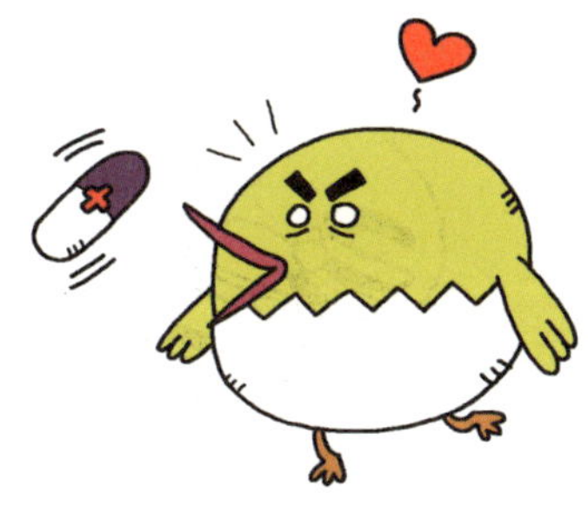

30 하나의 긴 몸통에 구멍이 여러 개 나 있고, 구멍마다 다른 소리로 노래하는 것은?

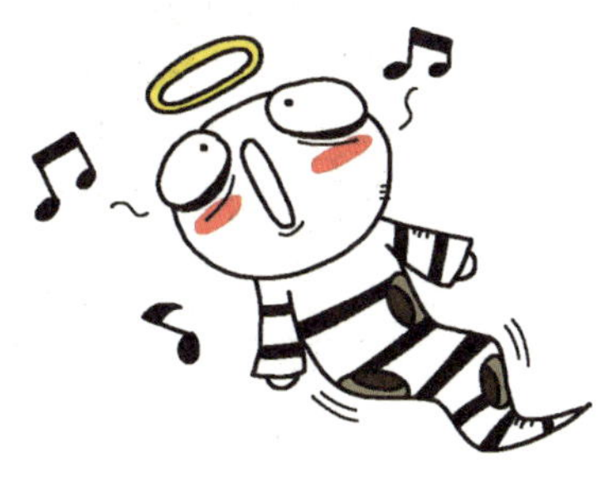

31 한 번 빠지면 다시 끼울 수 없지만 오히려 빠지고 나면 시원한 것은?

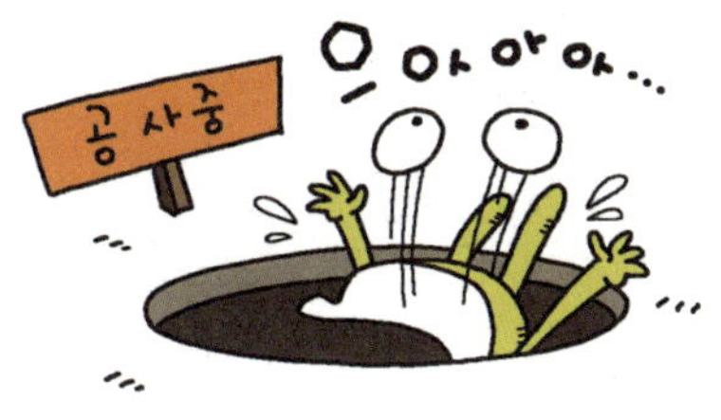

32 깜박이 아래 훌쩍이, 훌쩍이 아래 쩝쩝이가 있는 것은?

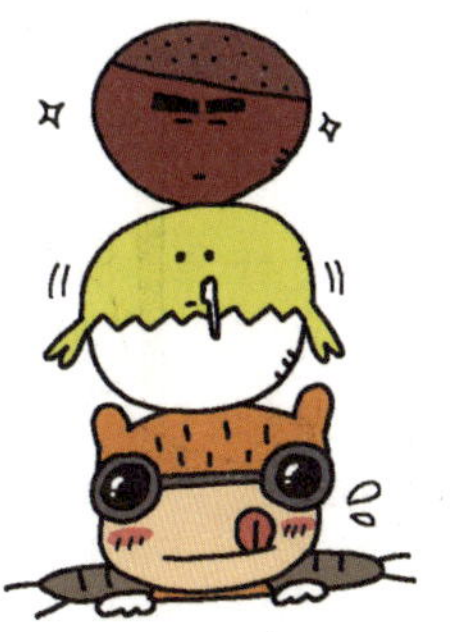

정답
27. 피아노 28. 바가지 장사 29. 삐약 30. 피리 31. 충치 32. 사람의 얼굴

33 금은 금인데 아주 짠 금은?

34 시간을 재는 것인데 눈금, 바늘, 숫자가 없는 것은 무엇일까?

35 '씨름 선수들이 죽 서있다'를 다른 말로?

36 어디로 가나 한 가지인 것은?

37 같은 생일을 가지고 있는데, 키도 다르고, 생긴 것도 다르지만 언제나 몰려다니는 것은?

38 어두우면 잘 보이고, 환하면 사라지는 것은?

39 신이 있어도 평평하고, 강이 있어도 물이 없고, 길이 있어도 차가 안 다니는 것은?

40 공기를 먹을수록 살이 찌는 것은?

41 하늘에서 내려오는 박은?

42 날씨가 추우면 키가 작아지고, 더우면 키가 커지는 것은?

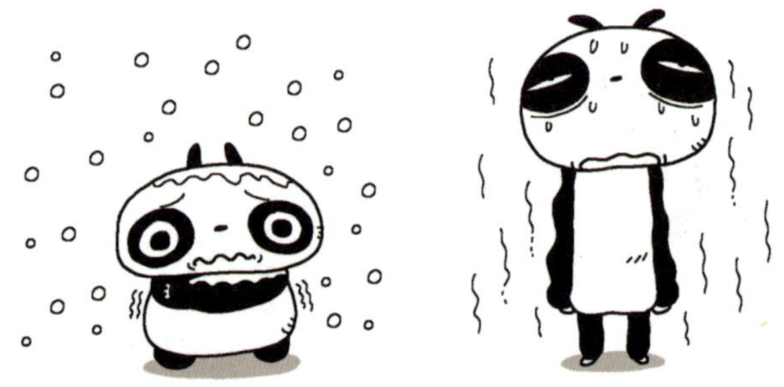

43 검은 것을 칠해야만 깨끗해지는 것은?

44 맑은 날엔 옷을 걸치고, 비 오는 날엔 옷을 벗는 것은?

33. 소금 34. 모래시계 35. 장사진 36. 방향 37. 손가락, 발가락 38. 별 39. 지도 40. 풍선
41. 우박 42. 온도계 43. 검정 구두 44. 빨랫줄

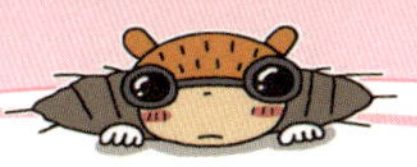

45 어릴 때는 초록 옷을 입지만 나이 들면 빨간 옷으로 갈아입고 떨어지는 것은?

46 가까이에서 보면 평평하지만 멀리서 보면 둥글게 보이는 것은?

47 밤에 봐야만 아름답게 보이는 꽃은?

48 마른 옷은 벗고 젖은 옷을 입는 것은?

49 세상에서 가장 착한 사자는?

50 추우면 짧아지고 더우면 길어지는 것은?

51 차지 못하는 주머니는?

52 큰 짐승은 들어가나 작은 짐승은 못 들어가는 것은?

53 몸 가운데 커다란 구멍이 뚫린 채로 달콤한 옷을 입혀서 팔리는 것은?

54 주름진 몸을 폈다 늘렸다 하면서 노래 부르는 것은?

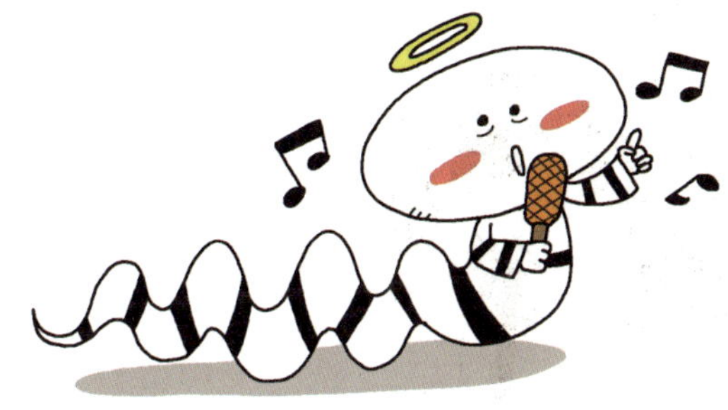

55 머리는 두 개이고 다리가 하나인 것은?

56 문은 문인데 들어가지 못하는 문은 무엇일까?

45. 단풍잎 46. 지구 47. 불꽃 48. 빨랫줄 49. 자원봉사자 50. 낮의 길이 51. 아주머니 52. 모기장
53. 도너츠 54. 아코디언 55. 콩나물 56. 지문

57 전쟁 중에 장군이 가장 받고 싶어하는 복은?

58 창으로 찌르려고 할 때 하는 말은?

59 타는 것인데 바퀴도 없고, 의자도 없고, 앞으로 갈 수도 없고, 위 아래로만 갈 수 있는 것은?

60 낭떠러지 나무 끝에 매달려 있는 사람이 싸는 똥은?

61 오줌을 잘 싸는 사람은 오줌싸개, 그렇다면 빨리 싸는 사람은?

62 타는 것인데 바퀴도 없고, 의자도 없지만 계단이 있는 것은?

63 가지고 놀 때는 통통하게 살이 찌지만 쉴 때는 살이 빠져 쭈글쭈글해지는 것은?

64 높은 곳에 혼자 올라가서는 가는 막대 하나를 가지고 춤추는 사람은?

65 세상에서 가장 큰 나무는?

66 놀고 먹는 사람은?

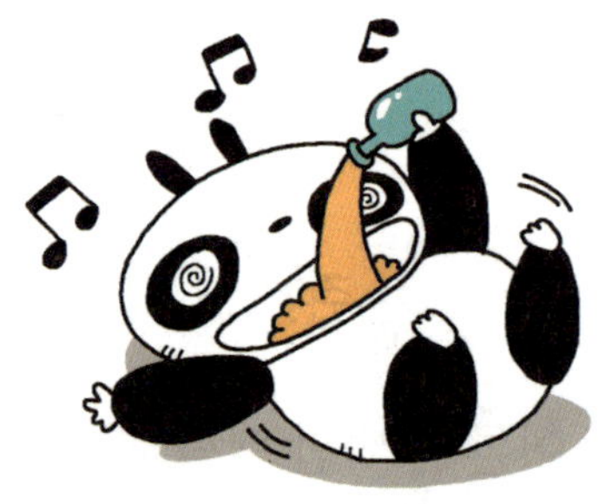

67 코끼리 두 마리가 서로 싸워, 둘 다 코가 떨어져 나갔다면 어떻게 될까?

68 월급쟁이가 가장 좋아하는 일은?

57. 항복 58. 창피해! 59. 엘리베이터 60. 떨어질똥 말똥, 죽을똥 살똥 61. 잽싸게 62. 에스컬레이터
63. 물놀이 튜브 64. 지휘자 65. 대나무 66. 레크리에이션 지도자 67. 끼리끼리 68. 공휴일

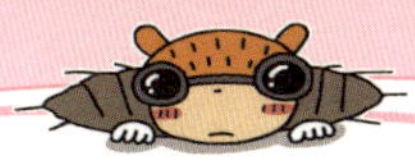

69 개는 강아지를 낳고, 소는 송아지, 말은 망아지를 낳는다. 그러면 닭이 낳는 것은?

70 날로 먹을 수 있는 오리는?

71 건강한 사람과 장님이 싸웠을 때 이기는 사람은?

72 강아지이긴 강아지인데 식물인 것은?

73 커질수록 값이 싸지는 것은?

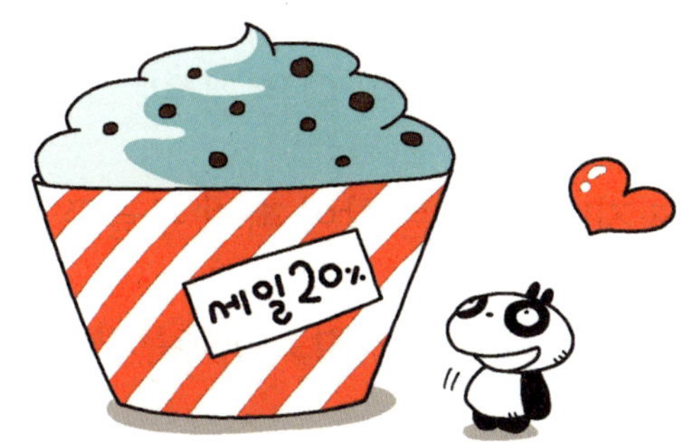

74 불에서 사는 고기는?

75 물고기의 반대말은?

76 고양이를 무서워하지 않는 쥐는 무슨 쥐?

77 아기일 때는 먹을 수 있지만 어른이 되면 딱딱해져서 먹을 수 없는 것은?

78 추우면 커지고 더우면 작아지는 것은?

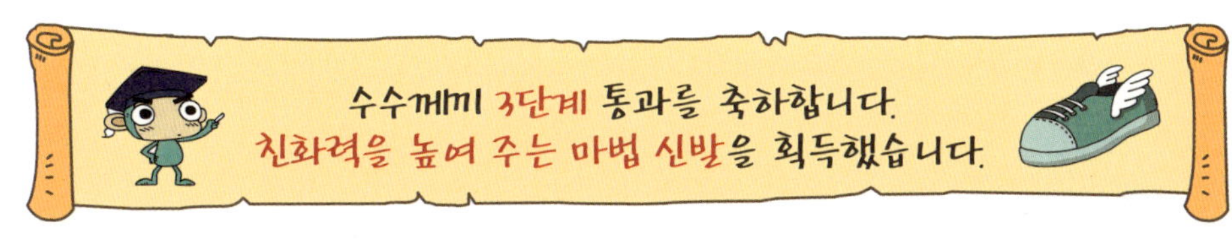

정답

69. 달걀 70. 회오리 71. 장님(뵈는게 없으니까) 72. 강아지풀 73. 물건의 흠 74. 불고기 75. 불고기
76. 박쥐 77. 죽순 78. 고드름

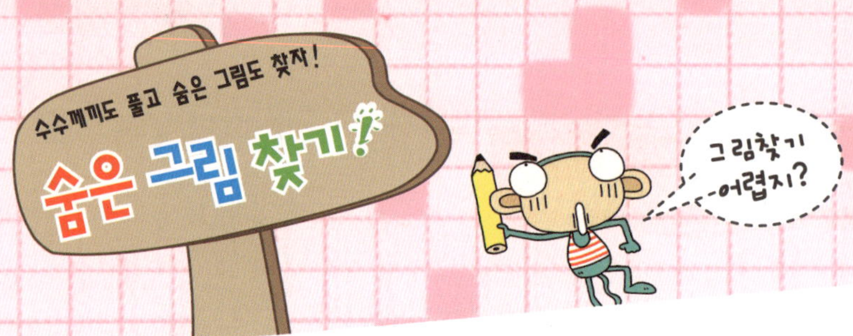

Q 아기일 때는 울지 못하다가 어른이 되면 우는 것은?

Q 할아버지, 아버지, 아들 모두 꼽추인 것은?

Q 커다란 입으로 사람의 발을 덥석 삼키는 것은?

Q 입으로 공기를 먹고 엉덩이로 노래하는 것은?

Q 옷 위에서 미끄럼을 타면서 구김살을 펴는 일을 하는 것은?

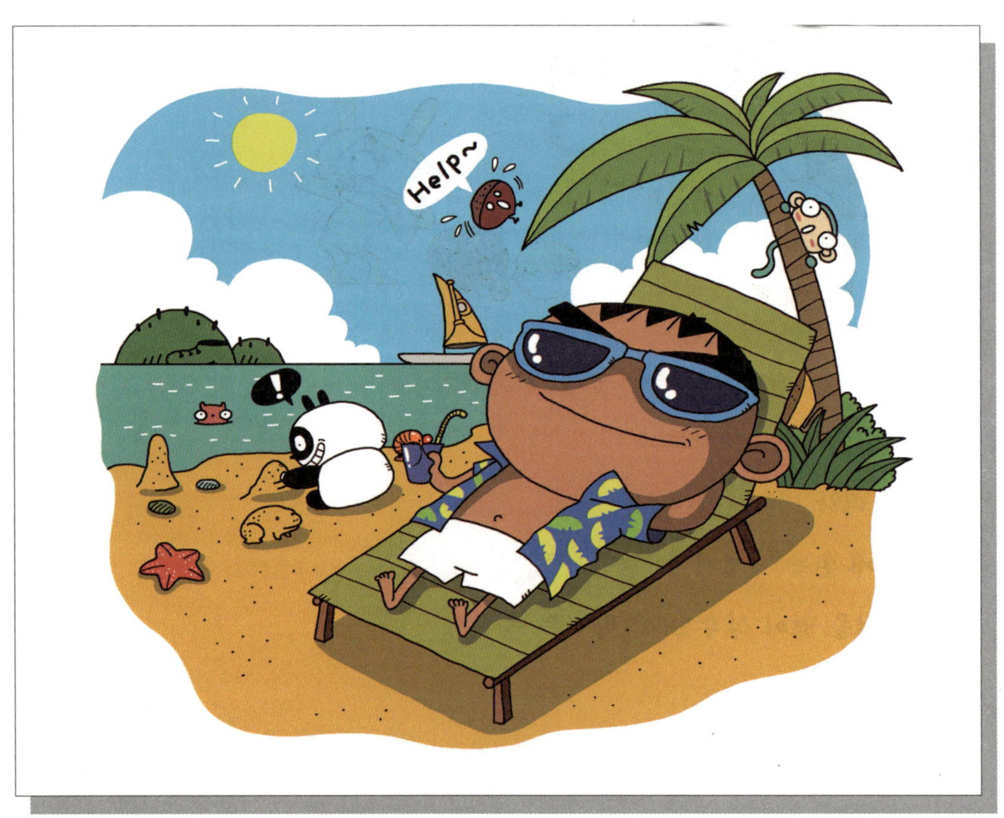

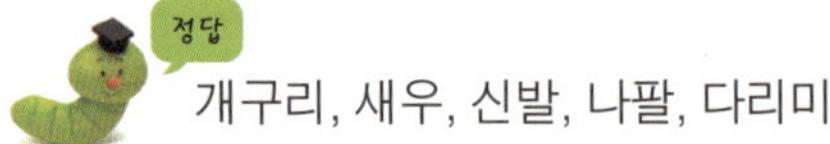

개구리, 새우, 신발, 나팔, 다리미

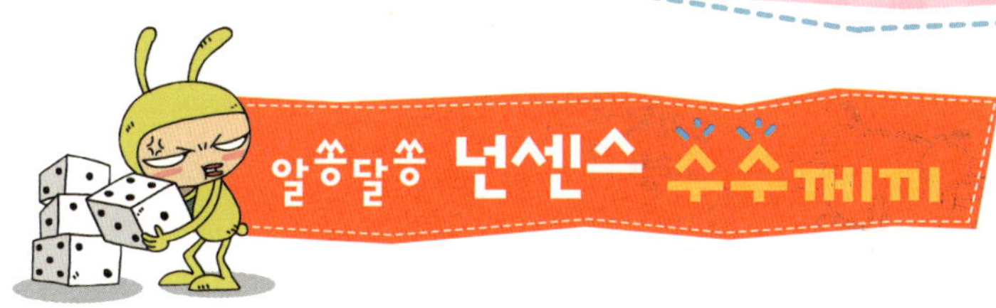

1. '태정태세문단세'를 다섯 글자로 줄이면?

2. 전 세계에서 가장 큰 라면은?

3. 외할머니를 두 글자로 줄이면?

4. 개그맨들이 찾아다니는 거리는?

5. 눈 깜짝할 사이에 할 수 있는 일은 무엇일까?

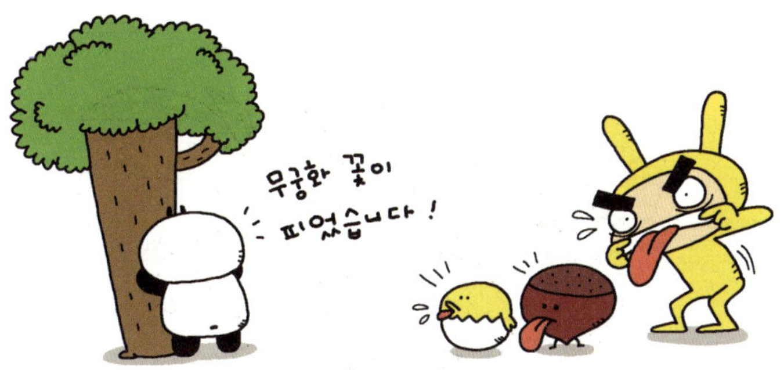

6. '할머니의 마음'을 세 글자로 줄여서 말하면?

7. 왕이 넘어지면?

8. 새 발의 피와 비슷한 말은?

9. '끓는 물에 손을 넣었다'를 한글자로 말하면?

10. 사촌이 땅을 많이 살수록 잘 팔리는 약은?

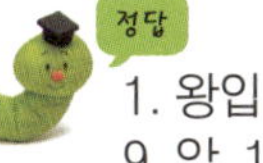

1. 왕입니다요 2. 바다가 육지라면 3. 모모 4. 웃음거리 5. 윙크 6. 노파심 7. 킹콩 8. 새 코의 땀
9. 악 10. 위장약

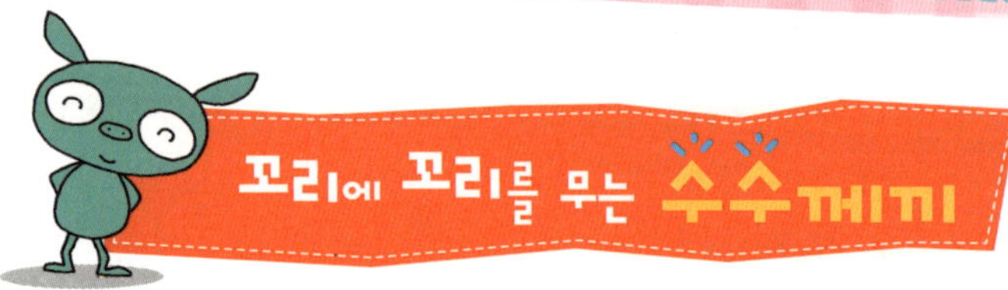

산토끼 토끼야 어디로 가느냐?

1 아이큐 30이 생각하는 산토끼의 반대말은?

2 아이큐 60이 생각하는 산토끼의 반대말은?

3 아이큐 80이 생각하는 산토끼의 반대말은?

4 아이큐 100이 생각하는 산토끼의 반대말은?

5 아이큐 150이 생각하는 산토끼의 반대말은?

6 아이큐 200이 생각하는 산토끼의 반대말은?

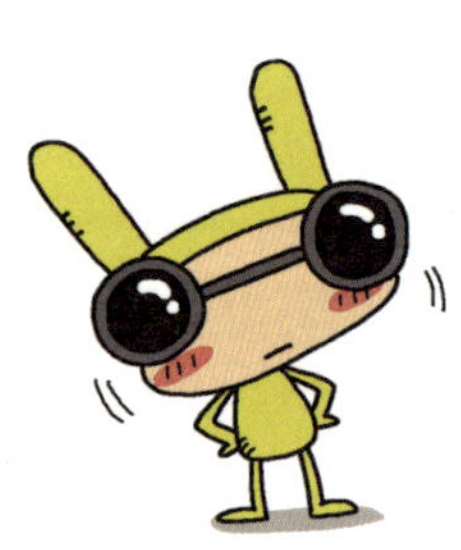
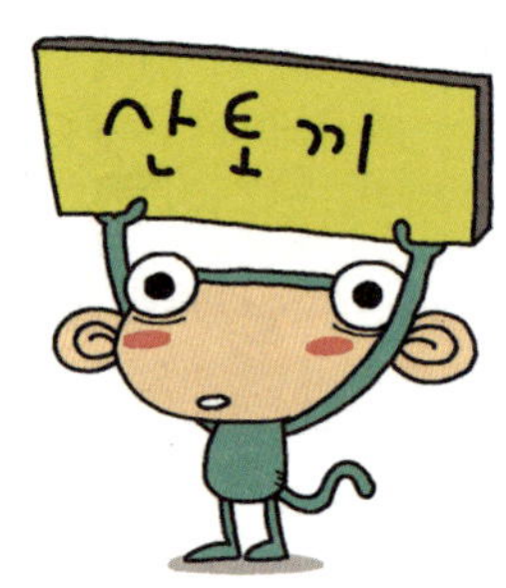

7 대머리를 순수한 우리나라 말 다섯 글자로 말하면?

8 대머리의 헤어스타일은?
- 3가닥만 남았을때?
- 2가닥만 남았을때?
- 1가닥일때?

정답
1. 끼토산 2. 집토끼 3. 죽은 토끼 4. 바다 토끼 5. 판 토끼 6. 알칼리 토끼 7. 숲속의 빈터
8. 딴다, 가운데 가르마를 탄다, 뒤로 넘긴다.

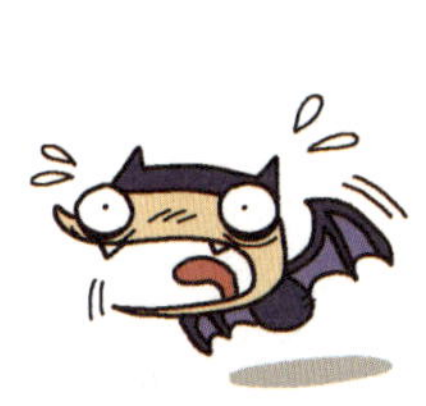
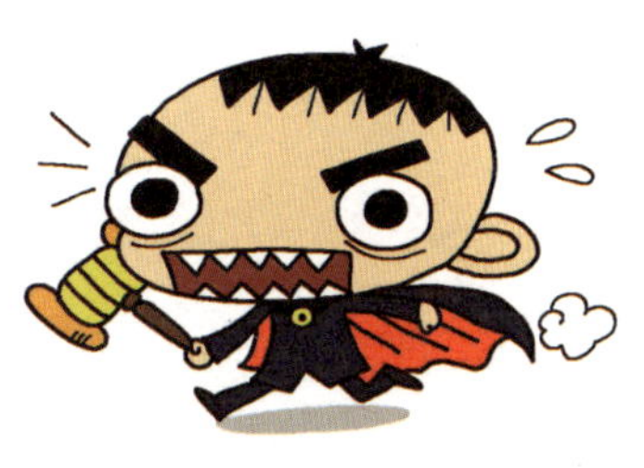

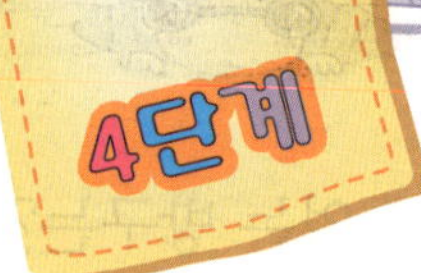

유머 만점 수수께끼

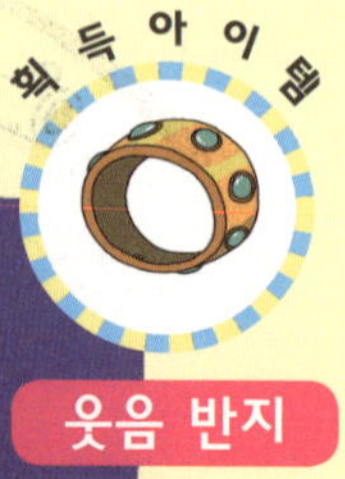

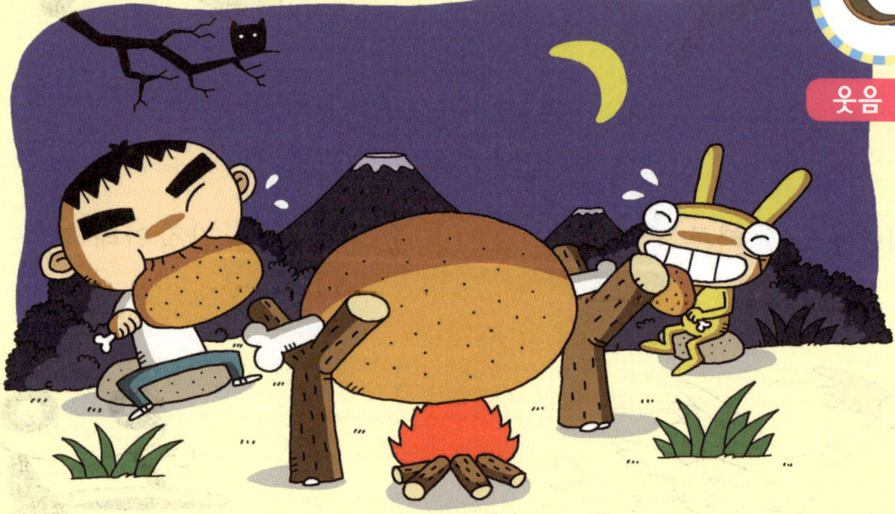

섬에서 처음 만난 친구 쫑긋이와 함께 맛있는 저녁 식사를 하며, 서로 서로
재미있는 수수께끼 놀이를 하며 밤을 지새웠어요.

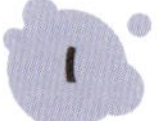 1 눈 뜨고 잠자는 동물은?

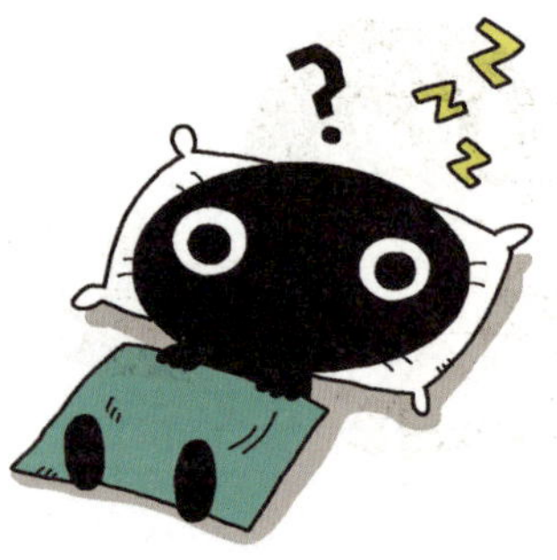

 2 아무리 계속 가도 서로 모이거나
합쳐질 수 없는 것은?

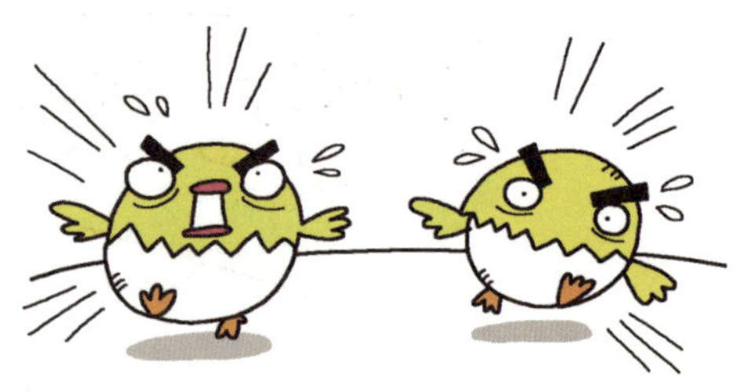

정답

1. 토끼 2. 평행선

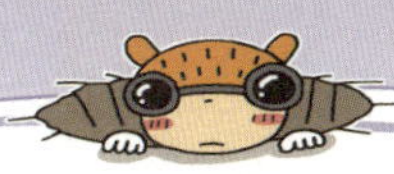

3 가장 싸게 구입할 수 있는 사냥 도구는?

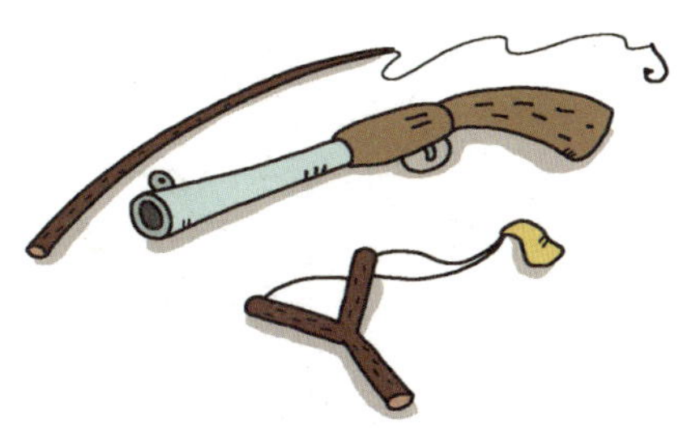

4 방구는 방구인데 냄새 없는 방구는?

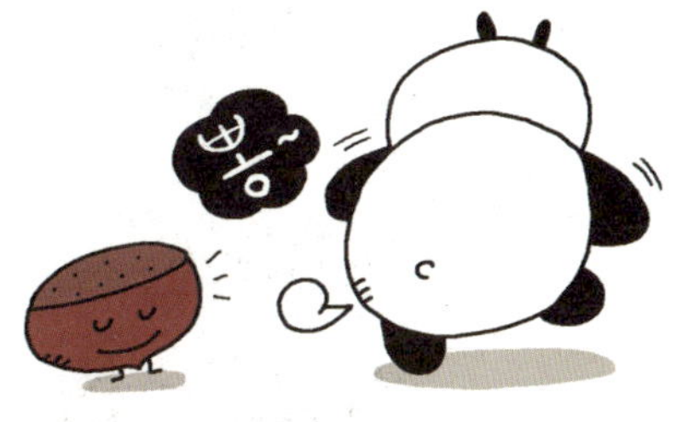

5 세상에서 가장 빠른 닭은?

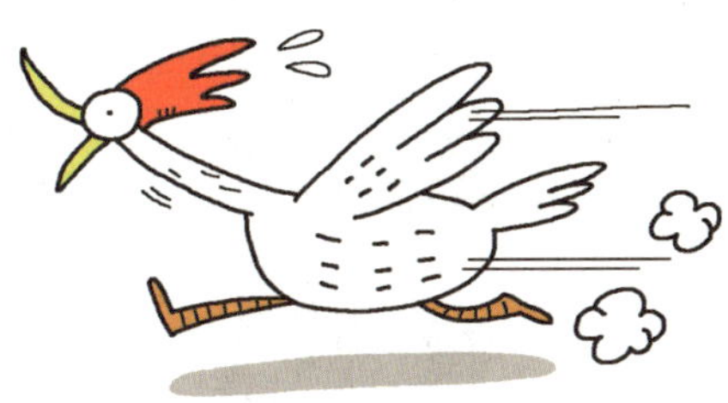

6 간장은 간장인데 먹을 수 없는 간장은?

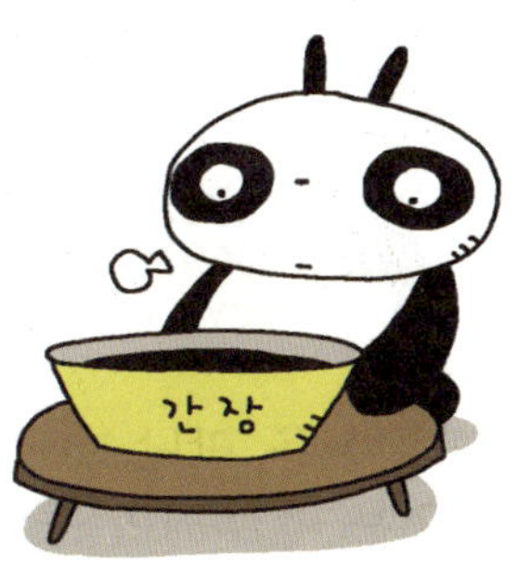

7 강은 강인데 먹을 수 있는 강은?

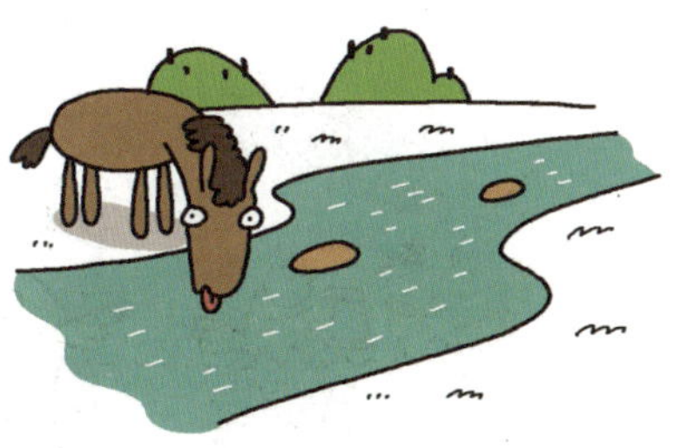

8 사람이 먹을 수 있는 제비는?

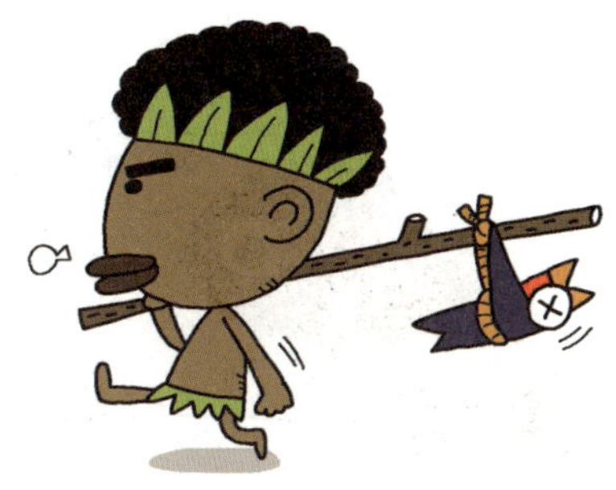

정답

3. 파리채 4. 문방구 5. 후다닥 6. 애간장 7. 생강 8. 수제비

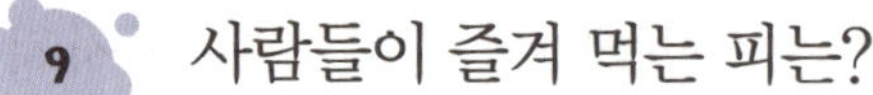

9 사람들이 즐겨 먹는 피는?

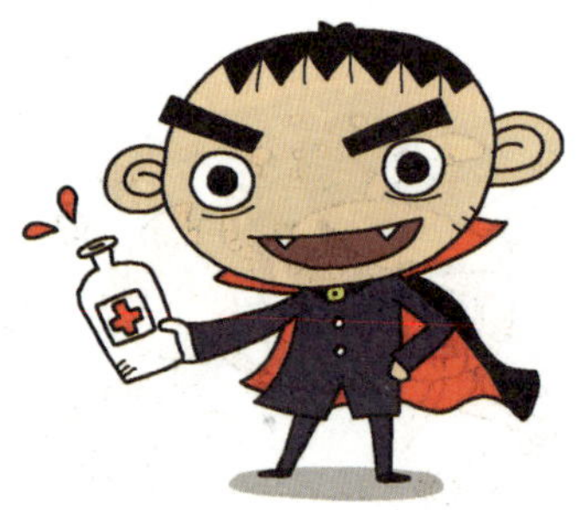

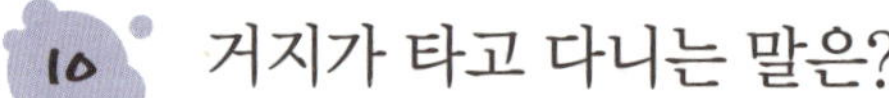

10 거지가 타고 다니는 말은?

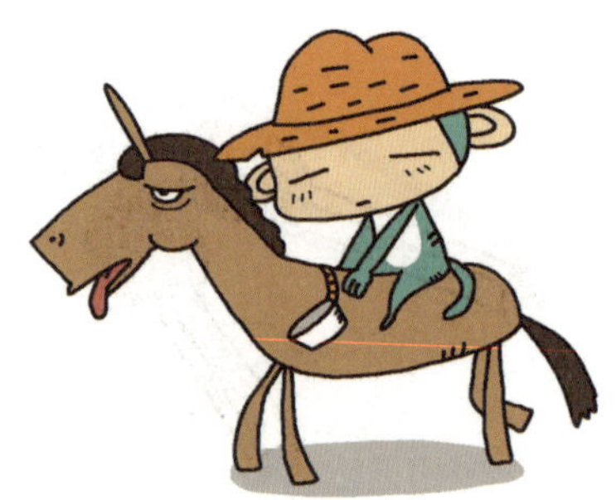

11 걸치면 움직이고, 벗으면 잠자는 깃은?

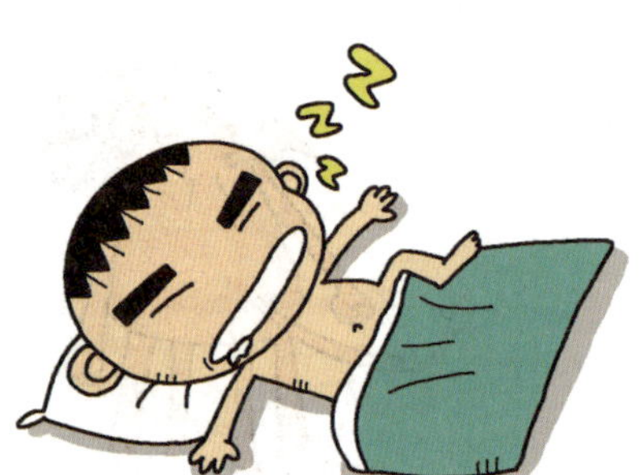

12 겁이 많은 사람이 가지고 다니는 돌 열 개는?

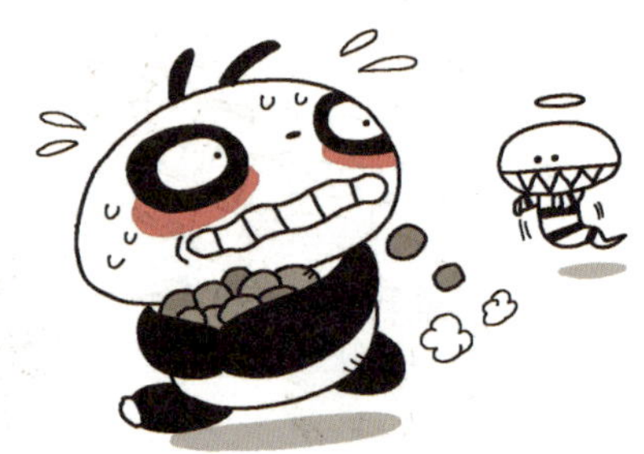

13 중학생과 고등학생이 타는 차는 무슨 차?

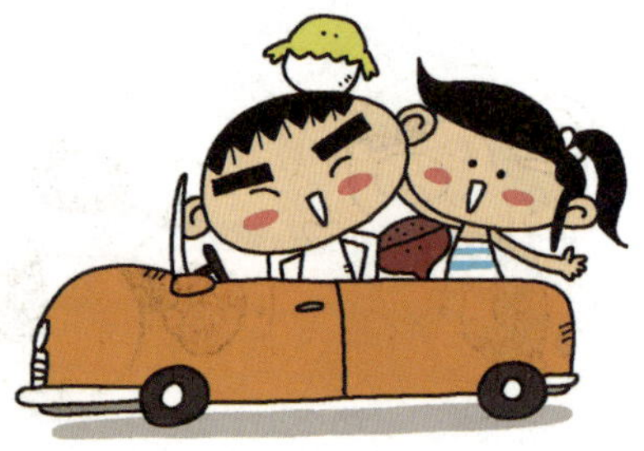

14 정말 문제 투성이인 것은?

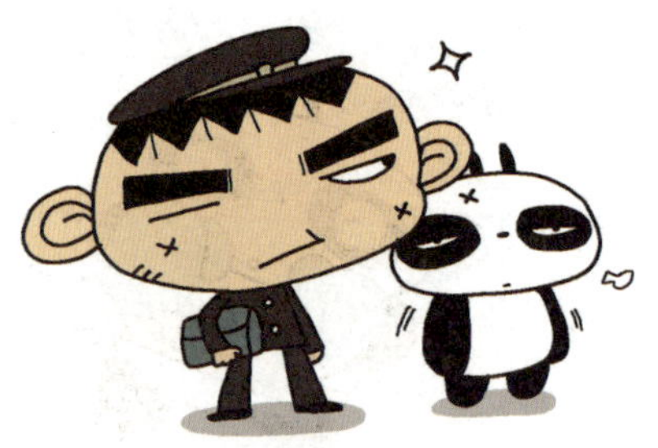

9. 커피 10. 거짓말 11. 옷 12. 오돌오돌 13. 중고차 14. 시험지

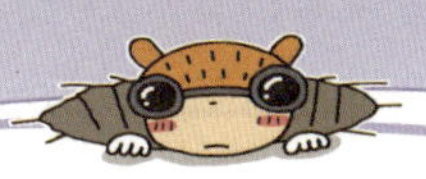

15 불은 불인데 타지 않는 불은?

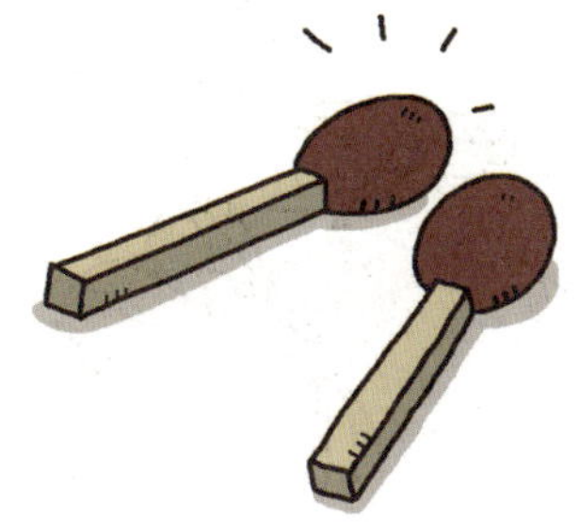

16 불은 불인데 물 속에서도 꺼지지 않는 불은?

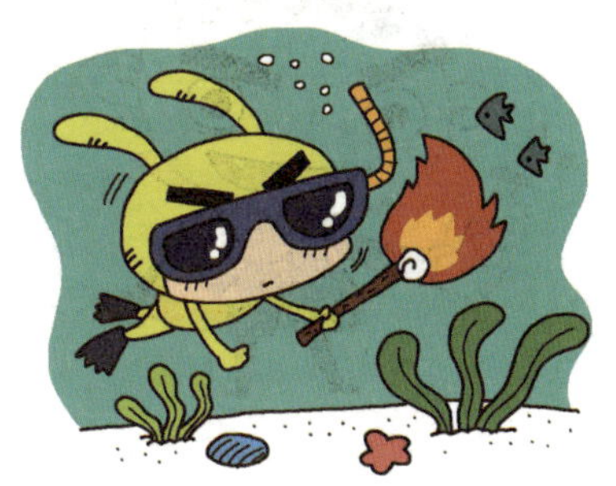

17 구멍이 크면 멀리 나가지 못하고, 구멍이 작으면 멀리 나가는 것은?

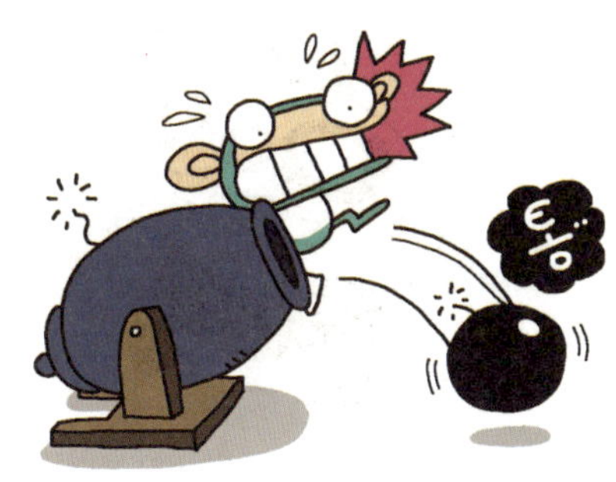

18 엉덩이 밑에 다리가 넷 달린 것은?

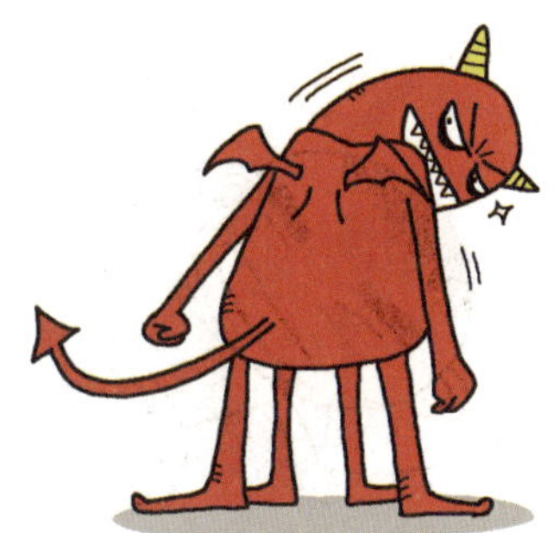

19 권투 선수가 챔피언이 꼭 되겠다고 하는 다짐은?

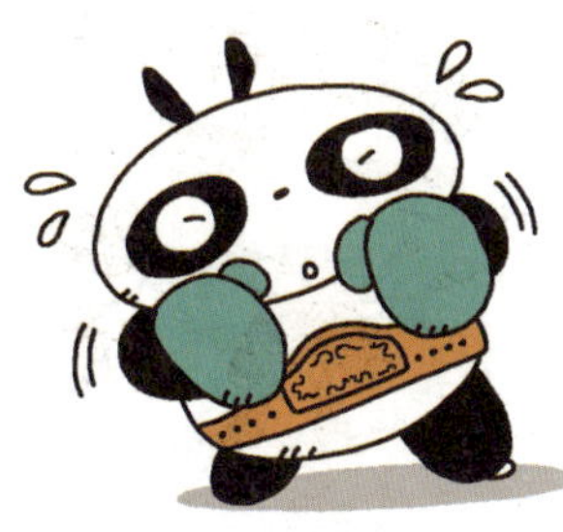

20 권투 선수와 가위바위보에서 이기려면?

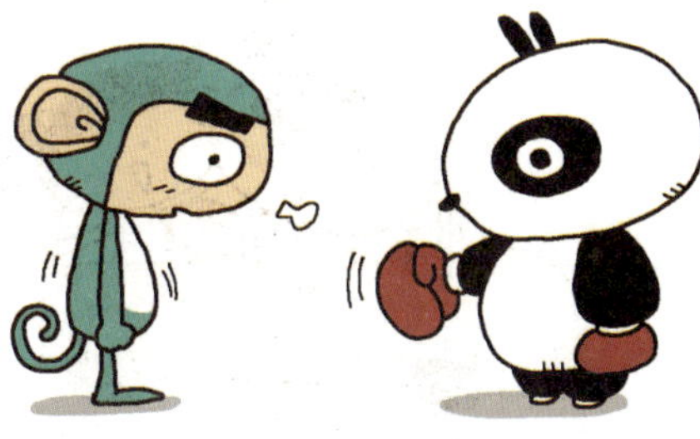

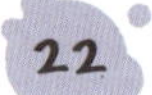
21 귀로 들어가서 입으로 나오는 것은?

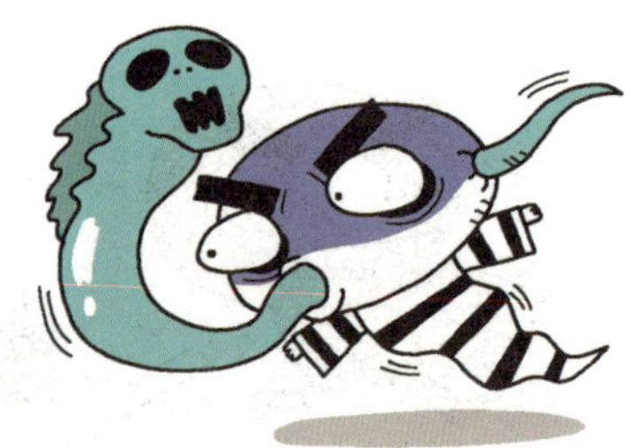

22 풍뎅이 중에서 가장 오래 사는 풍뎅이는?

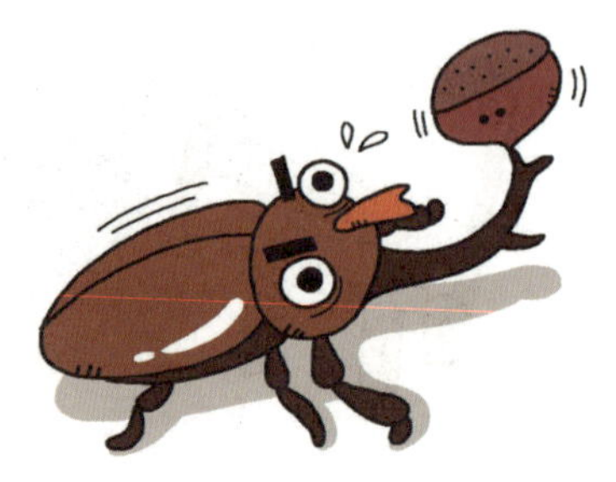

23 공중 화장실은?

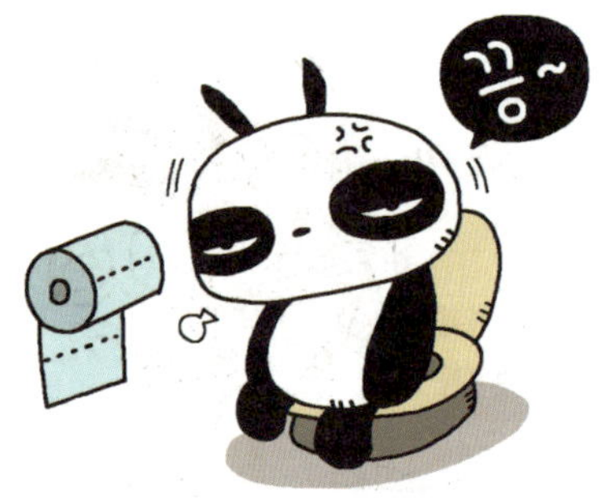

24 하늘의 별 따기보다 더 어려운 것은?

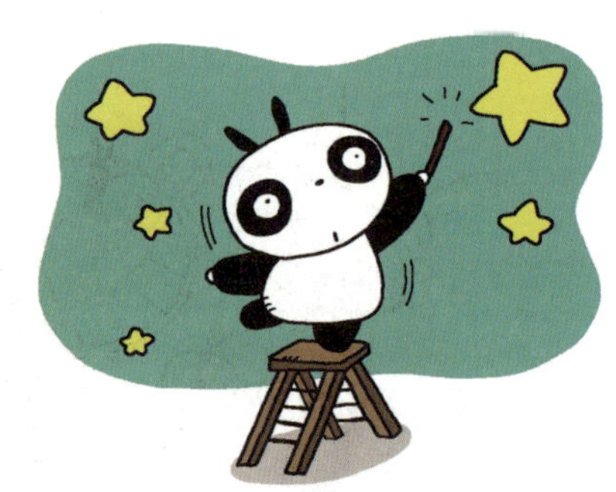

25 햇빛만 보면 눈물을 흘리는 것은?

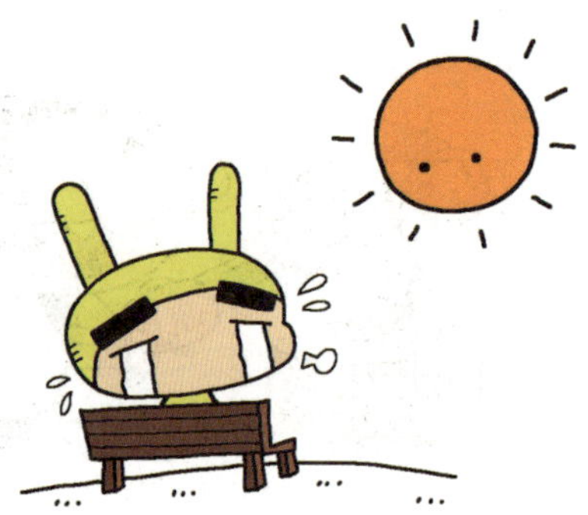

26 그네를 하루종일 쉬지 않고 타는 것은?

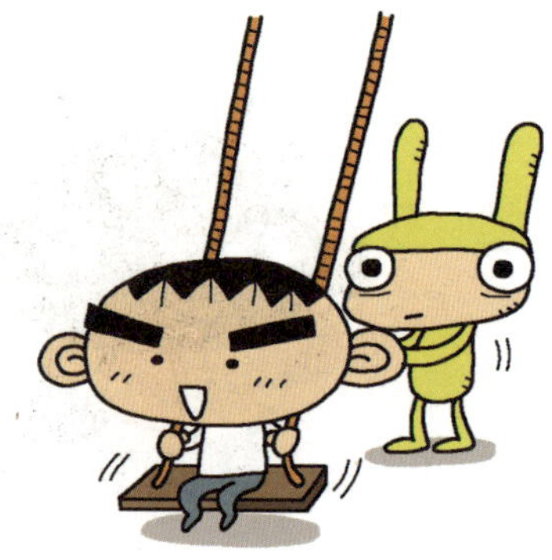

21. 말 22. 장수풍뎅이 23. 비행기 안의 화장실 24. 별 달기 25. 얼음 26. 시계추

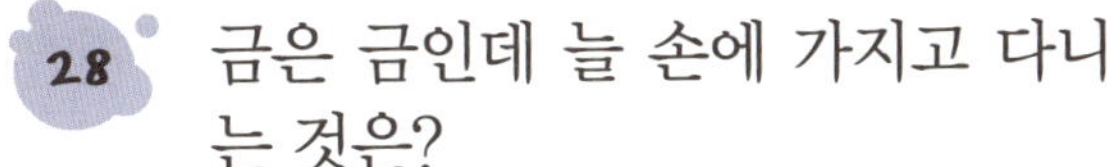

27 그림의 떡을 먹을 때 내는 소리는?

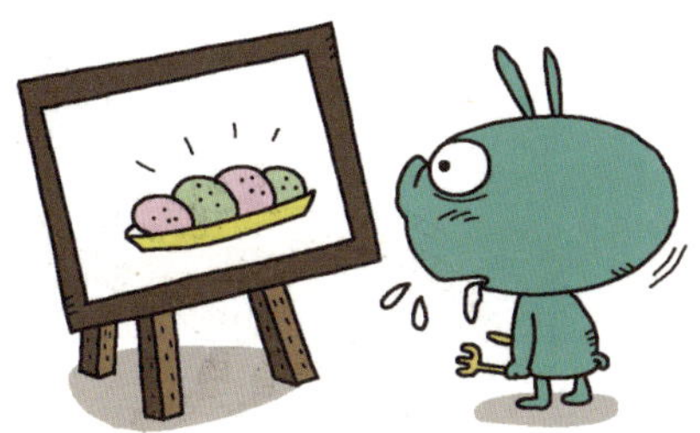

28 금은 금인데 늘 손에 가지고 다니는 것은?

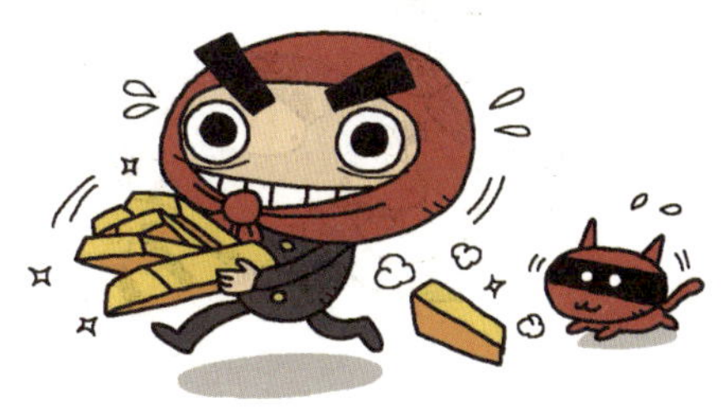

29 기쁘거나 슬프거나 매워도 나오는 것은?

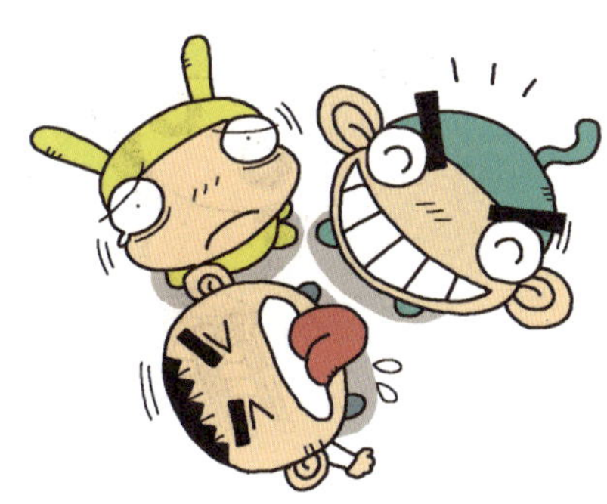

30 긴 줄에 매달려 춤추는 것은?

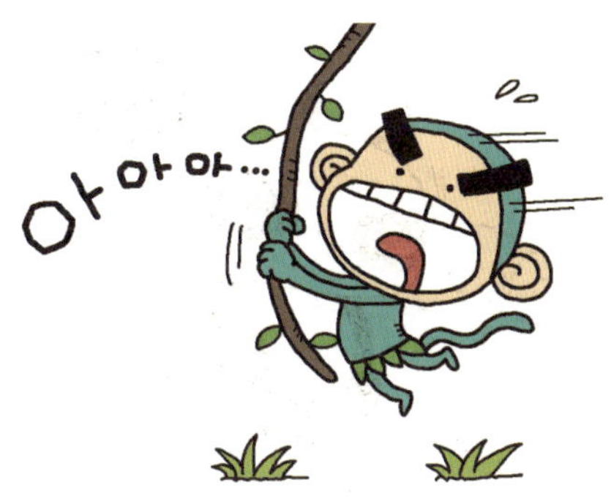

31 까만 것이 빨갛게 되고, 나중에는 하얗게 되는 것은?

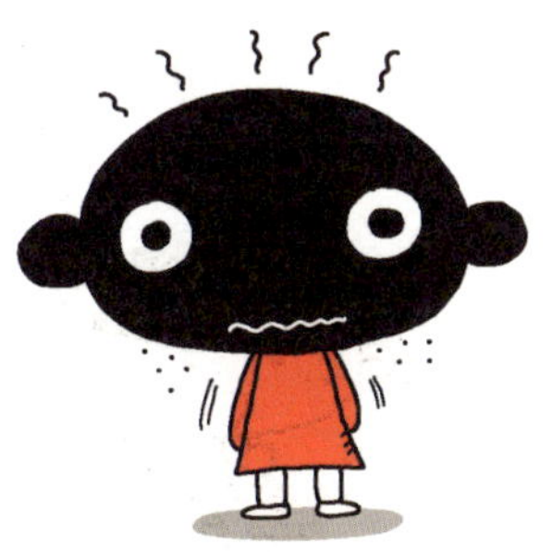

32 꺾으면 꺾을수록 칭찬 받는 사람은?

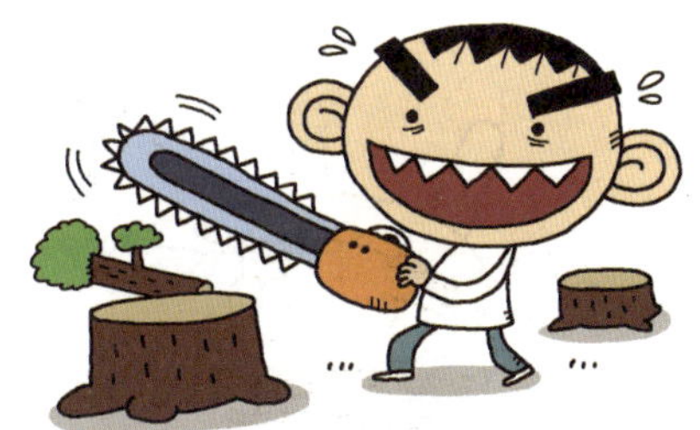

정답

27. 꿀떡 28. 손금 29. 눈물 30. 빨래 31. 숯 32. 운동 선수

33 어릴 때는 매지 않는데 나이가 들면 머리에 빨간 리본을 매고 다니는 것은?

34 펴면 집이 되고 접으면 지팡이가 되는 것은?

35 바깥에서는 밝고 안에서는 어두운 것은?

36 누더기 입고 파마하는 것은?

37 노총각들이 가장 좋아하는 감은?

38 눈, 코, 입은 없고 귀만 하나 있는 것은 무엇인가?

39 꽃이 피면 죽을 때까지 눈물 흘리는 것은?

40 미용사와 가위바위보 할 때 이기는 방법은?

41 매일 학교에는 따라가지만 공부는 하지 않는 것은?

42 아들은 날아가도 아비는 날아가지 않는 것은?

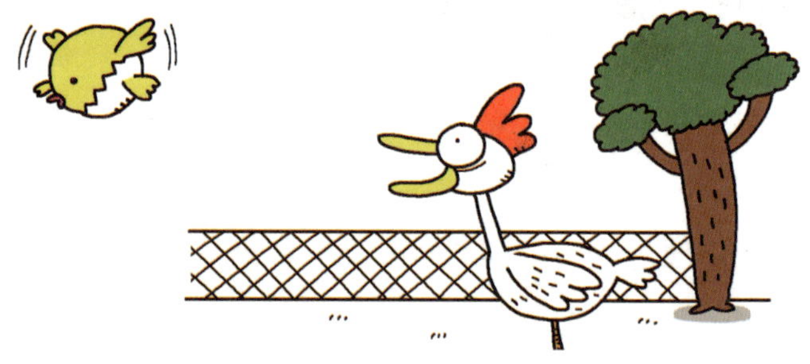

43 소리 없이 웃고 있는 것은?

44 아래는 하얗고 위는 빨간데 눈물을 줄줄 흘리는 것은?

45 머리가 잘못한 것을 꽁무니가 고쳐주는 것은?

정답

33. 닭 34. 우산 35. 물 36. 옥수수 37. 색시감 38. 바늘 39. 촛불 40. 바위를 낸다.(미용사는 가위를 들고 있으므로) 41. 가방 42. 활과 화살 43. 사진의 웃는 얼굴들 44. 양초 45. 지우개 달린 연필

46 거꾸로 매달려 있는 집에 문이 수없이 나있는 것은?

47 너무 많이 웃어서 생기는 병은?

48 기둥 하나에 지은 집은?

49 아무리 재주가 좋은 사람이라도 낮이 아니면 할 수 없는 것은?

50 아무 죄도 없이 목을 매인 것은?

51 가죽 벗기고, 털 뽑고, 살은 다 먹고, 뼈는 버리는 것은?

52 길면 길수록 짧아지는 것은?

53 네모난 것인데도 세상을 잘 굴러다니는 것은?

54 마시지 않아도 취하는 술은?

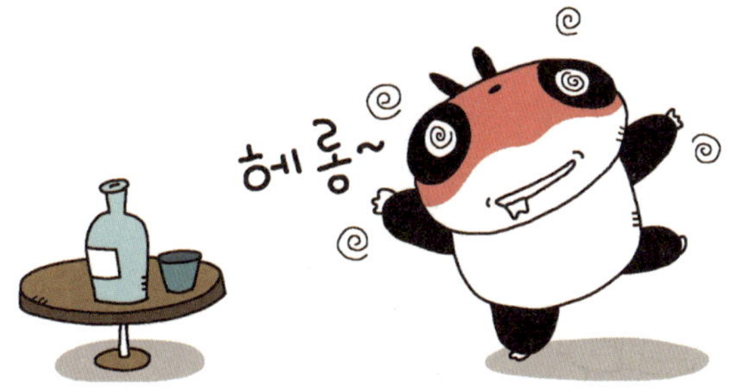

55 똑똑 노크하면 큰일 나는 집은?

56 깎으면 깎을수록 길어지는 것은?

57 끓여도 '차다' 하는 것은?

58 아침에는 네 발로, 낮에는 두 발로, 저녁에는 세 발로 걷는 것은?

정답
46. 벌집 47. 요절복통 48. 버섯, 우산 49. 낮잠 50. 두레박 51. 옥수수 52. 낮과 밤 53. 종이 돈
54. 최면술 55. 벌집 56. 연필심 57. 차 58. 사람

59 누구든지 언제나 요주의해야 하는 사람은?

60 누구든지 쓸 만한 것을 찾는 날은?

61 아주 오래 전에 건설된 다리를 무엇이라 부르나?

62 안경이 들어가 있으면 안경집, 모래가 들어가 있으면?

63 누워 있을 때에만 자신의 일을 다하는 것은?

64 눈 뜨고도 볼 수 없는 것은?

65 눈물 흘리지 않고 우는 것은?

66 눈 올 때 웃으면?

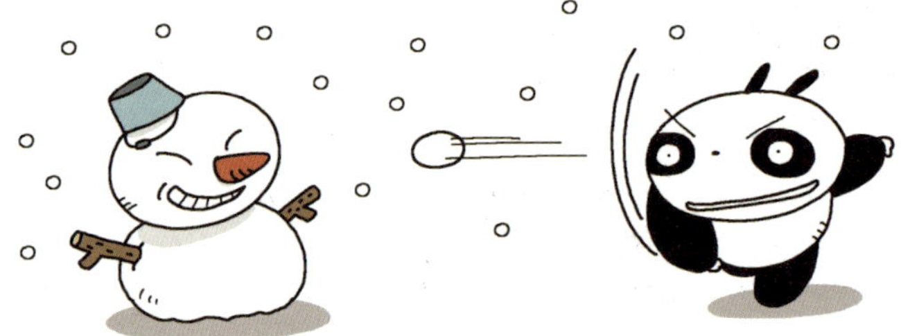

67 비 올 때 웃으면?

68 눈코 뜰 새 없이 바쁠 때는?

69 다리는 두 개인데 갈비뼈만 있는 것은?

70 감은 감인데 못먹는 감은?

71 담은 담인데 사람들이 좋아하는 담은?

72 담은 담인데 사람들이 싫어하는 담은?

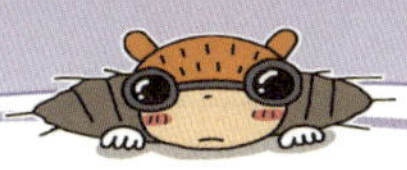

73 물가가 올라가도 항상 깍아 주는 곳은?

74 색 중에서 거지가 싫어하는 색은?

75 덤으로 더 준다고 해도 받기 싫은 덤은?

76 돈은 돈인데 쓸 수 없는 돈은?

77 돈을 벌기 위해서 이겨서는 안 되고, 열심히 져야만 하는 사람은?

78 돈이 낳는 새끼는?

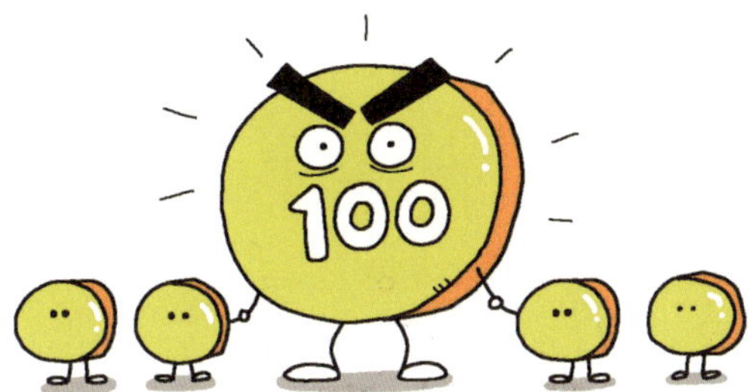

79 돈이 많은 사람은 거부라고 하는데 그러면 말이 많은 사람은?

80 겨울에 많이 쓰는 끈은?

81 가도가도 붙잡지 못하는 것은 무엇인가?

82 체면도 없고 창피한 것도 모르는 사람의 나이는?

83 책은 책인데 읽을 수 없는 책은?

84 밤에만 나오는데 나타날 때마다 모양이 바뀌는 것은?

85 사람들이 제일 들어가기 싫어하는 방의 이름은?

정답
73. 이발소, 미용실 74. 인색 75. 무덤 76. 사돈 77. 지게꾼 78. 이자 79. 마부 80. 따끈따끈 81. 세월
82. 넉살 83. 주책 84. 달 85. 감방

86 두 다리가 멀쩡한데도 걷지 못하는 것은?

87 많이 먹을수록 배가 부르지는 않고 화만 나는 것은?

88 탈이 없으면 정말 할 수 없는 일은?

89 하루 아침에 온 세상을 볼 수 있는 문은?

90 많이 실으나 적게 실으나 무게가 같은 것은?

91 말과 행동이 다른 사람이 먹는 밥은?

92 말 못하는 선생님은?

93 지나다닐 때는 내리고 안 지나다닐 때는 올리는 것은?

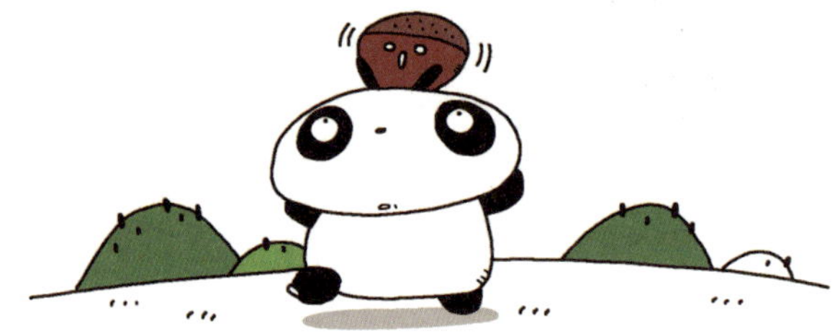

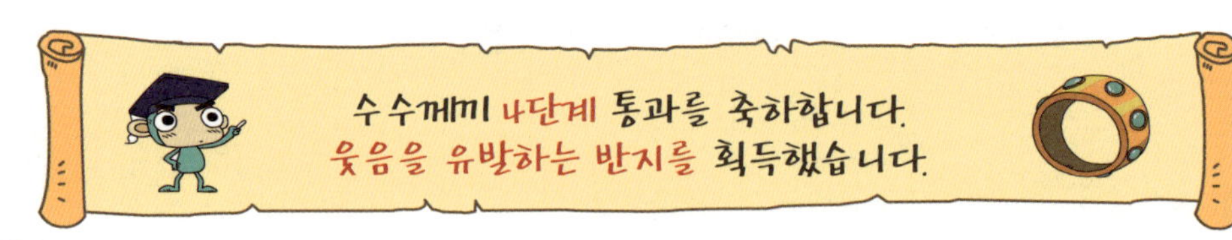

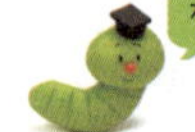

86. 안경다리 87. 욕 88. 탈춤 89. 신문 90. 신문 기사 91. 따로국밥 92. 책 93. 철도 건널목 차단기

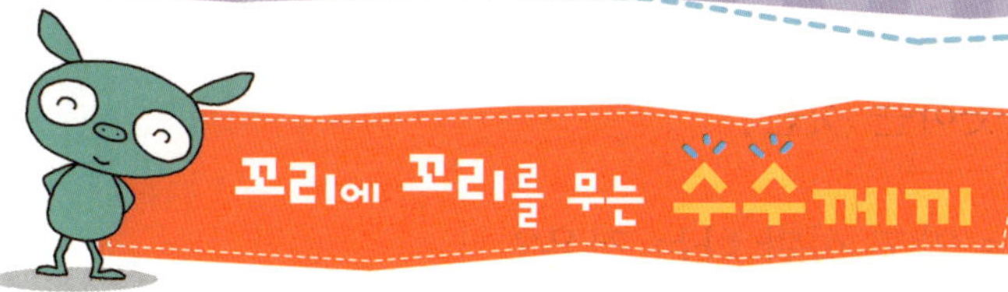

의사 수수께끼

1. 눈 오는 날에만 일하는 사람은?

2. 미친 사람 때문에 돈 버는 사람은?

3. 의사는 의사인데 돌을 파는 의사는?

4. 남이 울 때 웃는 사람은?

5. 남의 눈으로 먹고 사는 사람은?

6. 남의 이로 먹고 사는 사람은?

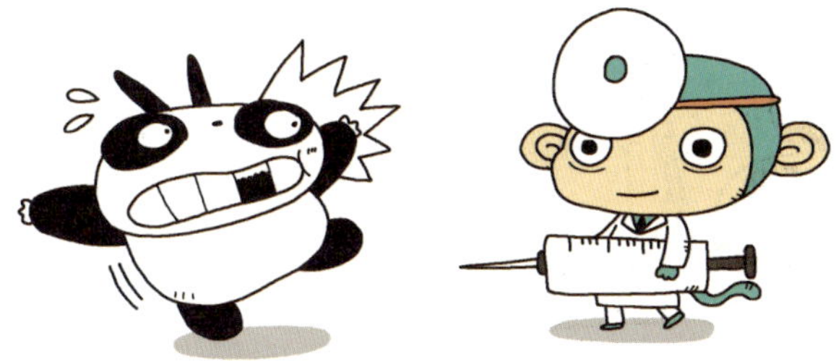

7. 속상하면 속상할수록 돈 버는 사람은?

8. 열 명이 와도 한 사람이라고 하는 것은?

9. 예쁜 여자보다 못생긴 여자를 더 좋아하는 남자는?

10. 남의 입만 들여다 보고도 먹고 사는 사람은?

11. 손님이 뜸하면 돈을 더 잘 버는 사람은?

12. 이치과에는 어떤 사람이 찾아갈까?

정답
1. 안과 의사 2. 정신과 의사 3. 돌팔이 의사 4. 장의사 5. 안과 의사 6. 치과 의사 7. 내과 의사
8. 한의사 9. 성형외과 의사 10. 치과 의사 11. 한의사 12. 옳고 그른 것을 따지기 좋아하는 사람

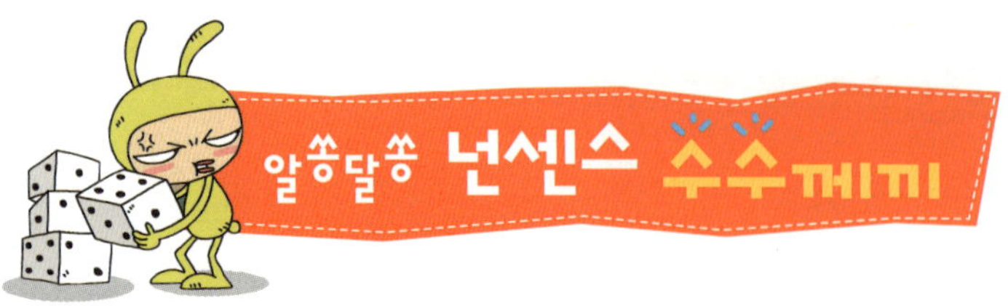

1 바닷물이 짠 이유는 무엇일까?

2 세상에서 가장 게으른 사람이 죽었다. 왜일까?

3 위대한 사람이란?

4 왜 콧구멍이 두 개일까?

5 어쩌게 재수가 없으면서도 그냥 그런대로 운이 좋은 사람은?

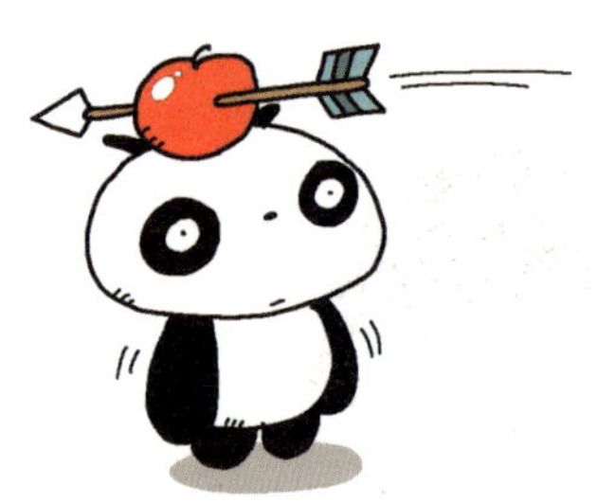

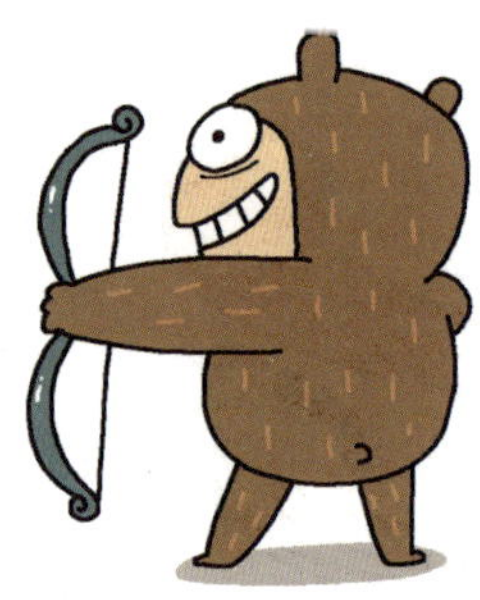

1. 물고기들이 땀나게 뛰어 놀아서 2. 숨 쉬기도 귀찮아서 3. 밥을 많이 먹는 사람
4. 하나면 후비다가 숨 막혀 죽을까봐 5. 앰뷸런스에 치인 사람

6 한 사람이 20도짜리 소주 5병, 6도짜리 맥주 20병, 40도짜리 양주 5병을 마셨다. 이 사람이 모두 마신 술은 몇 도 일까?

7 전 세계 남자들의 머리카락 길이를 곱하면 얼마일까?

8 호랑이에게 덤비는 용감한 개 이름은?

9 노총각 노처녀가 맞선 보러 갈 때 타고 가는 버스는?

10 세상에서 가장 버릇없는 사람들이 가진 머리는?

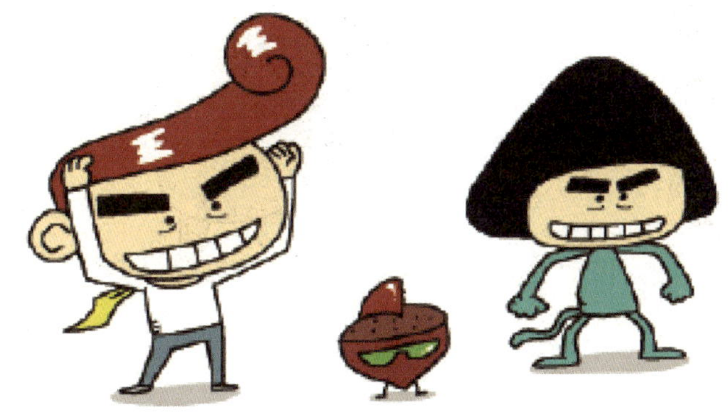

재치 만점 수수께끼

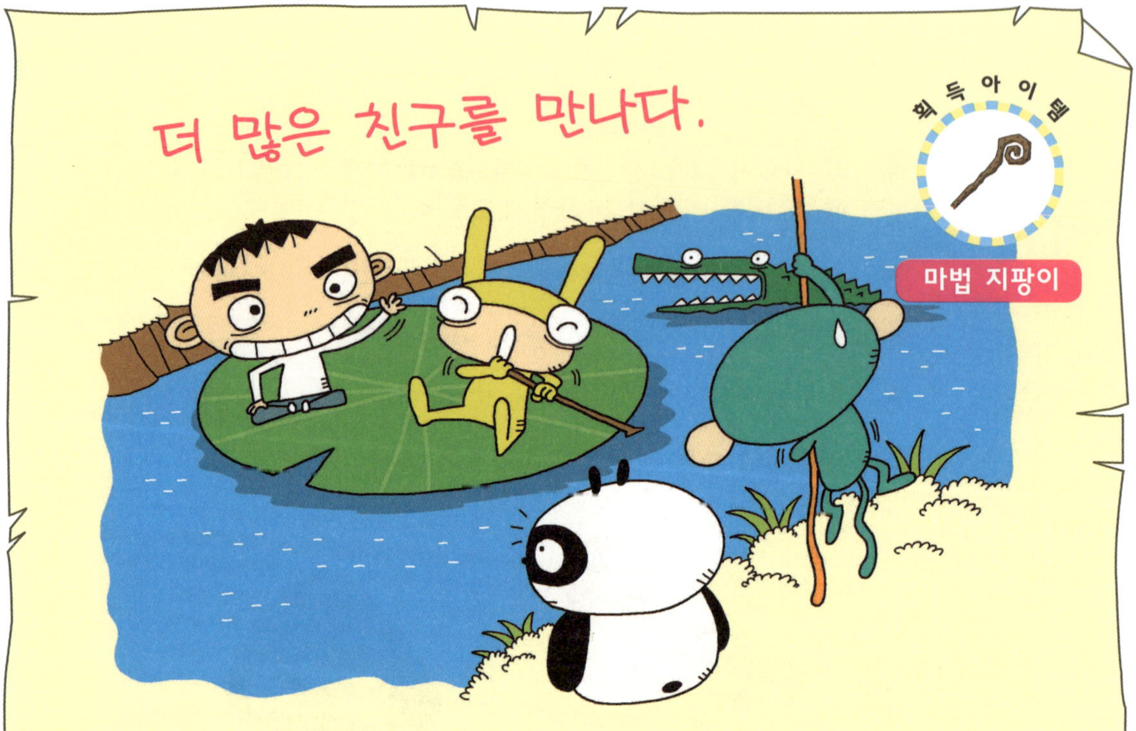

위험한 맹수들을 피해 연꽃을 타고 강을 거슬러 올라가며 새로운 친구들도 만납니다.

1 순전히 학생들의 재수로 돈 버는 곳은 어디일까?

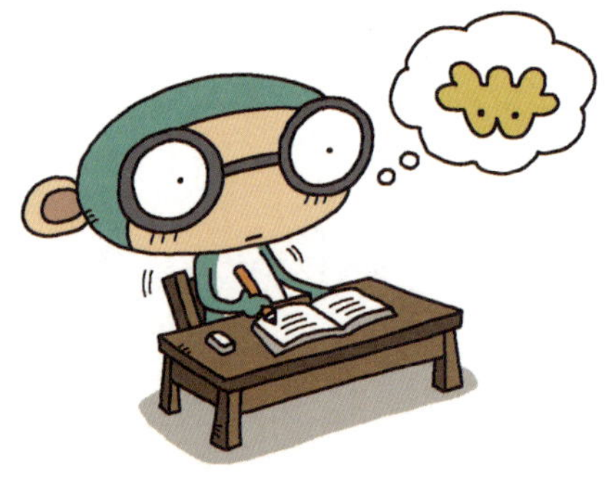

2 평상시에는 보이지 않는 것이 끓이면 보이는 것은?

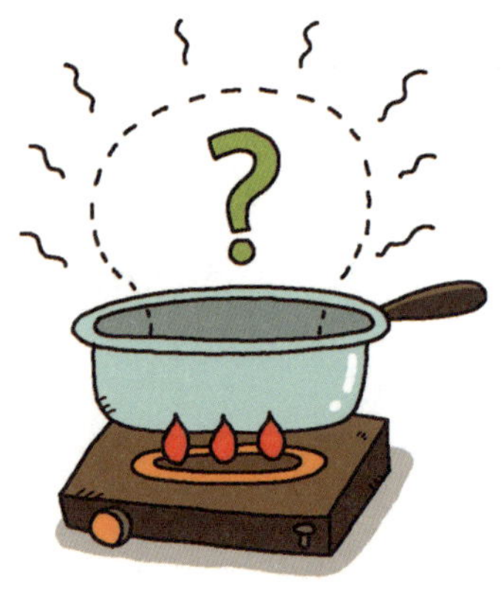

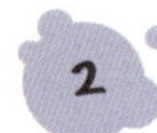

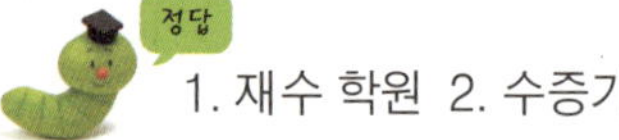
정답
1. 재수 학원 2. 수증기

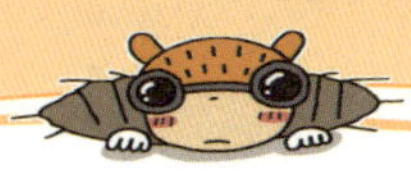

3 색깔은 흰색인데, 보라라고 부르는 것은?

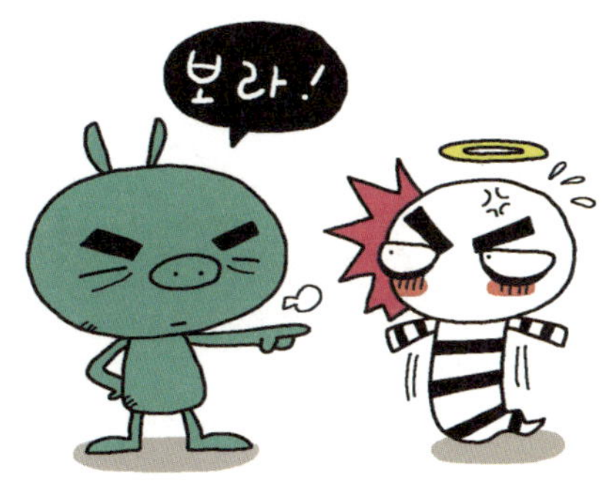

4 빨간 밥을 먹고는 빨간 똥만 누는 것은?

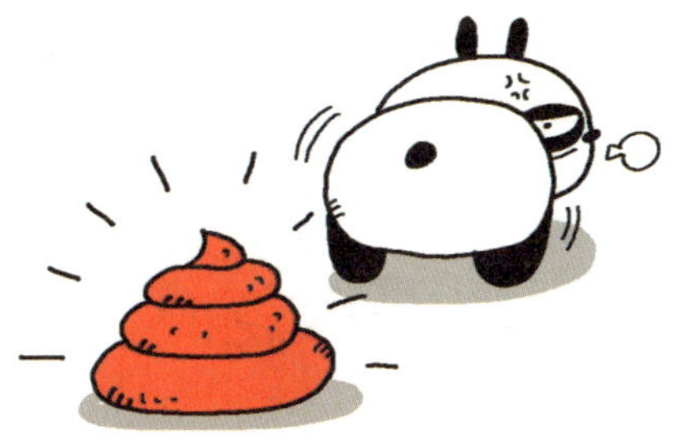

5 사람들이 가장 좋아하는 춤은?

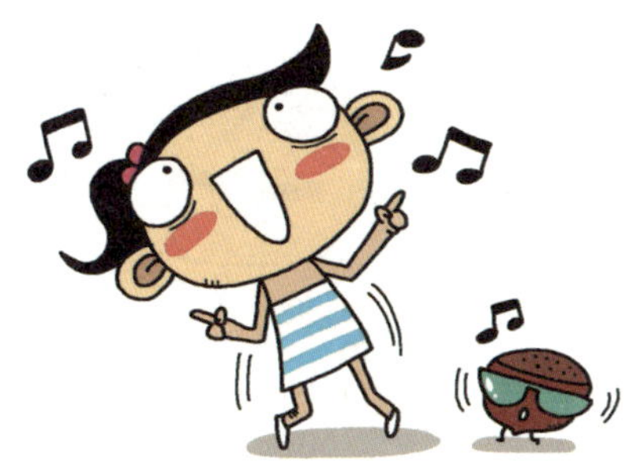

6 사람들이 다니기를 싫어하는 거리는?

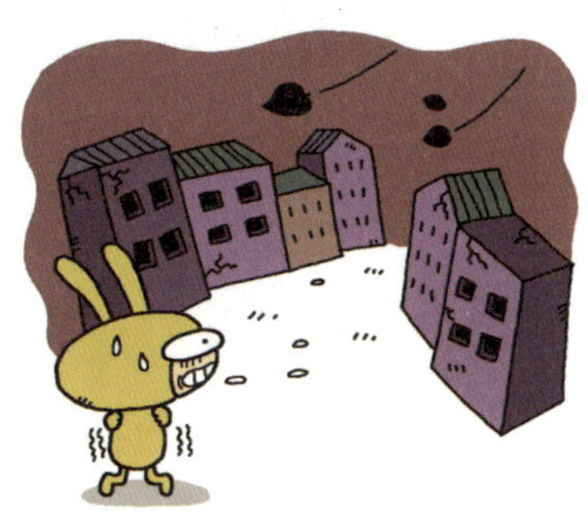

7 봄, 여름, 가을, 겨울 늘 푸른 옷만 입는 것은?

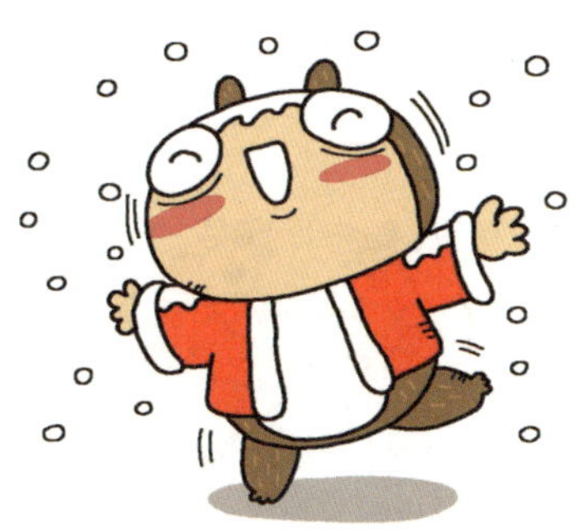

8 삶으면 액체가 고체로 바뀌는 것은?

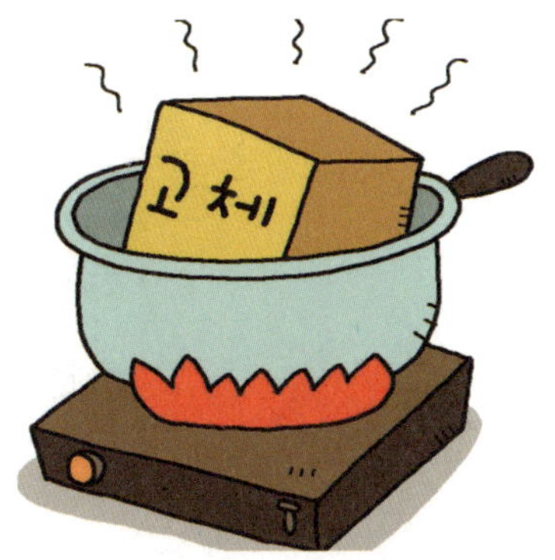

정답

3. 눈보라 4. 도장 5. 안성맞춤 6. 걱정거리 7. 소나무 8. 달걀

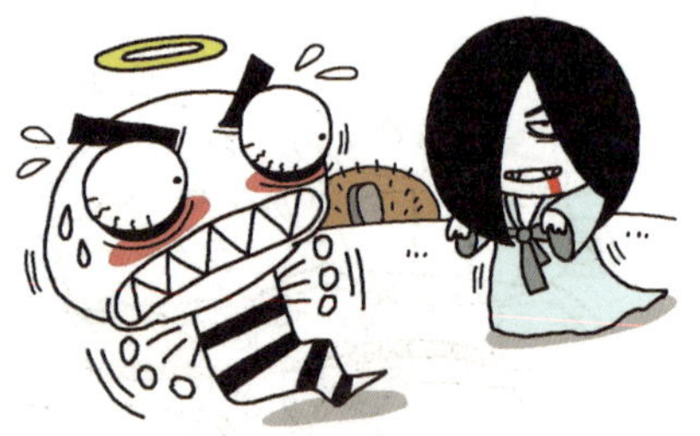

9 밤낮 머리를 풀고 있는 것은?

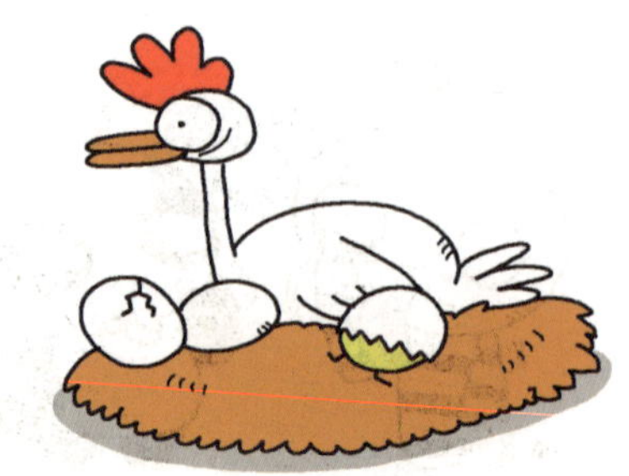

10 밤낮으로 새끼를 낳는 것은?

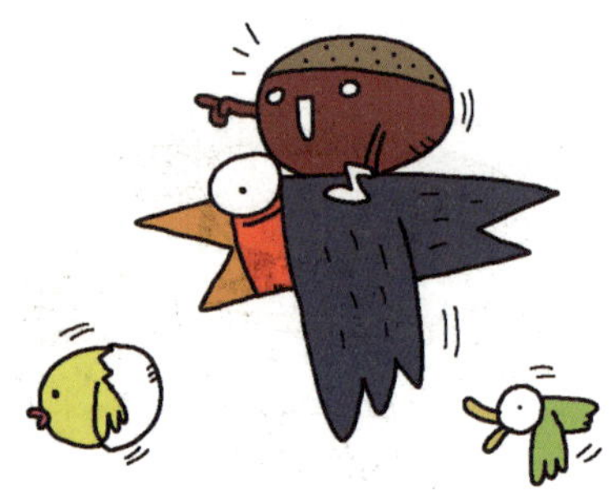

11 새 중에서 진짜 새는?

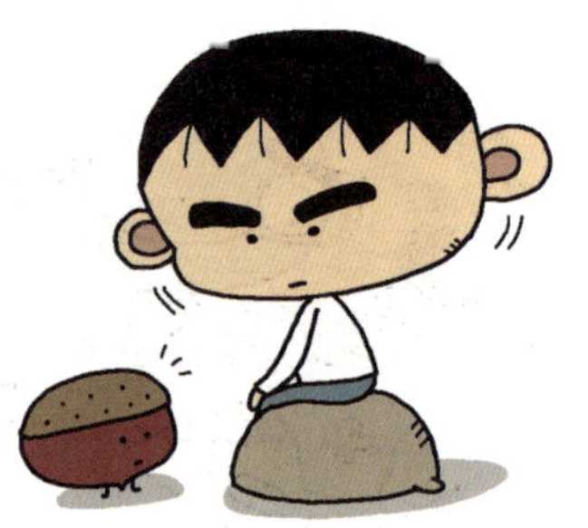

12 바가지인데 쓰지 못하는 바가지는?

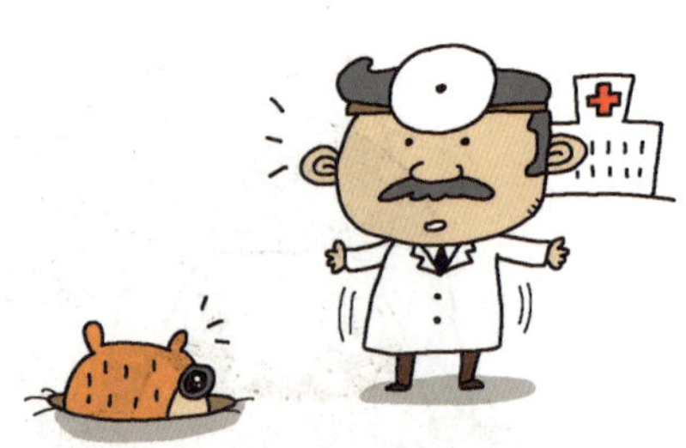

13 "병 든 자여 내게로 오시오" 이 말은 누가 할까?

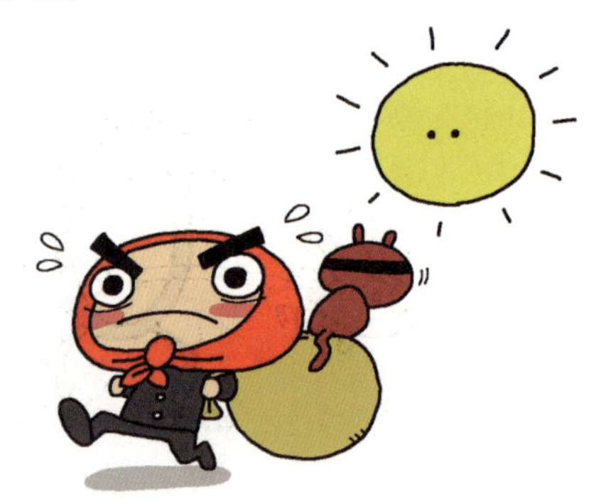

14 성격이 급한 사람들을 비춰 주는 달은?

정답
9. 수양버들 10. 문 11. 참새 12. 해골바가지 13. 엿장수 14. 안달복달

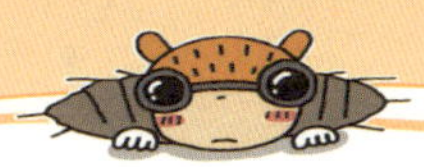

15 세상에서 제일 흉내 잘 내는 것은?

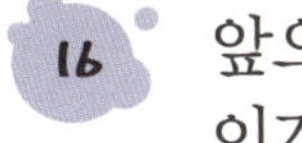

16 앞으로 나가면 지고 뒤로 물러서면 이기는 것은?

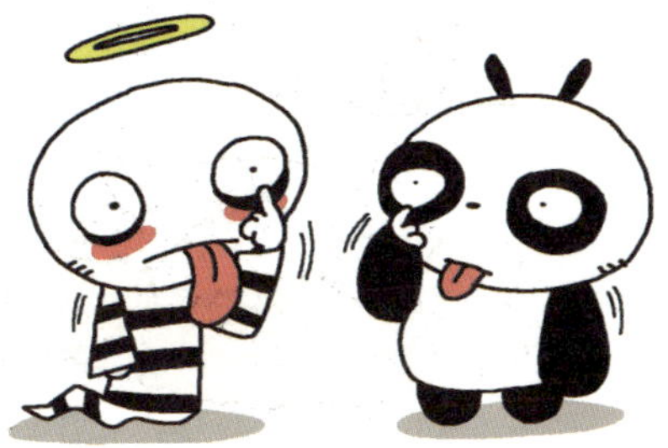

17 약은 약이라도 못 먹는 약은?

18 비는 비인데 쓸지 못하는 비는?

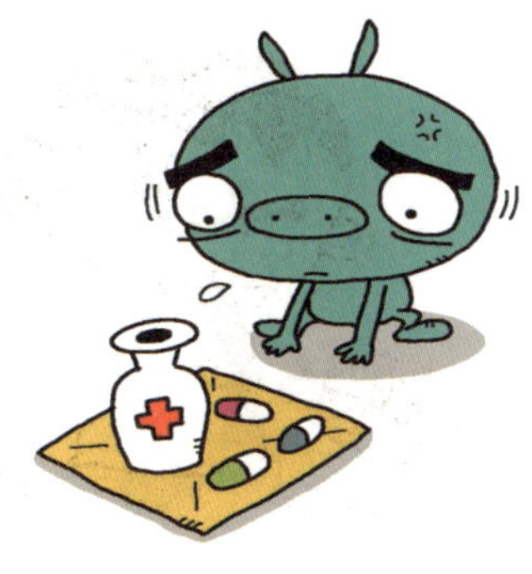

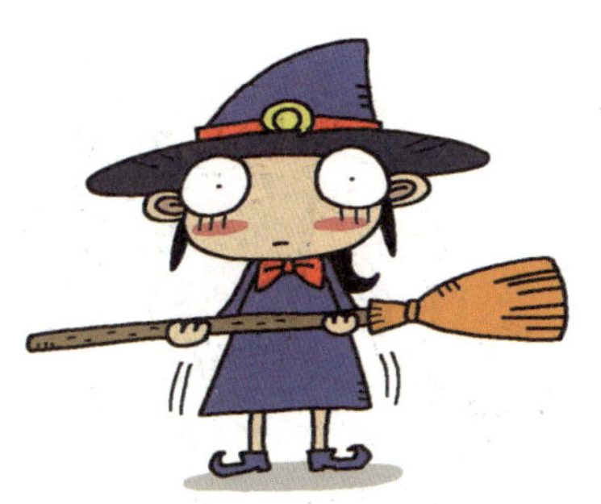

19 키 크고 속이 없는 것은?

20 거꾸로 보나 바로 보나 옆으로 보나 바로 보이는 것은?

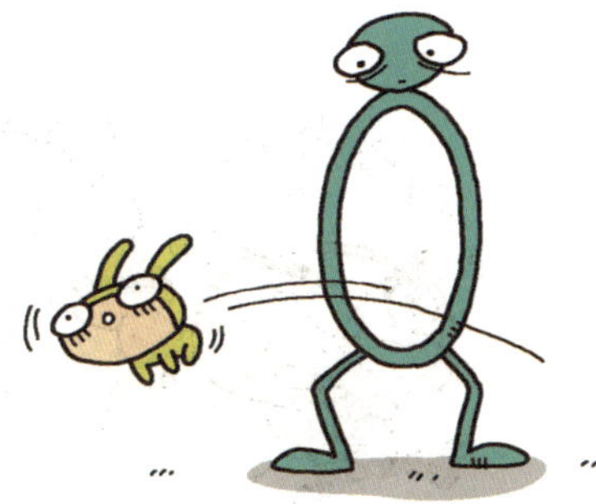

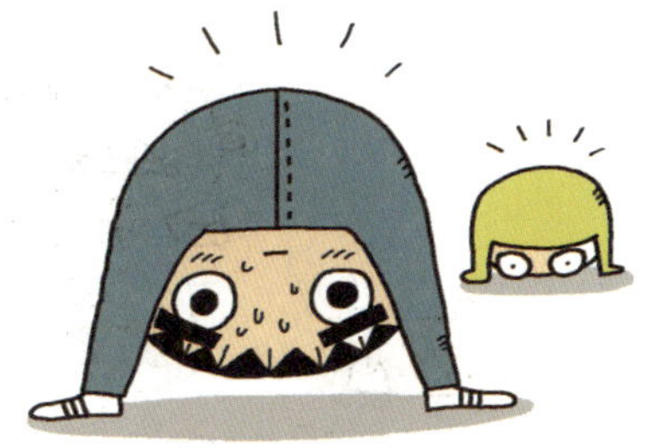

정답 15. 거울 16. 줄다리기 17. 구두약, 화약 18. 내리는 비 19. 대나무 20. 거울

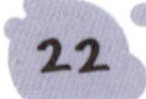

21 쇠만 먹고 사는 것은?

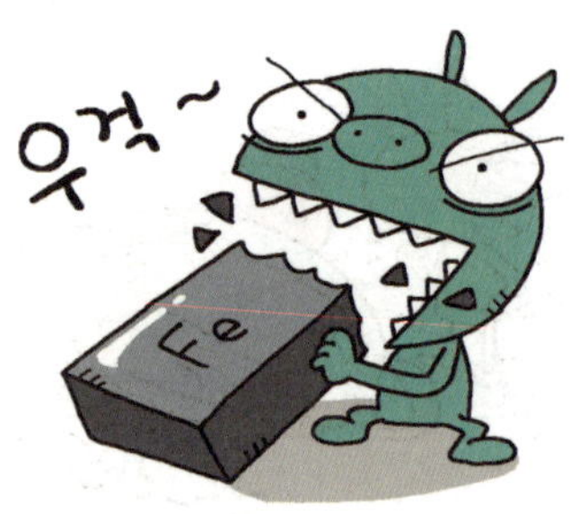

22 신이 존재하기 때문에 편히 사는 것은?

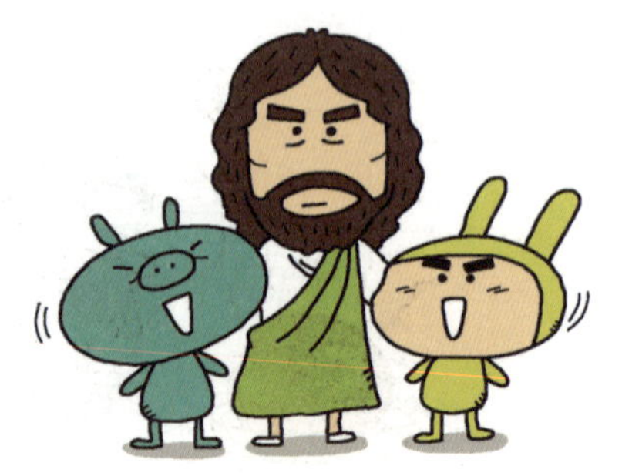

23 마음껏 두들겨 주고 돈 버는 사람은?

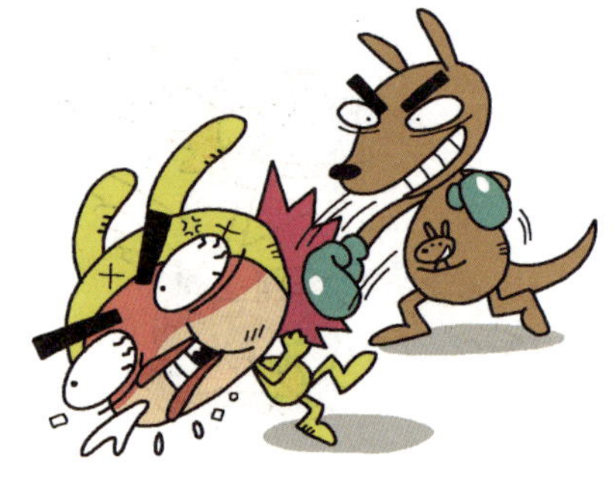

24 어려서는 옷을 입고, 커서는 옷을 벗는 것은?

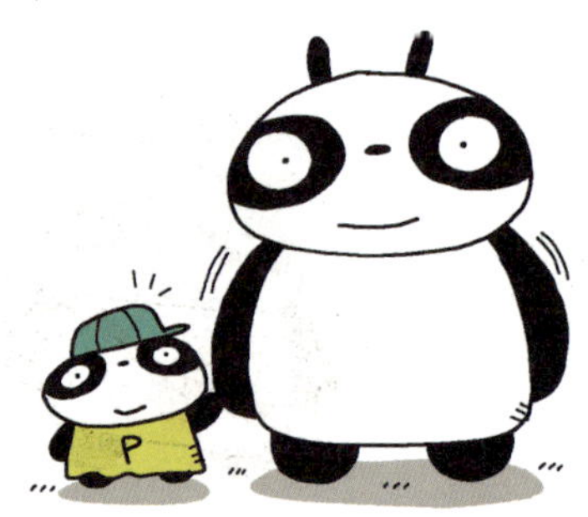

25 어릴 때는 날카로운 옷을 입고 있다가 차차 커지면 옷을 벗는 것은?

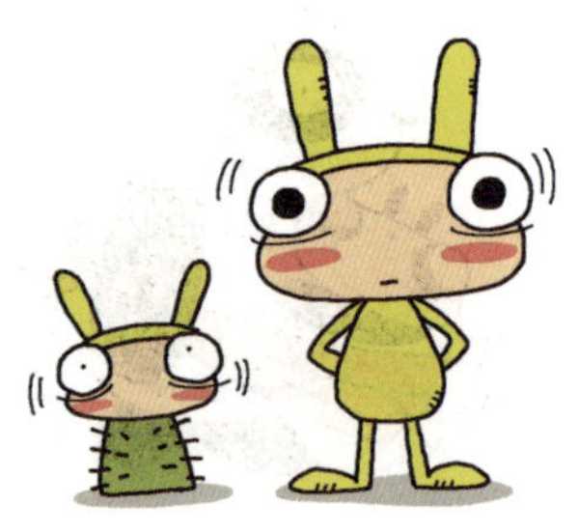

26 쌍둥이가 바쁘게 음식 나르는 것은?

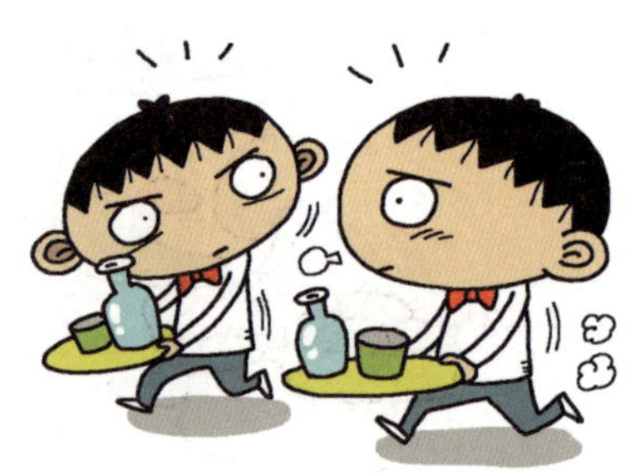

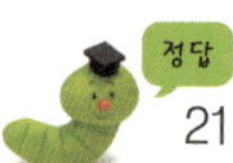
정답
21. 용광로 22. 발 23. 안마사 24. 누에 25. 밤송이 26. 젓가락

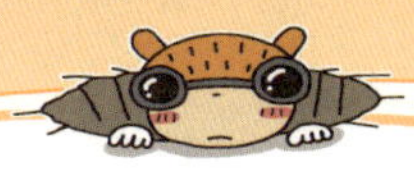

27 썩어야 맛있게 먹는 것은?

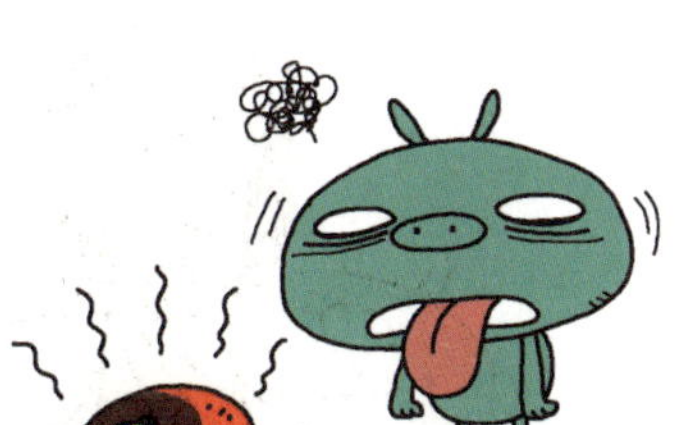

28 남을 때리는 일을 하는 것은 무엇인가?

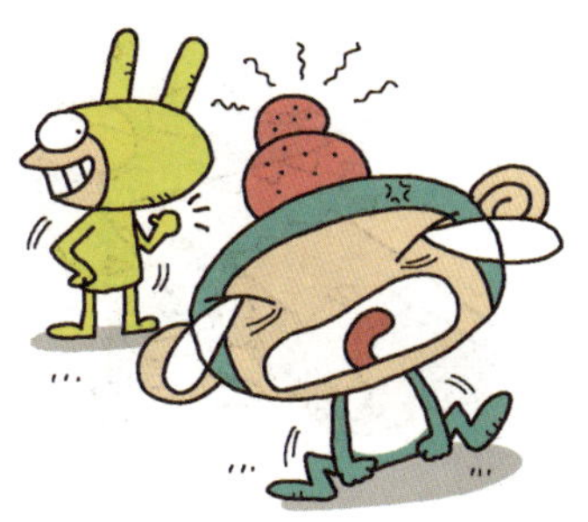

29 쓰기는 할 수 있어도 입기는 할 수 없는 것은?

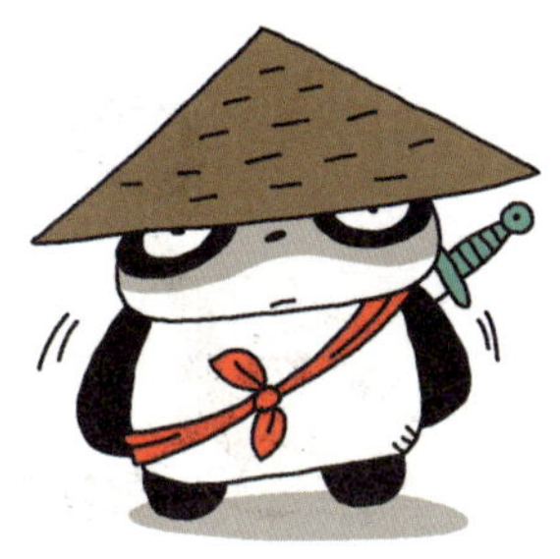

30 닭은 닭인데 못먹는 닭은?

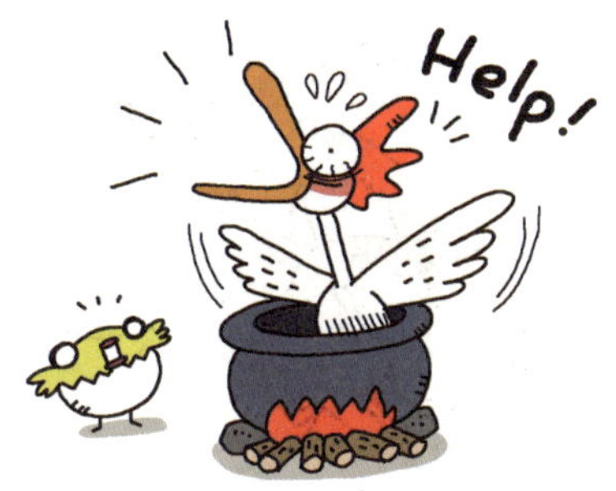

31 떡 중에서 가장 빨리 먹는 떡은?

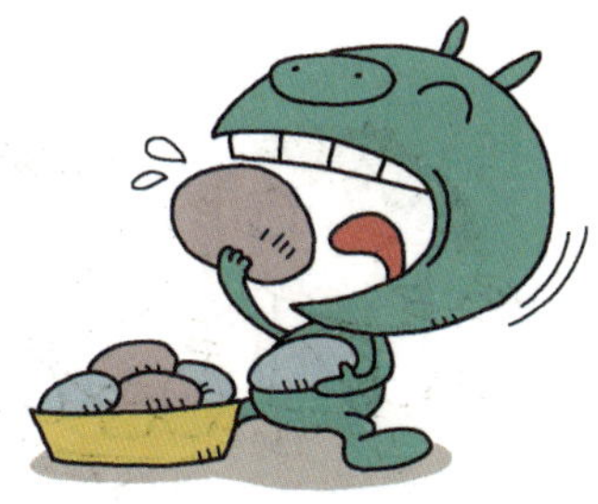

32 아기를 앞으로만 업고 다니는 것은?

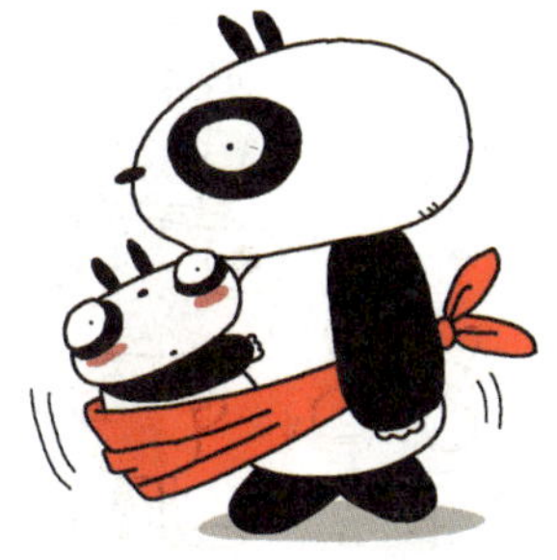

정답
27. 메주 28. 망치 29. 모자 30. 까닭 31. 헐레벌떡 32. 캥거루

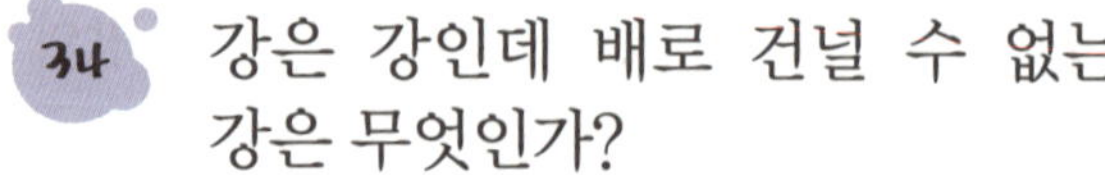

33 아무리 높은 사람도 모자를 벗어야만 하는 곳은?

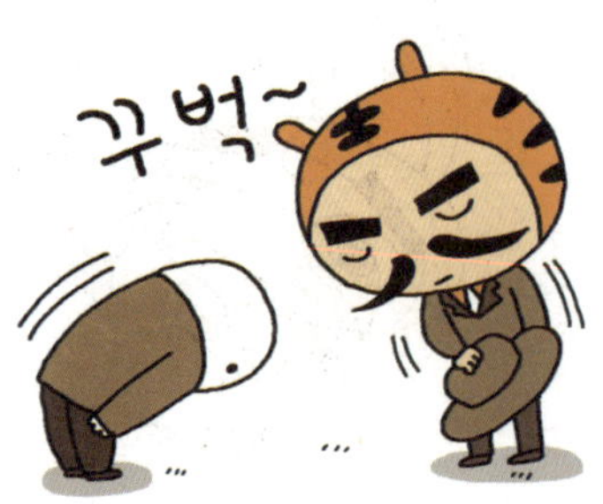

34 강은 강인데 배로 건널 수 없는 강은 무엇인가?

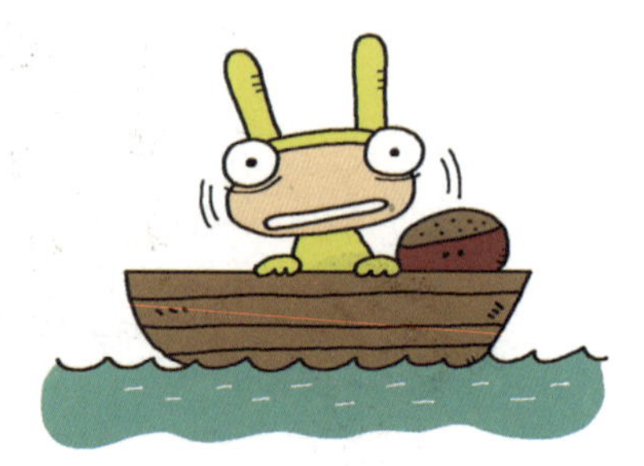

35 고기 먹을 때마다 따라오는 개는?

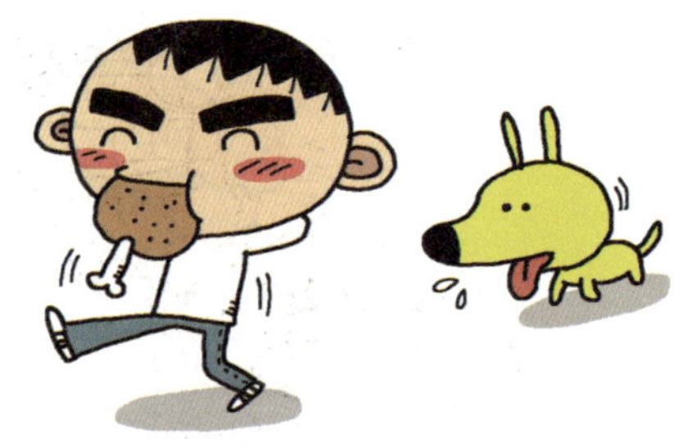

36 아무리 속도가 빨라도 앞차를 앞지를 수 없는 차는?

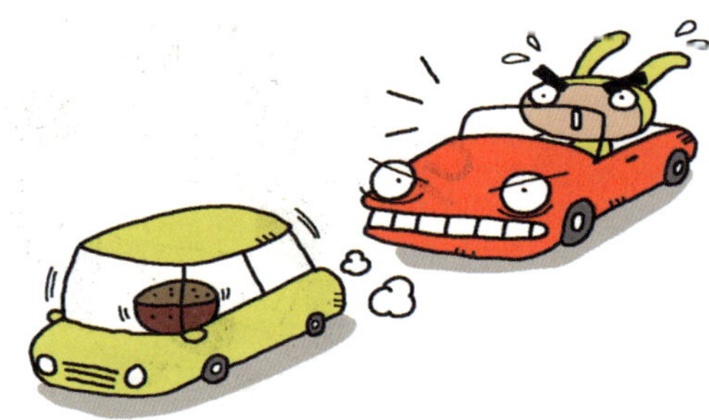

37 검어도 검고 붉어도 검은 것은?

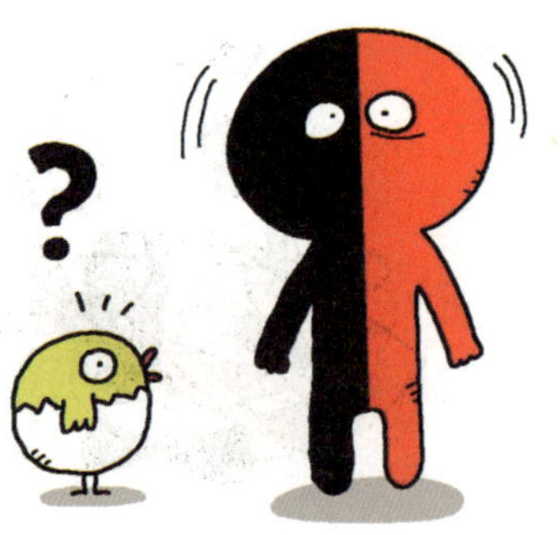

38 검은 입으로 붉은 밥을 먹는 것은?

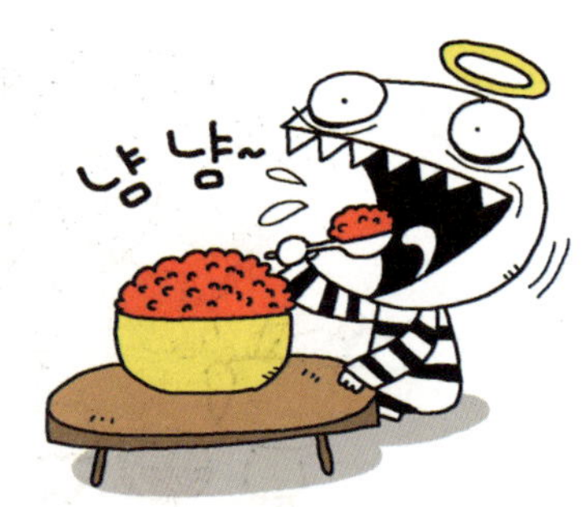

정답
33. 미장원, 이발소, 목욕탕 34. 요강 35. 이쑤시개 36. 기차 37. 그림자 38. 아궁이

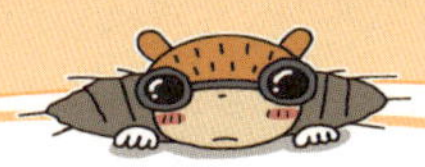

39 아무리 정성을 다해도 꼴찌밖에 될 수 없는 것은?

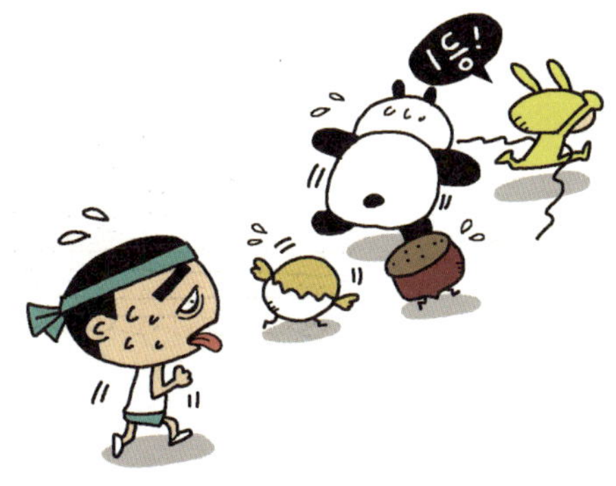

40 아무리 정성을 다해도 칭찬 받지 못하는 것은?

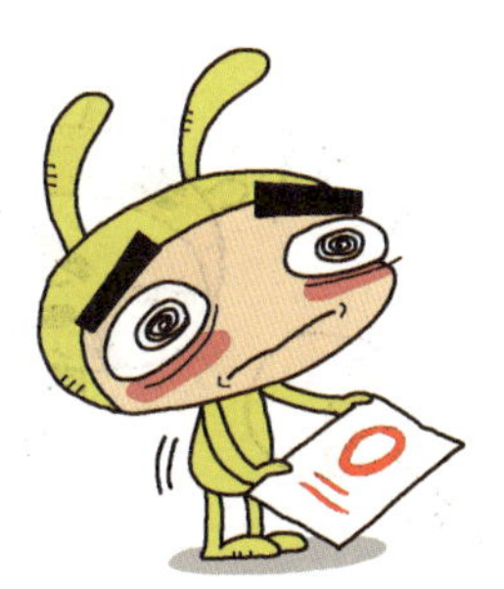

41 걸을 때 앞뒤로 흔드는 것은?

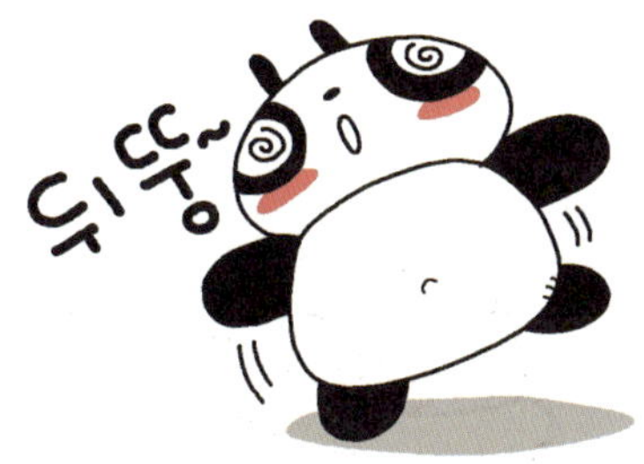

42 똥은 똥인데 다른 곳으로 튀는 똥은?

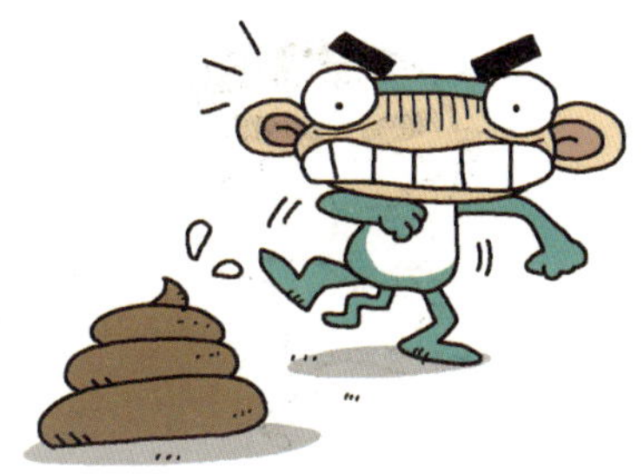

43 겉은 보름달인데 속은 반달 모양인 것은?

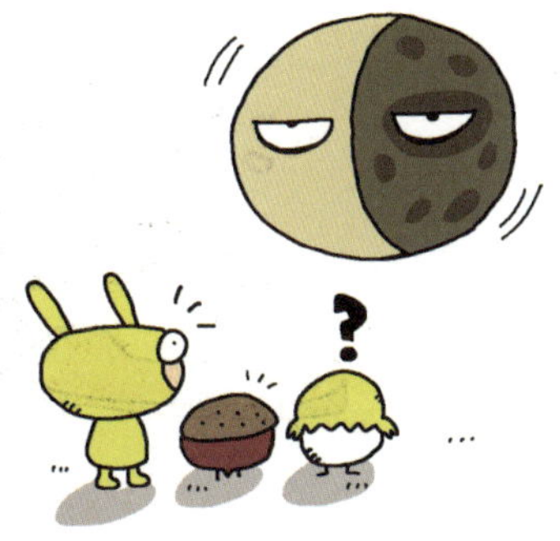

44 어린이가 선물을 받자마자 발로 차 버렸다. 그 선물은?

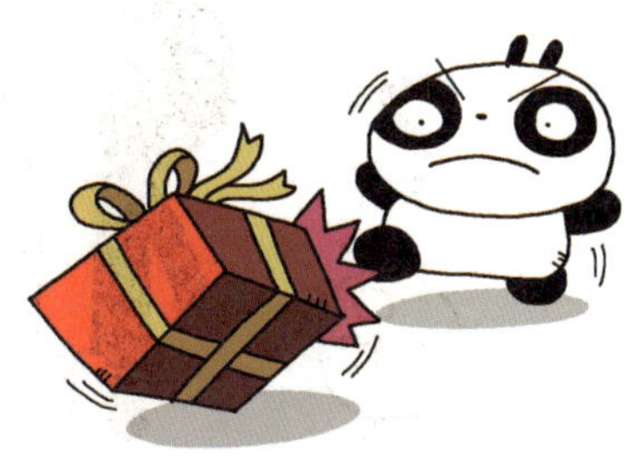

정답
39. 하품(품질이 낮은 물건) 40. 나쁜 일 41. 팔 42. 불똥 43. 귤 44. 축구공

45 보따리 중에서 사람들이 가장 싫어하는 보따리는?

46 보따리 중에서 사람들이 제일 좋아하는 보따리는?

47 보따리 중에서 사람들을 즐겁고 재미있게 해주는 보따리는?

48 더운 여름 물 한 방울 없어도 재미있고 신나는 바다는?

49 사람이 몸에 항상 가지고 다니는 칼은?

50 아버지의 아버지의 사돈의 외동딸은?

51 얼굴은 여섯, 눈은 스물한 개인데 밤낮 없이 뒹구는 것은?

52 계속해서 거꾸로 자라는 것은 무엇인가?

53 서서 잠자는 것은?

54 서서 쉬고 앉아서 일하는 것은?

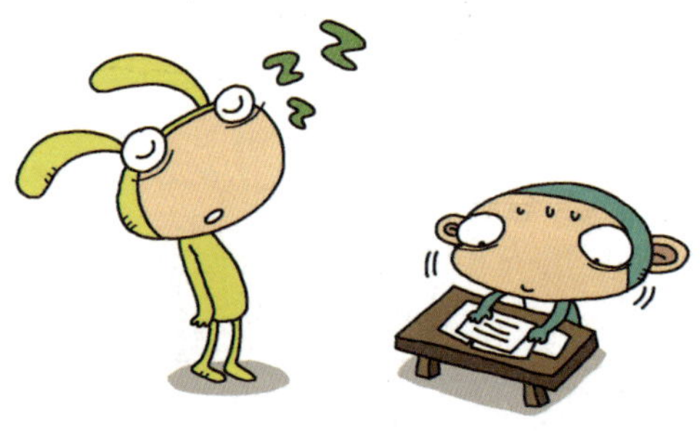

55 빨간 얼굴에 검은 주근깨 투성인 것은?

56 귀는 귀인데 걸어다니는 귀는?

57 북은 북인데 칠 수 없는 북은?

45. 고생보따리 46. 돈 보따리 47. 웃음보따리 48. 웃음바다 49. 머리칼 50. 어머니 51. 주사위 52. 고드름
53. 말 54. 거문고 55. 딸기 56. 당나귀 57. 거북

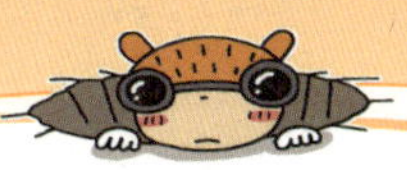

58 상은 상인데 가장 슬픈 상은?

59 위는 푸르고 아래는 하얀 것은?

60 열 번을 하나 백 번을 하나, 하나밖에 안 되는 것은?

61 파리 중에서 가장 무거운 파리는?

62 누룽지를 영어로 하면?

63 오르면 오를수록 좋은 것은?

64 높은 사람에게 아부 잘하는 사람이 신는 신은?

65 쓰기는 분명히 썼는데 읽을 수 없는 것은?

66 쓰면 쓸수록 풍부해지는 것은?

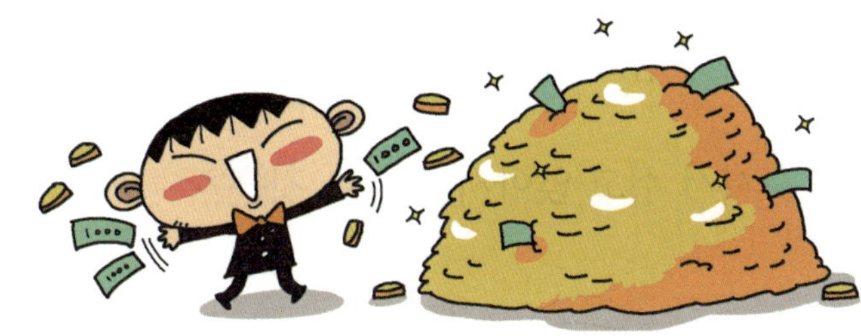

67 걸어다니는 나무는 무엇인가?

68 길은 길인데 한 번 가면 되돌아 올 수 없는 길은?

69 건강한 사람이 피로해서 좋은 일은?

70 스튜어디어스를 다른 말로?

71 헤드(Head)는 머리, 라인(Line)은 선, 그러면 헤드라인(Headline)은?

72 귀와 입이 각각 한 개씩 밖에 없는 것은?

정답

58. 울상 59. 무우 60. 한숨 61. 돌팔이 62. Bobby Brown(밥이 브라운) 63. 점수, 월급 64. 굽신굽신
65. 머리에 쓴 모자 66. 지식 67. 목발 68. 저승길 69. 헌혈 70. 비행 소녀 71. 가르마 72. 전화기

73 그림을 그리려 해도 그릴 수 없는 것은?

74 페인트칠을 하다가 페인트 통을 엎질러 페인트를 뒤집어 쓴 사람은?

75 비로서 인정을 받는 사람은?

76 짜고, 달고, 쓰고 하는 것은?

77 차마 눈뜨고 볼 수 없는 여자는?

78 현역 군인이 가장 좋아하는 대학은?

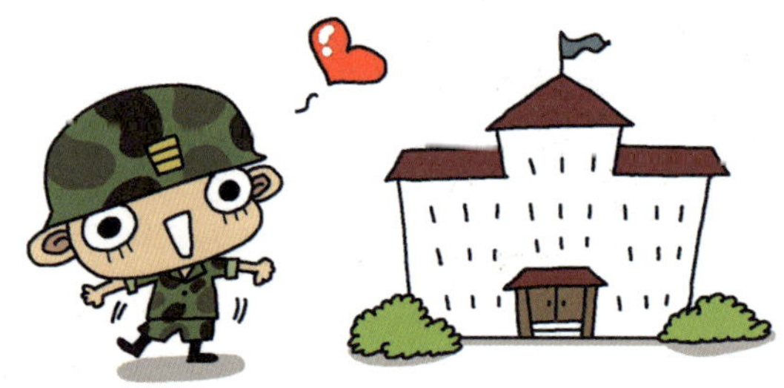

79 노발대발의 뜻은?

80 항상 말다툼이 있는 곳은?

81 세상에서 제일 긴 것은?

82 프랑스에 단 두 대 밖에 없는 사형 기구는?

83 위로 올리면 하나가 되고, 아래로 내리면 둘이 되는 것은?

84 올라가면 닫히고 내려가면 열리는 것은?

85 공기는 공기지만 숨쉴 수 없는 공기는?

정답
73. 소리 74. 칠칠맞은 사람 75. 환경 미화원 76. 문 77. 꿈 속의 여자 78. 제대(제주 대학)
79. 할아버지 발은 크다 80. 경마장 81. 길 82. 단두대 83. 지퍼 84. 지퍼 85. 밥공기

86 자기 전에 꼭 해야만 하는 일은?

87 잘못할 때마다 와서 자신의 몸을 문지르고 가는 것은?

88 먹고 살기 위해서 배워야 하는 술은?

89 옳지 않는 고집을 부리며 먹는 술은?

90 손대지 않고도 나무를 흔드는 것은?

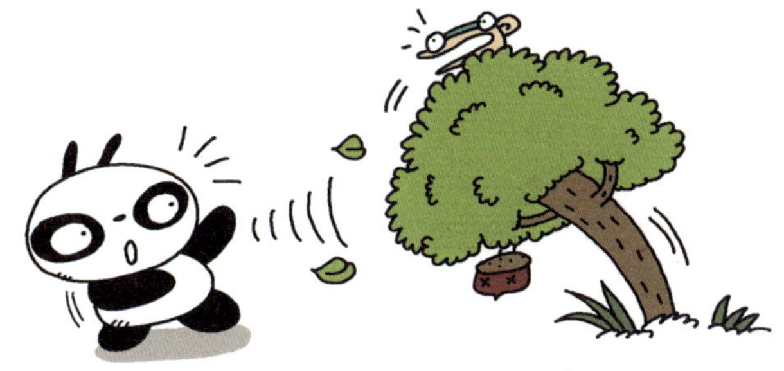

91 술은 술인데 못 먹는 술은?

92 목수도 고칠 수 없는 집은?

93 빨간 길 위에 떨어진 동전을 네 글자로 줄이면?

94 피할 건 피하고 알릴 건 알리는 것은?

95 잘못했다고 비는 나무는?

96 저축을 많이 하는 사람의 집에 많이 있는 나무는?

97 적은 적인데, 쳐들어오지는 않고 떠들기만 하는 적은?

98 정신 병원에 가야 하는데도 치과로 가는 사람은?

정답

86. 눈 감는 일 87. 지우개 88. 기술 89. 심술 90. 바람 91. 마술, 미술, 예술 92. 고집 93. 홍길동전
94. P.R(피알) 95. 사과나무 96. 은행나무 97. 시끌벅적 98. 이상한 사람

99 종이 하나로 쇠를 만들 수 있지만, 쇠 하나로는 종이를 만들 수 없는 것은?

100 짧아도 길고, 길어도 짧은 것은?

101 묵은 묵인데 못먹는 묵은?

102 문은 문인데 닫지 못하는 문은?

103 짐을 지면 가고, 안 지면 안 가는 것은?

104 참새들이 제일 무서워하는 비는?

105 청소를 많이 하면 할수록 작아지는 것은?

106 치고도 못 쳤다고 하는 것은?

107 밤낮으로 눈 뜨고 있는 것은?

108 죽었다 다시 한 번 살아나는 것은?

109 커지면 커질수록 가벼워지는 것은?

110 크게 나도 작다고 하는 문은?

111 타면 탈수록 더 떨리는 것은?

112 터지면 터질수록 좋지 않은 것은?

113 터지면 터질수록 좋은 것은?

114 톱은 톱인데, 썰지 못하는 톱은?

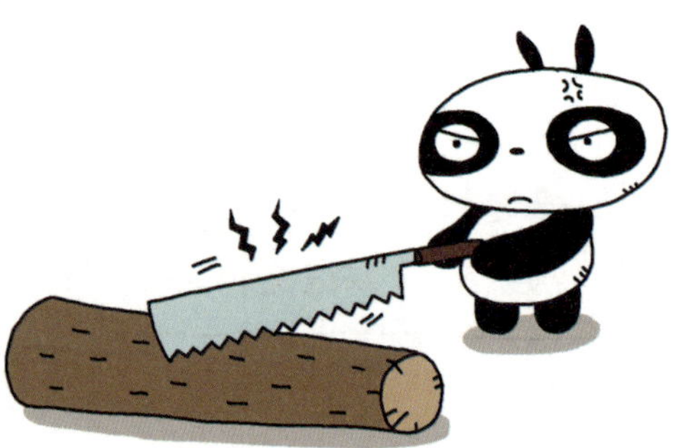

99. 종이돈과 동전 100. 고무줄 101. 침묵 102. 소문 103. 신발 104. 허수아비 105. 지우개 106. 못
107. 장승 108. 숯, 누에 109. 풍선 110. 소문 111. 추위 112. 전쟁 113. 복 114. 손톱, 발톱

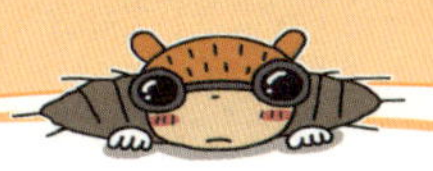

115 동물은 아닌 것이 다리를 접었다 폈다 하는 것은?

116 낮에는 낮아지고 밤에는 높아지는 것은?

117 낮에는 열 냥, 밤에는 닷 냥은?

118 파는 파인데, 먹지 못하는 파는?

119 빵은 빵인데 먹을 수 없는 빵은?

120 양은 양인데 두루두루 많이 공부한 사람들이 가지고 있는 양은?

121 아버지와 아들, 형제 그리고 삼촌, 조카가 있으면 최소한 몇 사람인가?

122 반드시 타야만 보이는 것은?

123 고리는 고리인데 몸에 입는 고리는?

124 전과목 올백 맞은 학생이란?

125 슬프고 외로운 사람이 먹고 싶은 음식은?

126 음주 운전자가 달리고 싶은 도로는?

127 통은 통인데, 사람들이 싫어하는 통은?

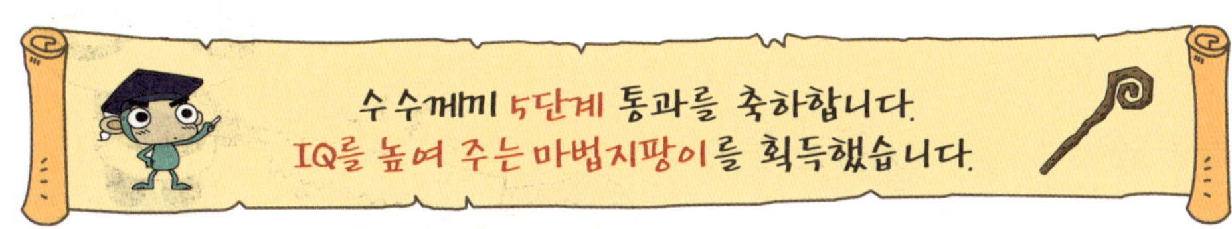

정답

115. 상다리 116. 천장(사람이 밤에는 눕고 낮에는 서서 다니므로) 117. 대문짝(대문을 열고 닫는다는 말소리에서) 118. 노파 119. 멜빵 120. 교양 121. 세 사람(아버지와 삼촌과 자신) 122. 연기 123. 저고리 124. 전과목 시험지를 백지로 낸 학생 125. 울면 126. 마음대로 127. 고통, 치통, 두통

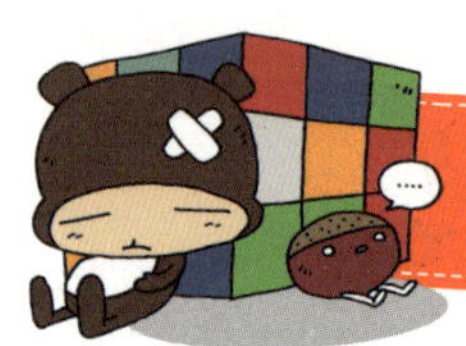

마당에서 땅을 열심히 파면 무엇이 나올까?

찍어야만 먹고 사는 사람은?

사람의 몸을 깨끗하게해주면 해줄 수록 자신은 자꾸 작아지는 것은?

세계에서 제일 골치 아픈 곤은?

땀

사진사

비누

지끈지끈

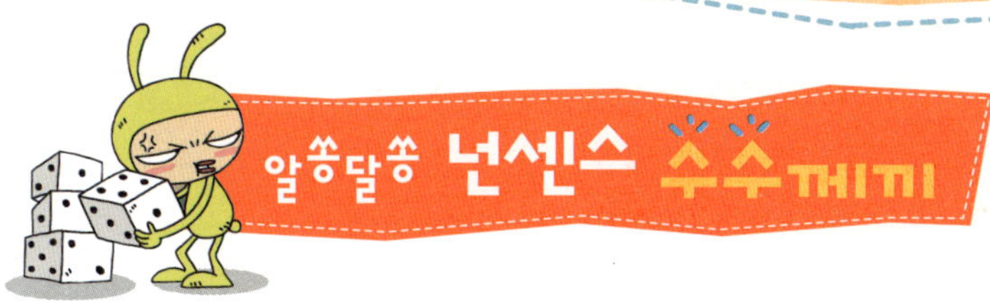

1. '죽이다'의 반대말은?

2. 가장 야한 곤충은?

3. 복권 당첨 확률을 2배로 올리는 방법은?

4. 로봇 형사 '가제트'의 성은?

5. 원숭이를 구우면 뭐라고 하나?

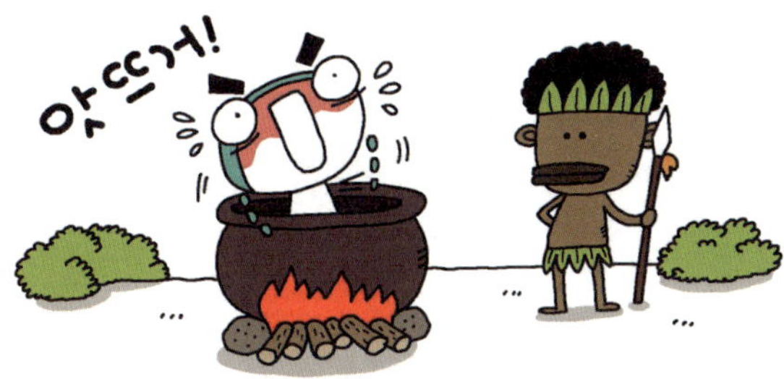

6. 닭의 부인은 뭐라고 하나?

7. 홍당무가 무가 됐다. 왜일까?

8. 텔레토비 안경점의 이름은?

9. 절벽에서 떨어지다가, 나무에 걸려 살아난 사람은?

10. 고추장, 간장, 된장을 만들다 잘못해서 버렸다. 무슨 장일까?

1. 밥이다 2. 잠자리 3. 두 장 산다 4. 마징 5. 구운몽 6. 닭쳐 7. 헌혈해서 8. 아이조아(eye: 눈)
9. 덜 떨어진 사람 10. 젠장

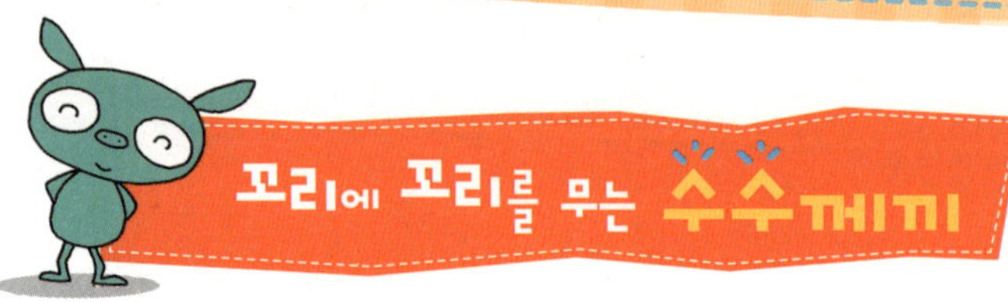

1 사오정이 다니는 고등학교는?

2 사오정의 생일과 태어난 시간은?

3 사오정이 다니던 초등학교 이름은?

4 사오정이 제일 좋아하는 아이스크림은?

5 사오정이 깔고 자는 요의 이름은?

6 엉덩이가 다른 사람보다 큼직한 여자는?

7 시장에서 번데기 사라고 외치는 여자는?

8 변비와 설사 때문에 힘들어하는 여자는?

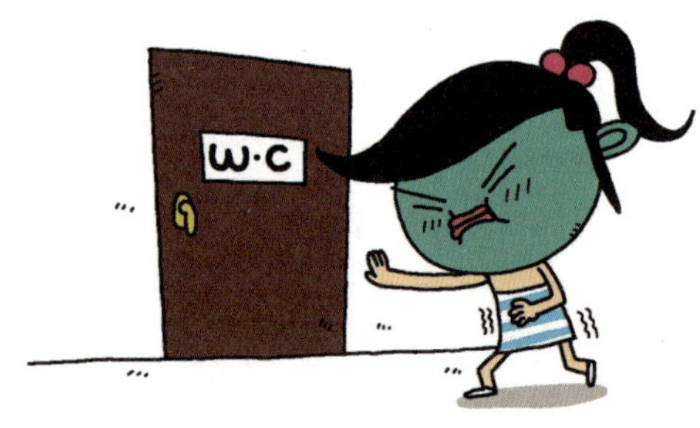

정답
1. 뭐라고 2. 사월 오일 정오 3. 뭐라는교 4. 다시 말해봐 5. 뭐라구요 6. 엉큼한 여자
7. 뻔뻔한 여자 8. 변심한 여자

9 둘리가 다니는 고등학교는?

10 아기 공룡 둘리가 전학 간 고등학교 이름은?

11 우리나라 최초의 다이빙 선수는?

12 우리나라 최초의 2인조 다이빙 선수는?

13 우리나라 최초의 단체 다이빙 팀의 이름은?

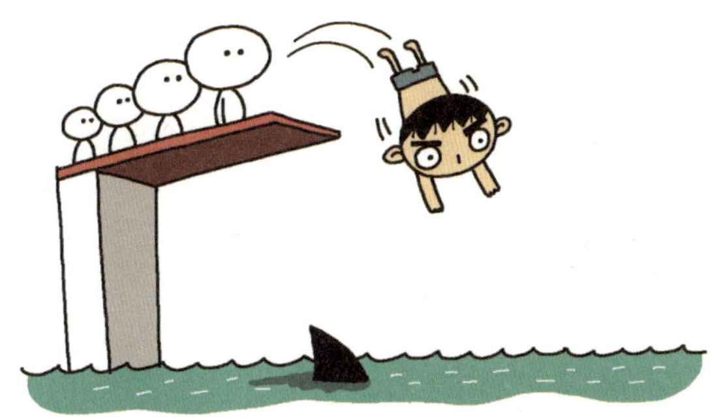

똥 시리즈

14 똥의 성은?

15 엉덩이 마을에 사는 새 이름은?

16 엉덩이 나라에 사는 개 이름은?

17 엉덩이 나라에 사는 개가 짖는 소리는?

18 엉덩이 나라에 사는 뱀 이름은?

19 엉덩이 나라에 사는 왕비 이름은?

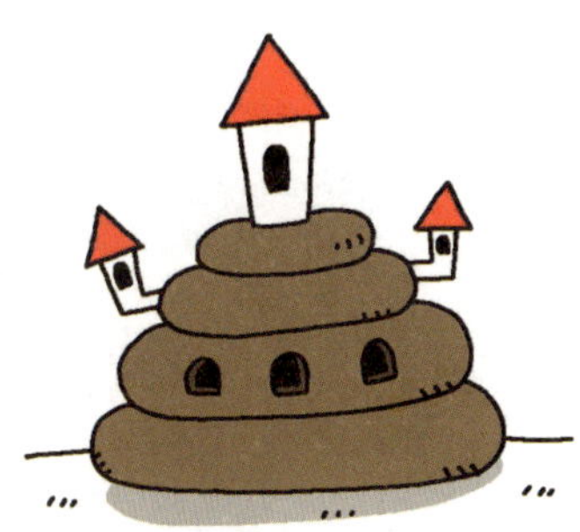

정답
9. 요리 보고 10. 빙하 타고 11. 심청이 12. 논개 13. 삼천 궁녀(백제 의자왕 때 낙화암에서)
14. 응가 15. 똥냄새 16. 똥개 17. 똥구멍 18. 설사 19. 변비

큰 웃음을 주는 수수께끼

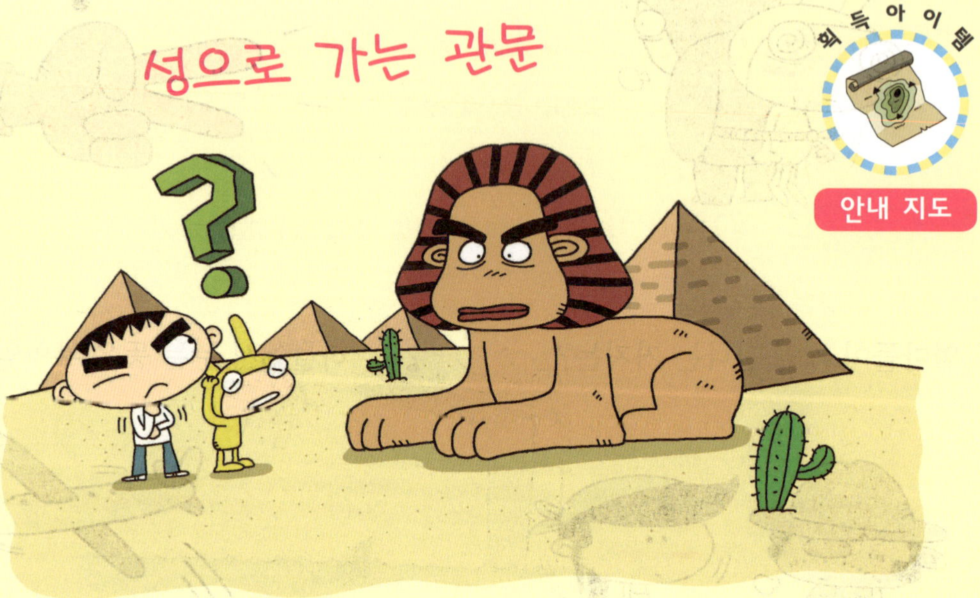

피라미드 앞의 거대한 스핑크스가 물어보는 수수께끼들을 맞춰야만 통과를 할 수 있습니다.

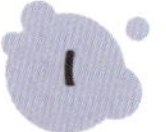 **1** 음매 음매 하면서 우는 나무는?

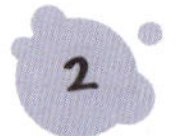 **2** 나무를 주면 살고, 물을 주면 죽는 것은?

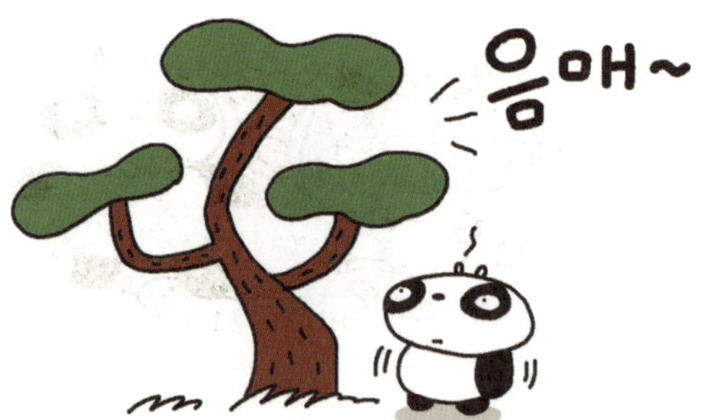

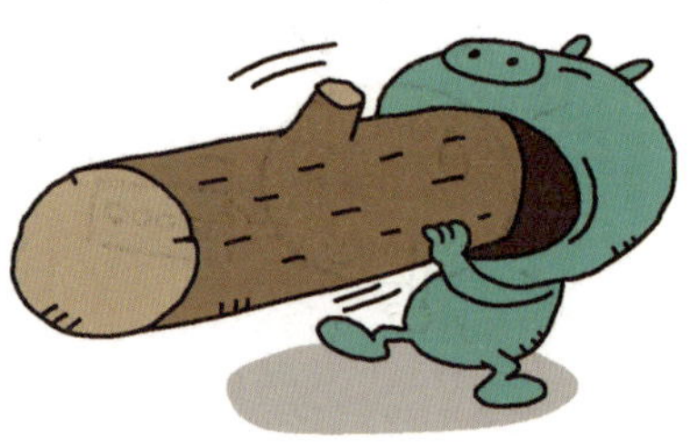

정답
1. 소나무 2. 장작불

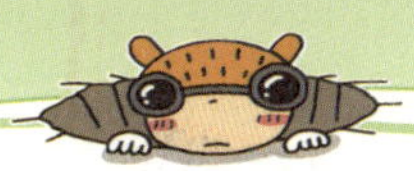

3 나갈 때나 들어올 때나 등에 지는 것은?

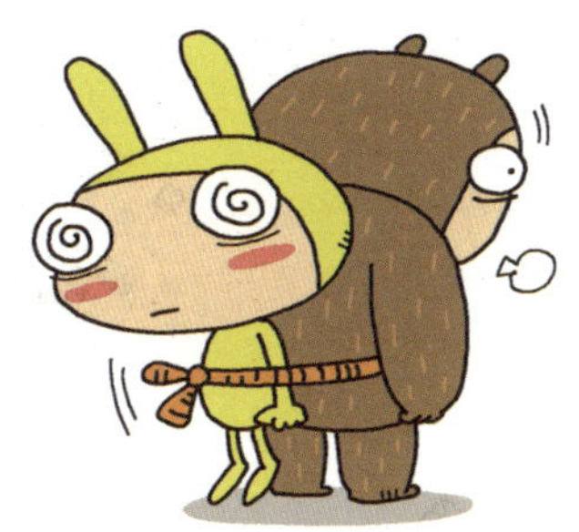

4 가위로 먹고 사는 사람은?

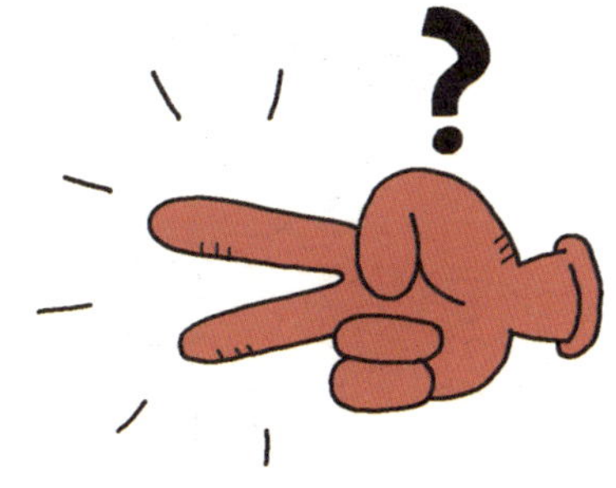

5 엄마들이 매일 만나는 거지는?

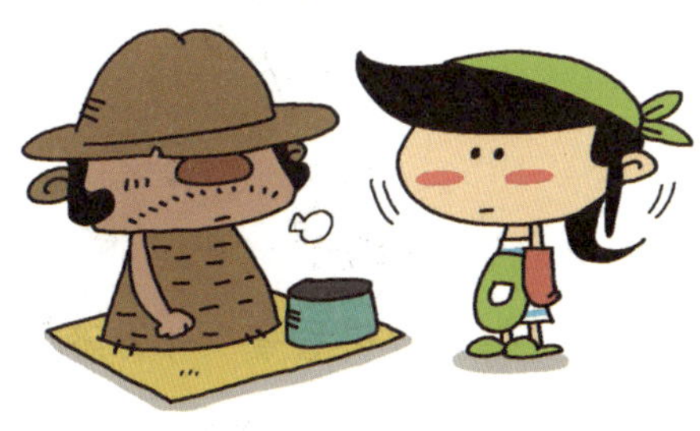

6 하늘에서 누는 똥은 무엇일까?

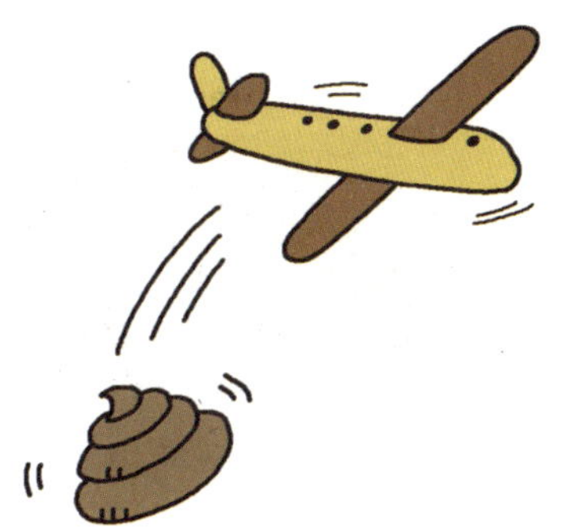

7 낮에는 모두 들어와서 만원이고, 밤에는 모두 나가서 텅 비는 것은?

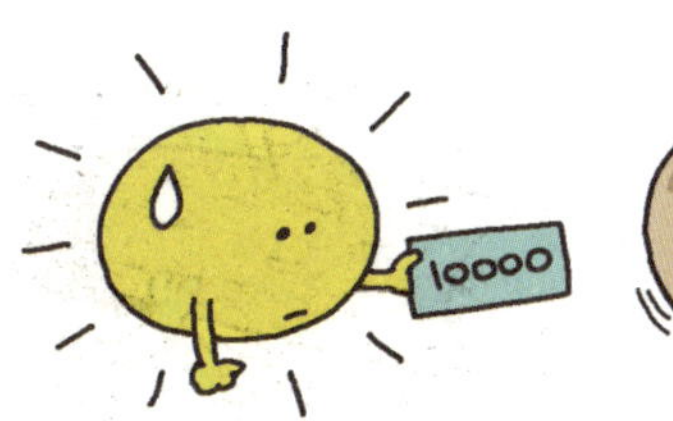

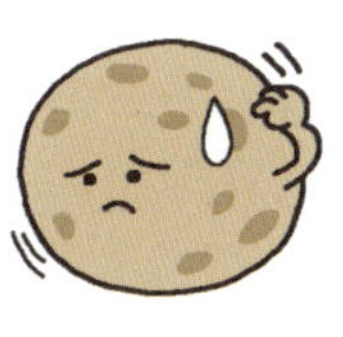

8 밟을수록 달아나는 것은?

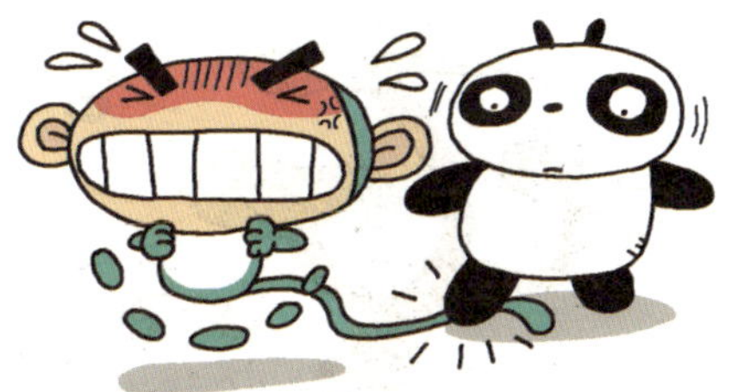

정답
3. 문 4. 엿장수, 이발사, 재단사 5. 설거지 6. 별똥 7. 이불장 8. 자전거

9 밤낮없이 남의 말만 전하는 것은?

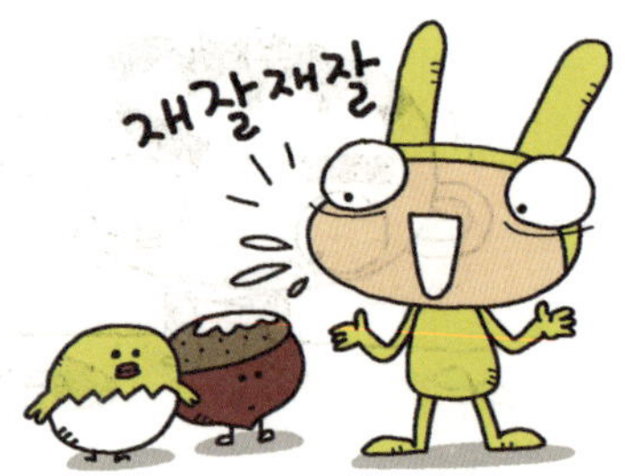

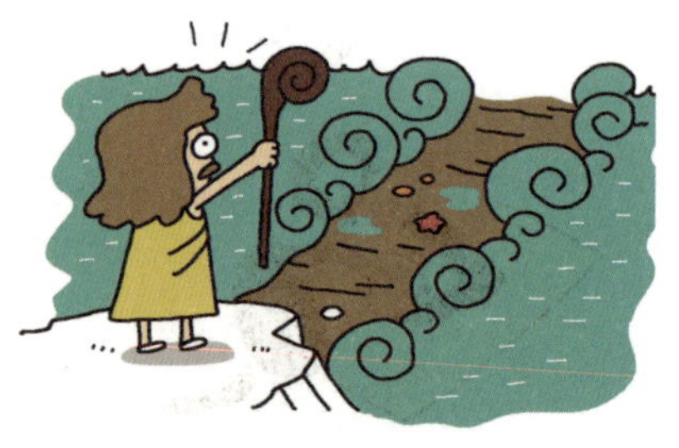
10 기적을 많이 일으킨 사람은?

11 이 세상에서 가장 더러운 집은?

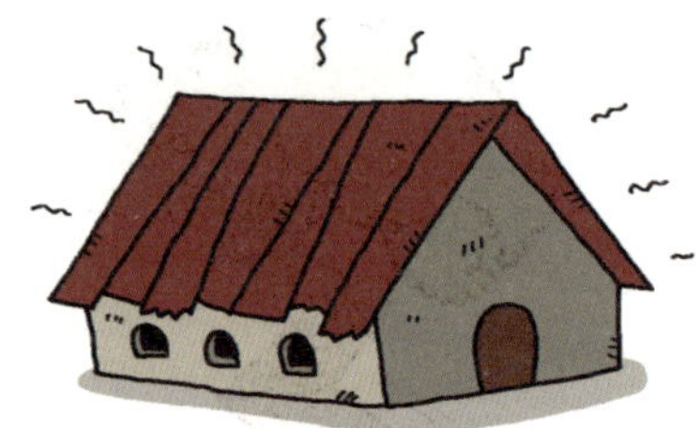

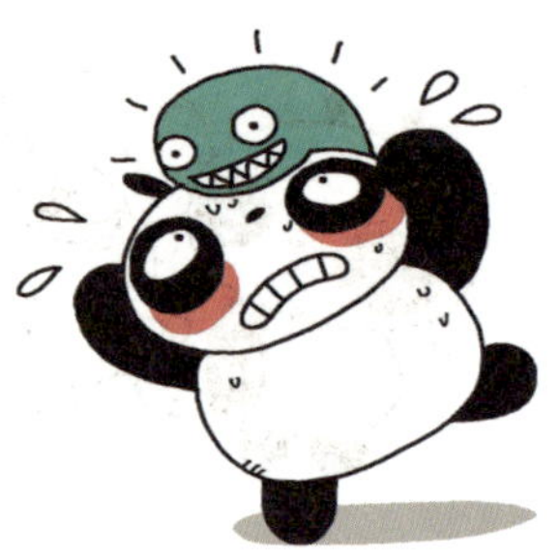
12 머리는 머리인데 끈질기게 남에게 달라붙어서 괴롭히는 머리는?

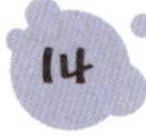
13 많이 오를수록 장사꾼들이 좋아 하는 상은?

14 멀쩡한 사람의 정신을 몽롱하게 만드는 술은?

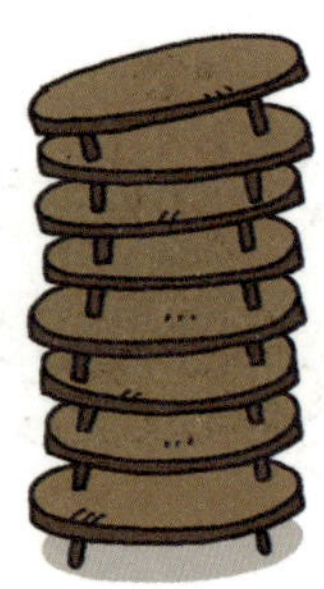

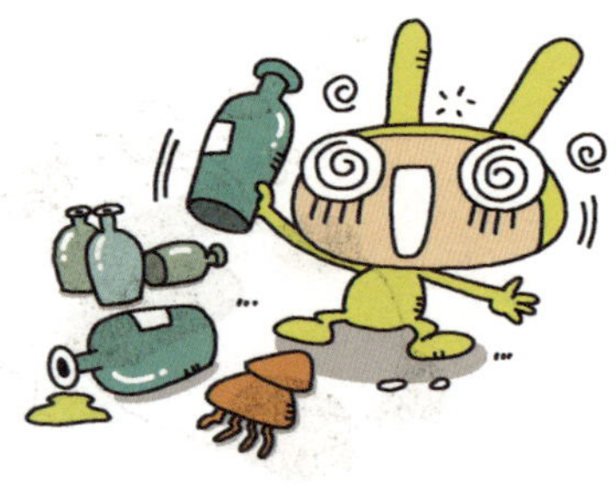

정답

9. 전화기 10. 열차 기관사 11. 똥집 12. 찰거머리 13. 매상 14. 최면술

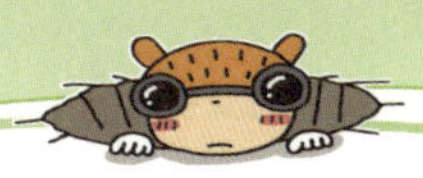

15 쓰면 쓸수록 늘어가는 것은?

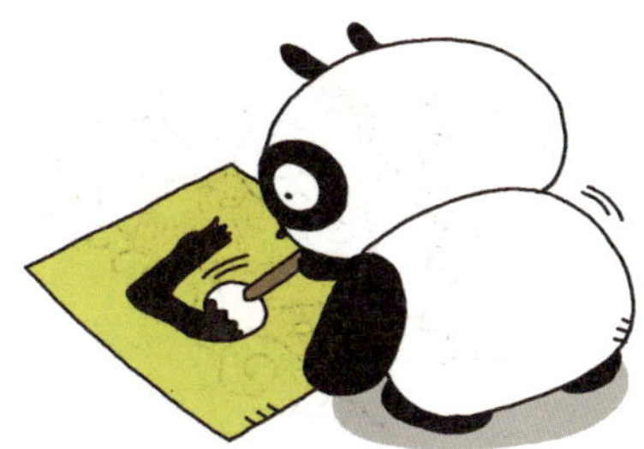

16 씨는 씨인데 심어도 안 나는 것은?

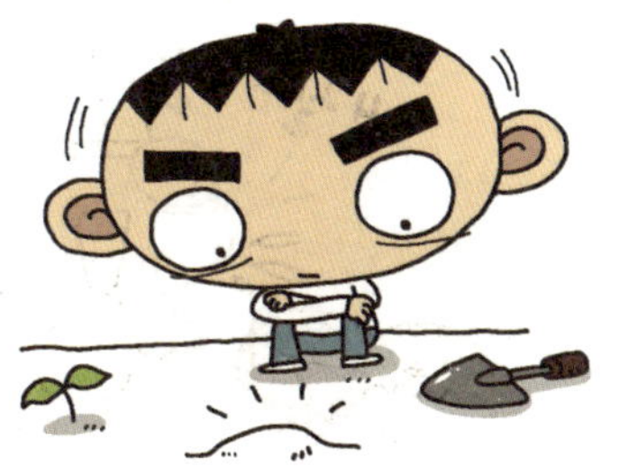

17 새치기를 잘하면 돈을 버는 사람은?

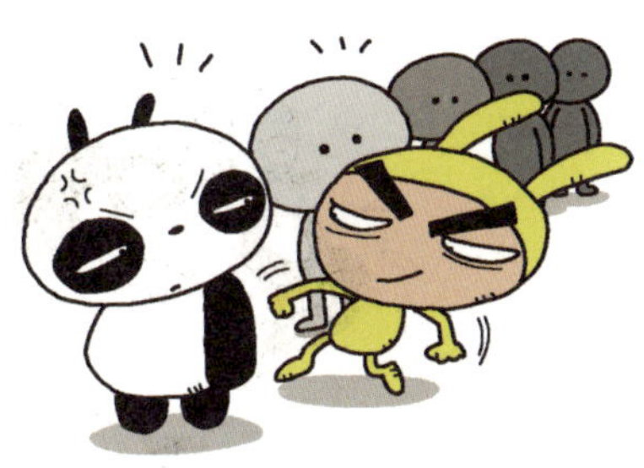

18 구겨야만 잘 사는 나무는?

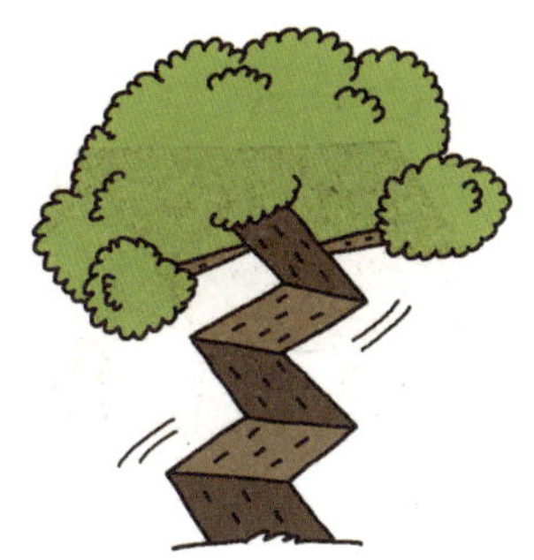

19 누워서 잤는데도 서서 잤다고 하는 것은?

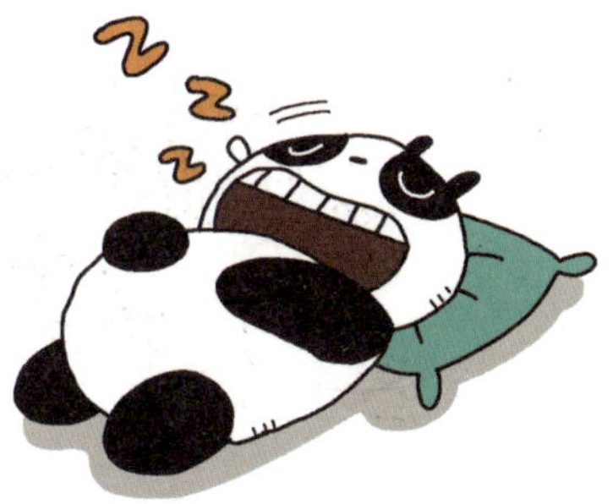

20 깊은 계곡에서 피리 불며 나오는 것은?

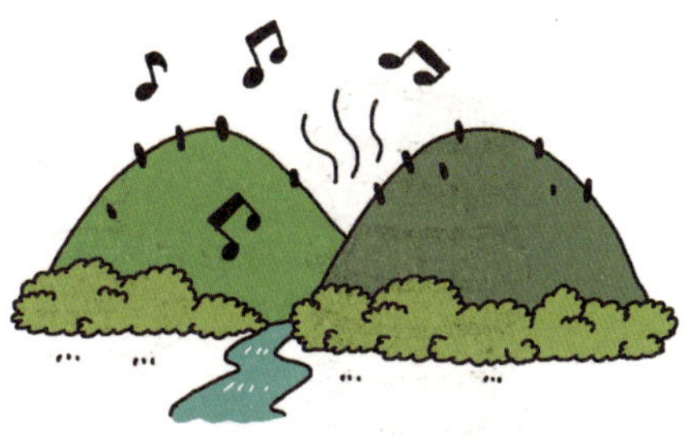

정답
15. 빚, 문장력 16. 아저씨 17. 새 장수 18. 구기자나무 19. 선잠 20. 방귀

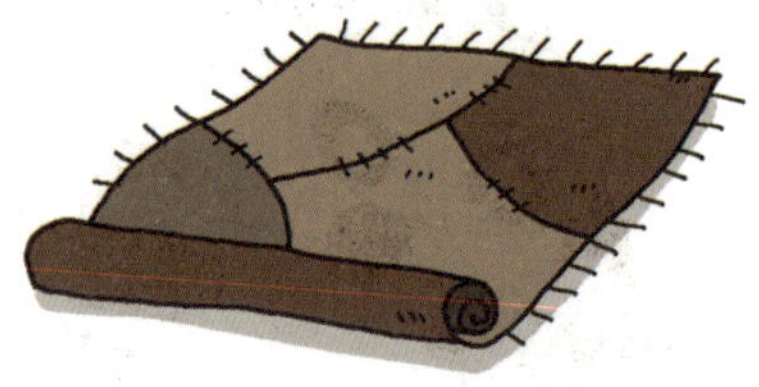

21 가죽 속에 털이 난 것은?

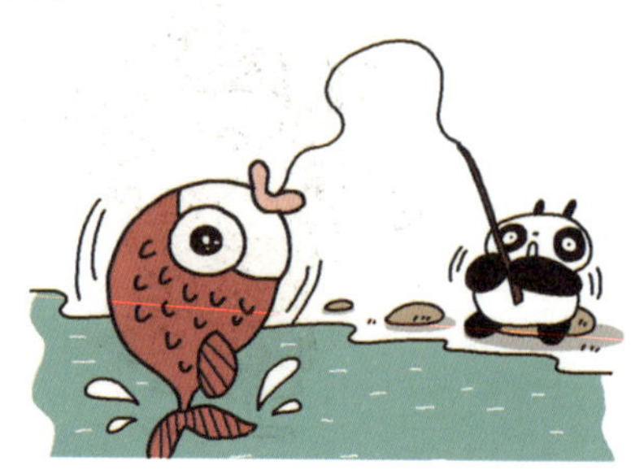

22 물에서 태어났지만 물에서 나와야만 살고, 물에 들어가면 죽는 것은?

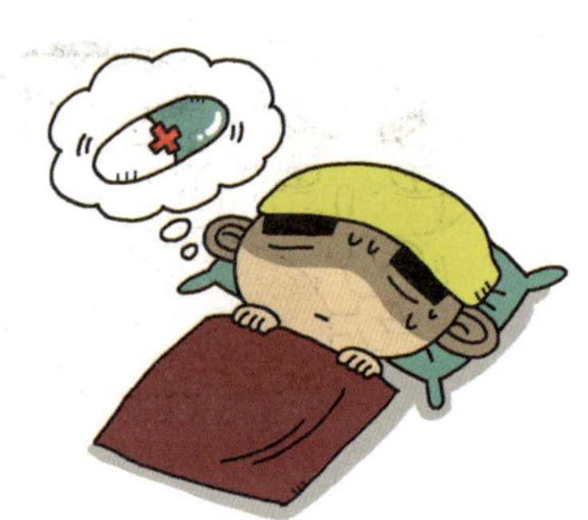

23 좋은 약은 아픈 몸에 쓴다. 좋은 말은 어디에 쓸까?

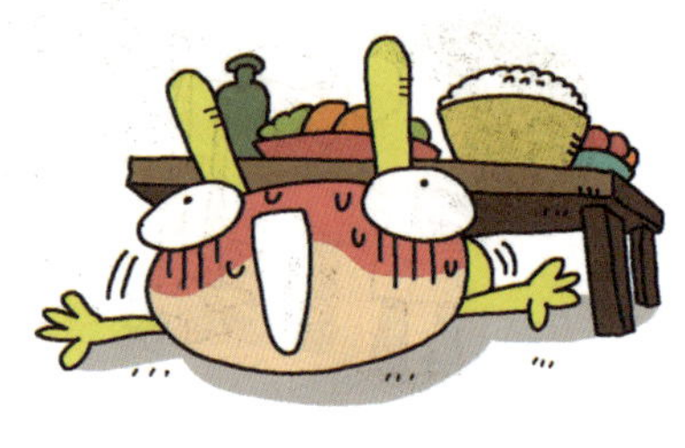

24 누가 차지해도 주저앉아 깔아뭉개는 상은?

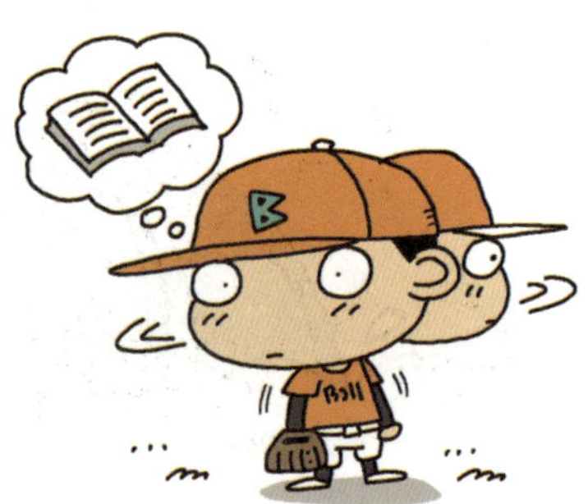

25 야구 선수가 수비하다가 잃어버린 책은?

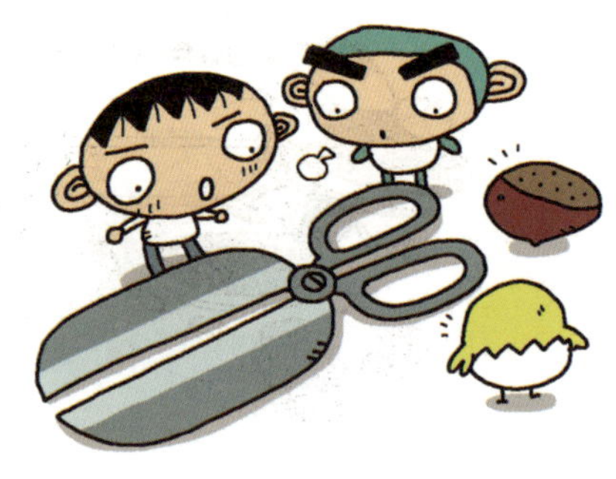

26 가위 하나로 모든 사람이 다 쓰는 가위는?

21. 옥수수 22. 소금 23. 경마 24. 걸상 25. 실책 26. 팔월 한가위

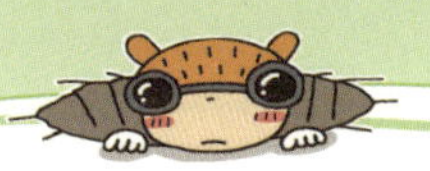

27 배울 것 다 배웠는데도 배우라는 말을 듣는 사람은?

28 왼손으로 못 드는 것은?

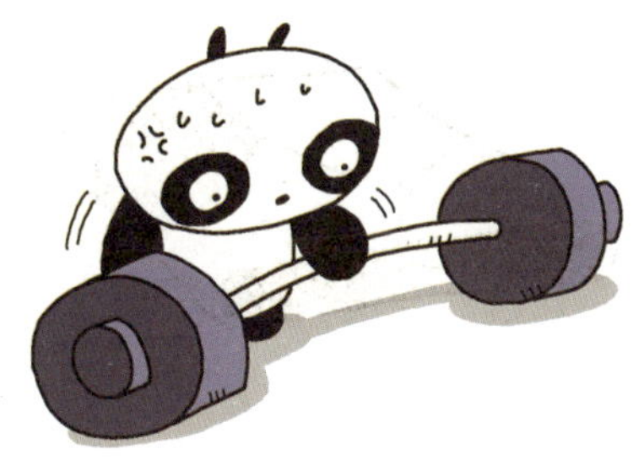

29 이 세상에서 제일 먼 곳은?

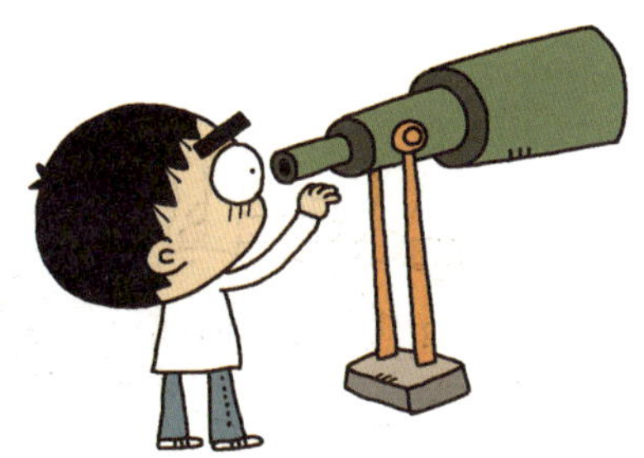

30 이 세상에서 제일 맛있는 음식은?

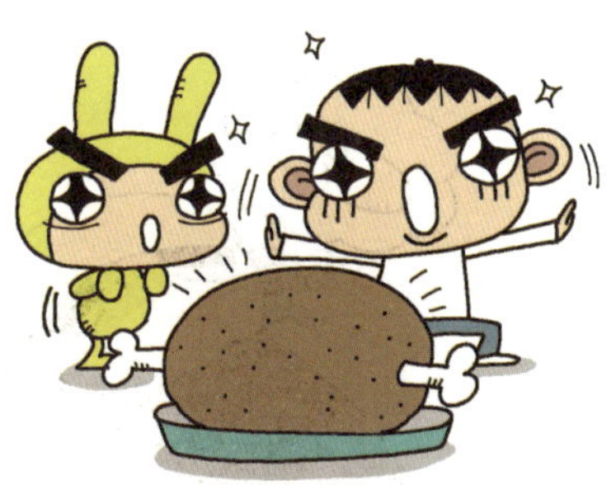

31 벌레 중에서 가장 빠른 벌레는?

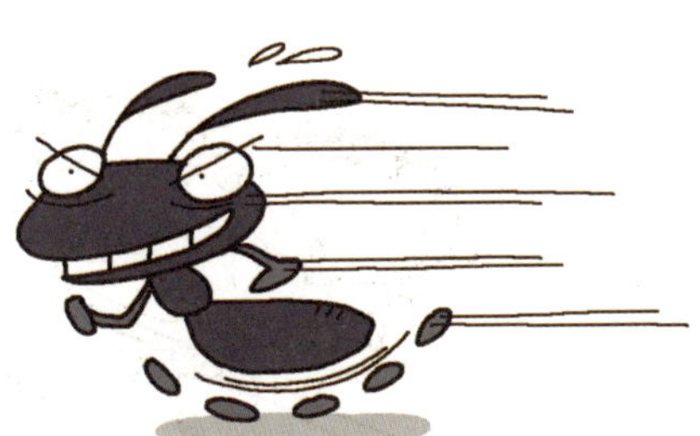

32 뚜껑도 바닥도 없지만 물을 담을 때 쓰이는 것은?

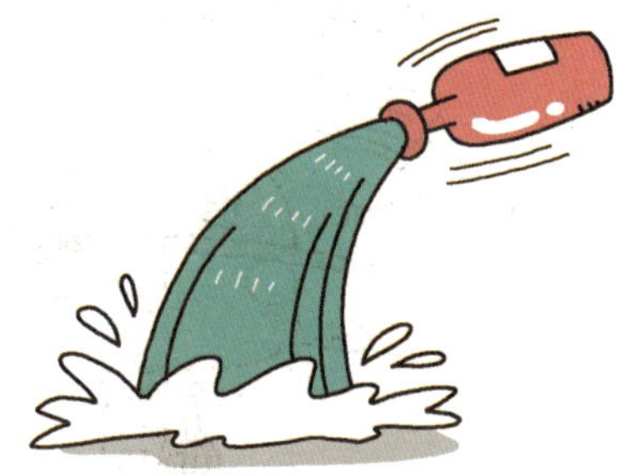

정답
27. 배우 28. 왼손 29. 발 뒤꿈치 30. 배고팠을 때 먹는 음식 31. 바퀴벌레(바퀴가 있어서) 32. 깔때기

33 아래로 향한 집 안에 위로 향한 집은?

34 아래로 먹고 위로 누는 것은?

35 거꾸로 서면 3분의 1이 작아지는 숫자는 무엇인가?

36 거꾸로 서면 2분의 1이 커지는 숫자는 무엇인가?

37 모자를 쓰면 머리가 하나, 벗으면 두 개인 것은?

38 뛰면 주저앉고 주저앉으면 뛰는 것은?

39 앞서 가는 동생을 아무리 쫓아가도 형이 못 쫓아가는 것은?

40 주인공의 이름만 있고 줄거리가 없는 책은?

41 동물 중에서 씀씀이가 가장 큰 동물은?

42 손님이 오면 먼저 나가서 반기는 것은?

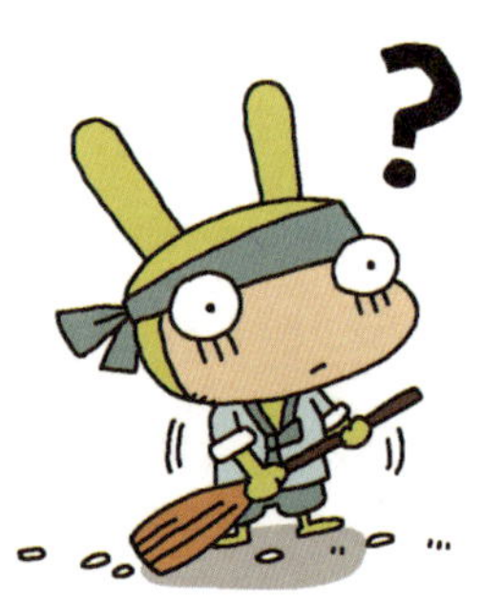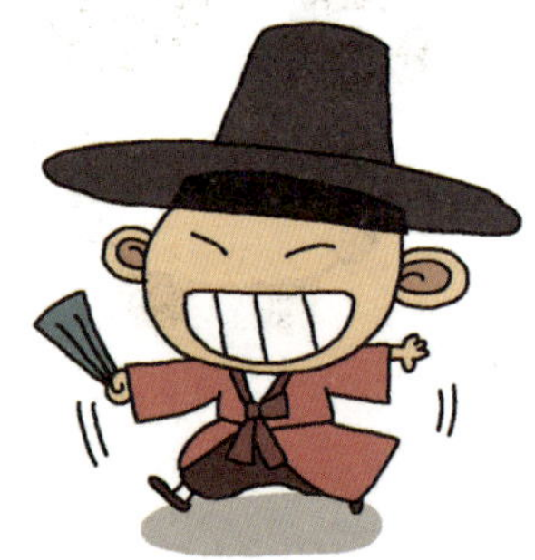

43 가지는 가지인데 먹지 못하는 가지는?

44 사진을 찍을 때 자주 나오는 음식물은?

정답

33. 제비집 34. 대패 35. 숫자 9 36. 숫자 6 37. 콩나물 38. 널뛰기 39. 마차바퀴 40. 전화번호부
41. 사자 42. 개 43. 나뭇가지 44. 김치

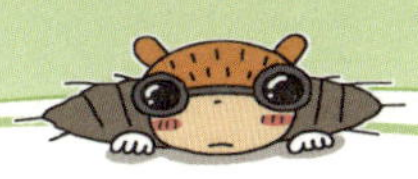

45 글자를 쓸 줄은 아는데 읽을 줄은 모르는 것은 무엇인가?

46 정말 훌륭한 부모가 되기 위해서 꼭 있어야 하는 것은?

47 봉사 생활을 오래 해오다가 마침내 빛을 보게 된 인물은?

48 다른 사람들은 다 노는 날인데 홀로 밖에 매달려서 일하는 것은?

49 늙으면 옷을 벗고 집을 뛰어 나오는 것은?

50 앞뒤로만 움직이고 옆으로는 움직이지 못하는 것은?

51 자는 자인데 먹을 수 있는 자는?

52 스타들이 싸우는 모습을 뭐라고 하나?

53 형이 동생한테 먼저 절하는 것은?

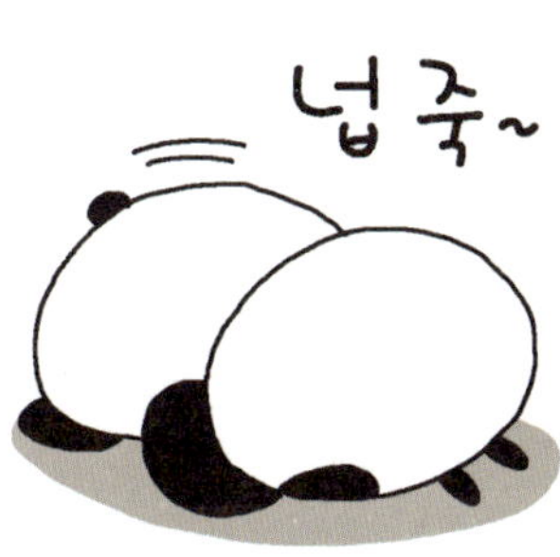

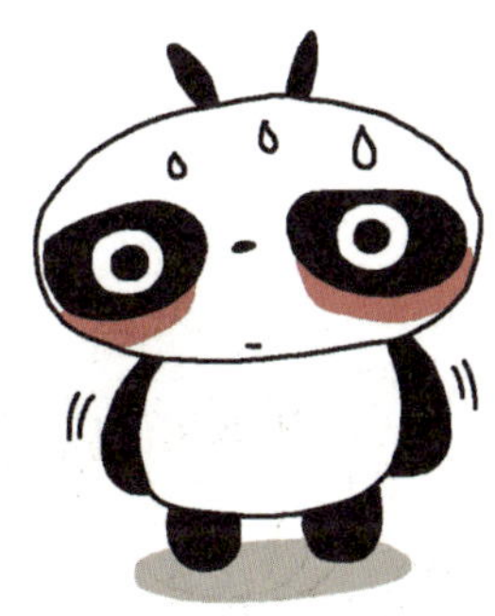

54 옷을 계속 벗기면 벗길수록 눈에 눈물이 나는 것은?

55 우리들이 잠잘 때, 늘 곁에 있는 개는?

56 꽃 중에서 나이를 제일 많이 먹은 꽃은?

정답
45. 연필, 볼펜 등 46. 자식 47. 심봉사 48. 국경일의 태극기 49. 콩 50. 그네 51. 과자 52. 스타워즈
53. 벼 54. 양파 55. 베개 56. 백합

57 숙제를 해오지 않아도 혼나지 않는 사람은?

58 눈물 흘리며 고개 숙인 것은?

59 모래 위에서 무릎을 꿇고 하는 장사는?

60 '아름다운'은 영어로 Beautiful이다. 그러면 '티 없이 아름다운'은?

61 해골들이 자는 방의 이름은?

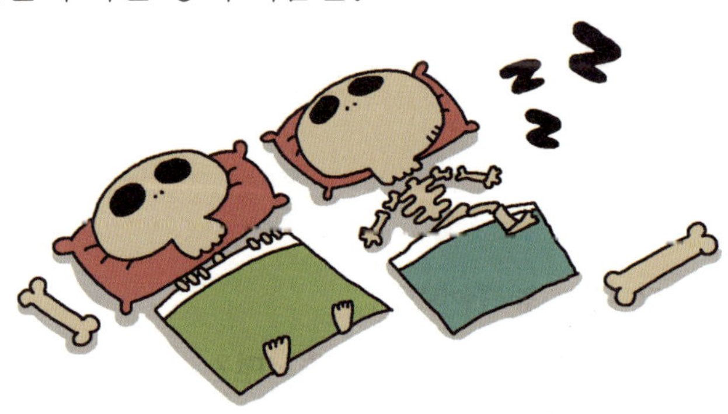

62 숫자 8을 반으로 나누면 얼마인가?

63 턱은 턱인데 움직일 수 없는 턱은?

64 음치가 어설픈 노래를 계속해서 불러도 묵묵히 받아 주는 외다리는?

65 수많은 글자들이 한 곳에 모여서 움직이는 것을 네 글자로 말하면?

66 올라가는 것은 싫어하고 내려가야 좋아하는 것은?

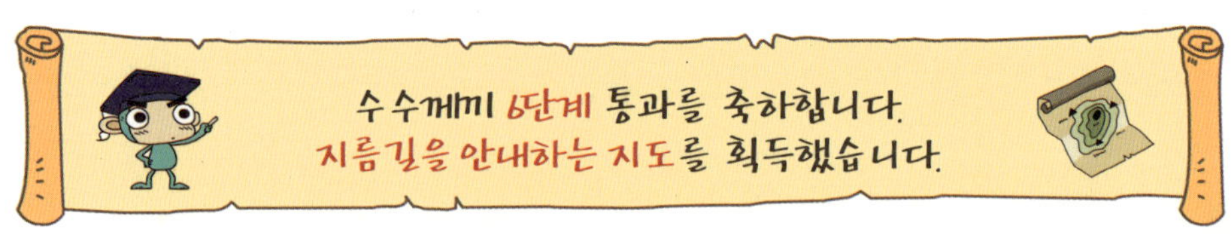

정답

57. 선생님 58. 수도꼭지 59. 천하장사 60. Beauiful 61. 골방 62. 0(8을 위 아래로 나누면 0이 된다.)
63. 문턱 64. 마이크 65. 바글바글 66. 물가

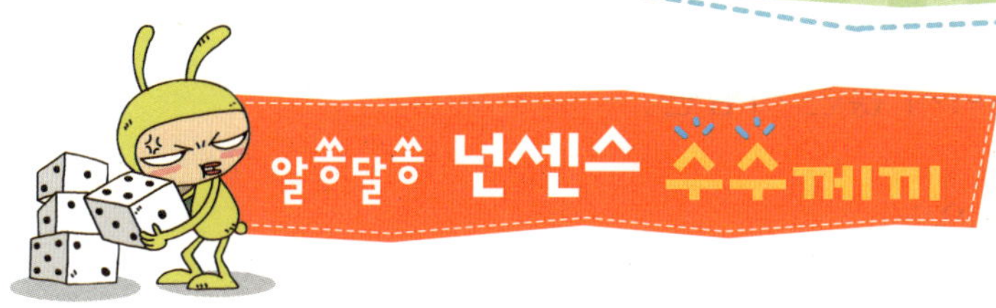

1. 신사가 자기 소개를 한다. 이것을 무엇이라 할까?

2. 사회가 망하면?

3. 라면은 라면인데 달콤한 라면은?

4. 가장 숨막히는 싸움은?

5. 돌팔이 의사의 시조는?

6. 일기예보의 정통은?

7. 뛰는 놈 위에 나는 놈있다. 나는 놈 위에는?

8. 도둑이 도둑질하러 가는 걸음걸이를 네 글자로 줄이면?

9. 운전 경력이 20년 이상인데 이 차를 타고 가는 사람은 거의 울고 간다. 그 이유는?

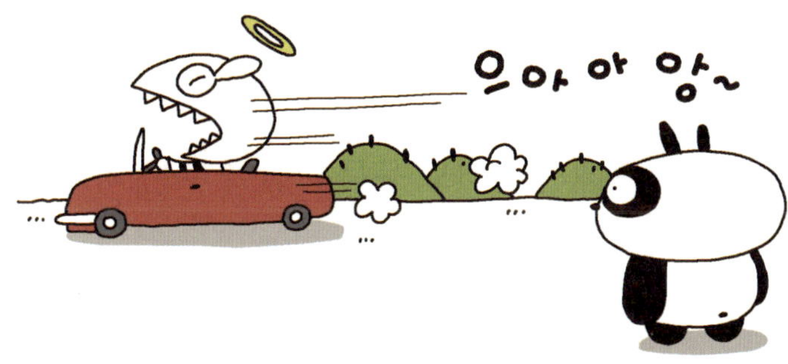

정답

1. 신사임당(신사입니다.) 2. 사회과부도 3. 그대와 함께라면 4. 멱살 잡고 싸우는 싸움 5. 흥부
6. 신경통 7. 붙어 가는 놈 8. 털레털레 9. 장의차니까

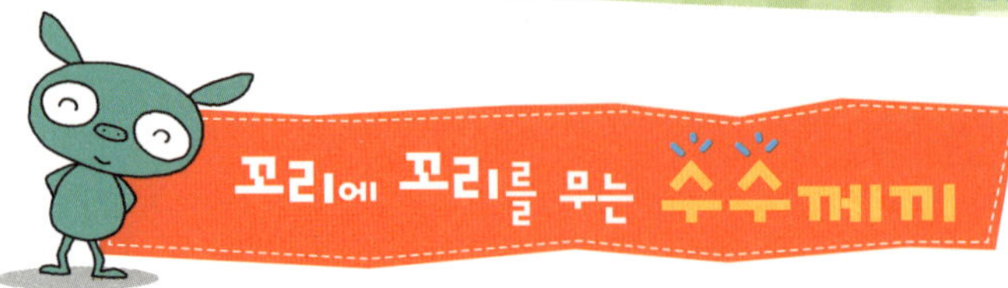

사람 이름 수수께끼

1 중국에서 유명한 정신과 의사의 이름은?

2 우리나라 역사상 수학을 가장 잘한 인물은?

3 차만 타면 코를 푸는 사람은?

4 미국에서 가장 잘 나가는 거지 소녀는?

5 미국에서 제일 잘 나가는 여자 강도는?

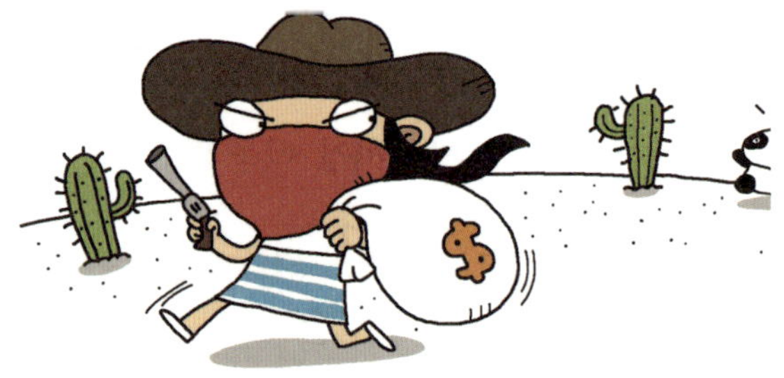

6 세상에서 가장 날씬한 일본 사람은?

7 중국에서 제일 유명한 술꾼 이름은?

8 일본에서 낚시를 제일 잘하는 사람은?

9 일본에서 제일 쩨쩨한 구두쇠는?

10 중국에서 가장 무식한 사람은?

1. 띵해 2. 연산군 3. 차이코프스키 4. 더달란 마리아(더 달란 말이야) 5. 다내노란 마리아(다 내놓으란 말이야)
6. 비사이로 마까(비 사이로 막가) 7. 곤드레만드레 8. 다나까(다 낚아) 9. 겐자히 아끼네(굉장히 아끼네)
10. 통몰라

11 인도에서 가장 유명한 요가 수련자는?

12 일본에서 가장 유명한 구두쇠는?

13 일본에서 가장 방귀를 잘 뀌는 사람은?

14 인도에서 가장 유명한 점쟁이 이름은?

15 중국에서 가장 무식한 부부가 낳은 아들 셋의 이름은?

16 일본에서 가장 마음이 약한 여자의 이름은?

17 우리나라 역사에서 소문이 가장 많이 난 장수는?

18 세상에서 장을 가장 많이 본다는 역사적인 인물은?

19 사우디아라비아에서 가장 무식한 사람은?

20 프랑스에서 제일 인심이 좋은 식당 주인은?

21 도박을 잘하는 중국 사람은?

22 도박을 잘하는 프랑스 사람은?

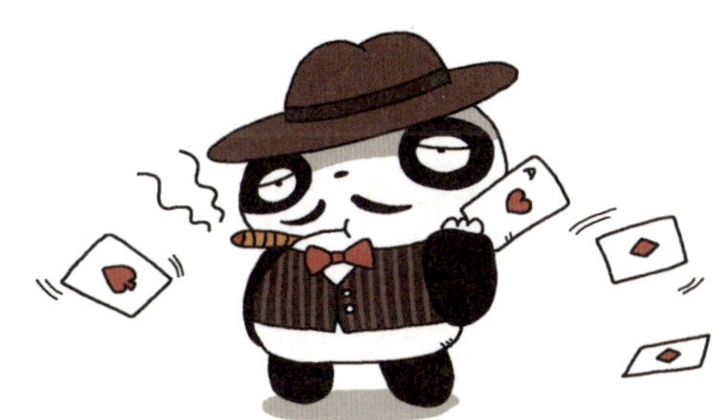

정답

11. 꼰다리 또꽈, 안꼰다리 자꾸꽈 12. 도나까와 쓰지마, 무라까와 쓰지마 13. 아까끼고 또끼고
14. 알간디모르간디 15. 영 몰라, 통 몰라, 왕창 몰라 16. 우야꼬 17. 연개소문 18. 장보고
19. 모하니 알리(뭐하나 알리) 20. 더 드슈, 다 드슈 21. 왕창따 22. 몽땅따

나를 돋보이게 하는 수수께끼

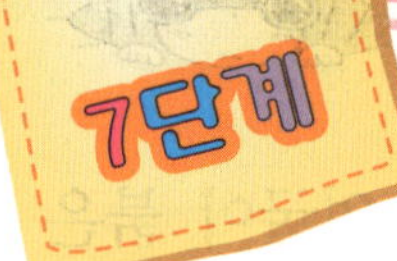

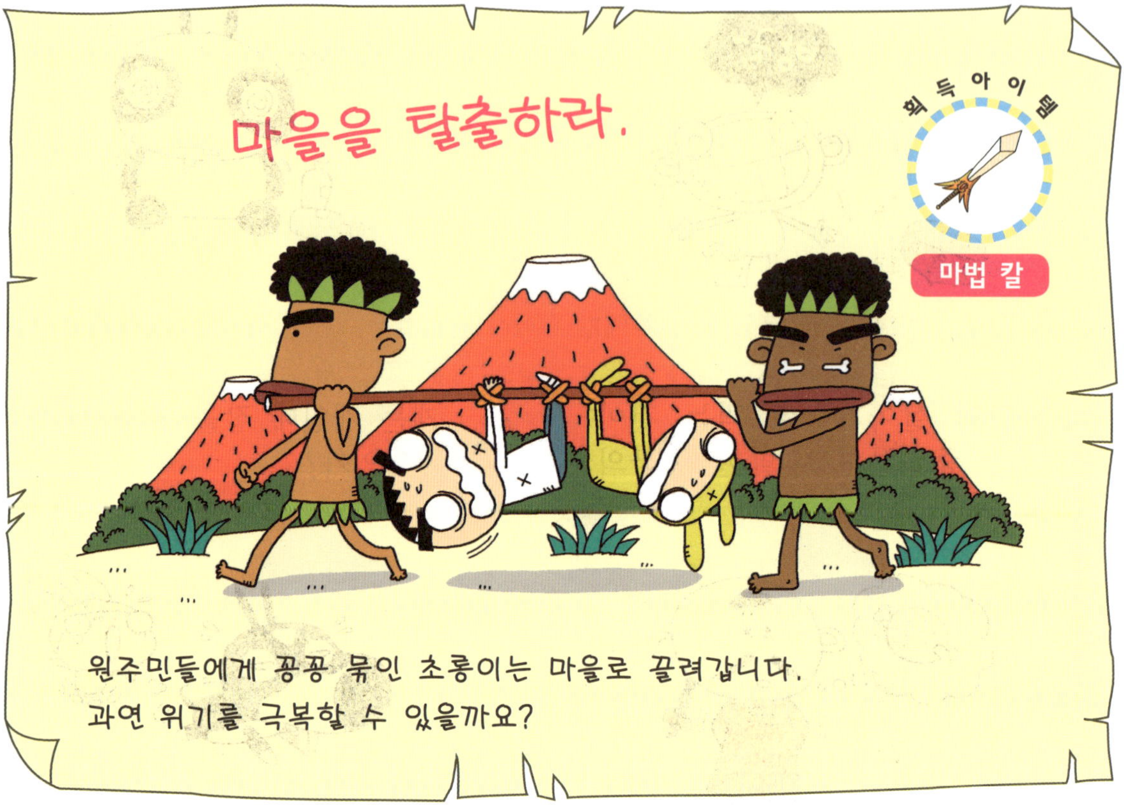

원주민들에게 꽁꽁 묶인 초롱이는 마을로 끌려갑니다.
과연 위기를 극복할 수 있을까요?

1 세상에서 가장 추운 바다는?

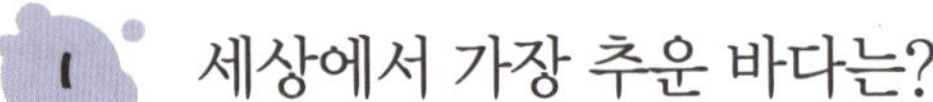

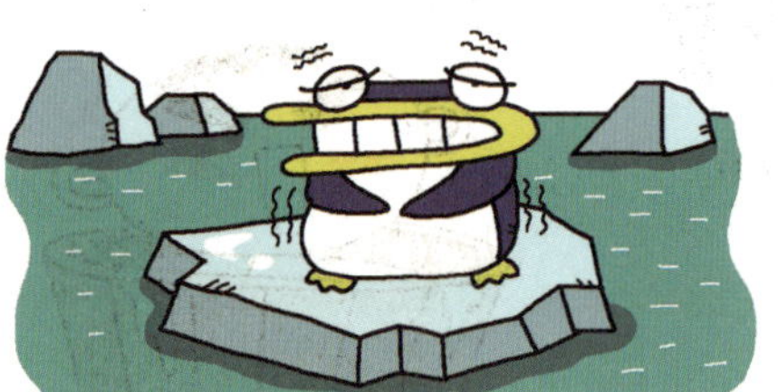

2 높은 곳으로 떨어지는 것은?

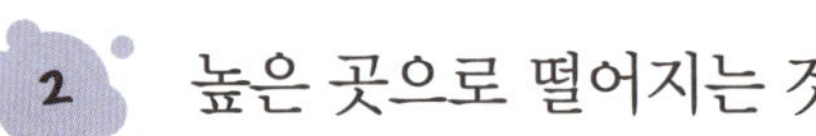

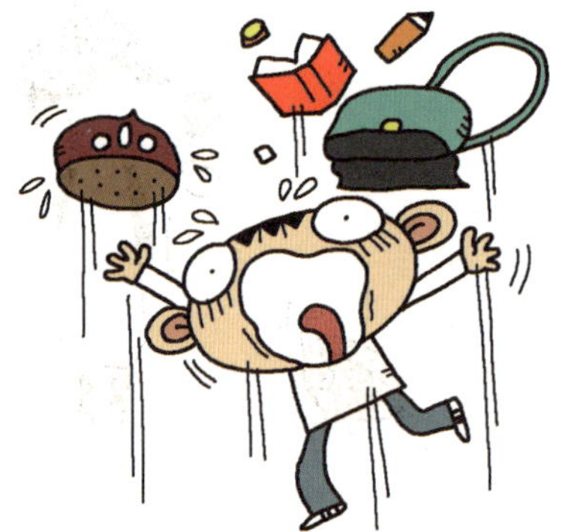

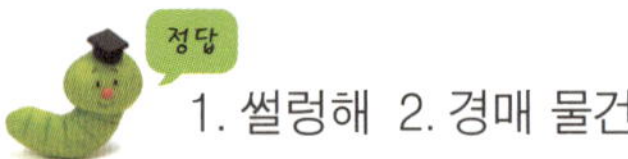

1. 썰렁해 2. 경매 물건

3 누구를 보든지 소리 없이 방긋방긋 웃는 것은?

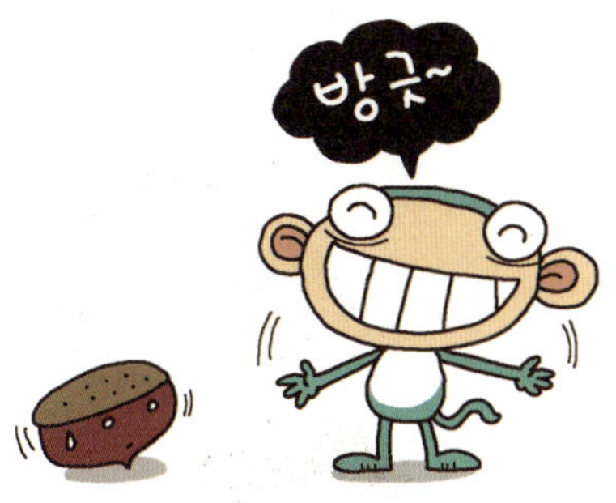

4 언제나 술에 취해서 얼굴이 붉은 것은?

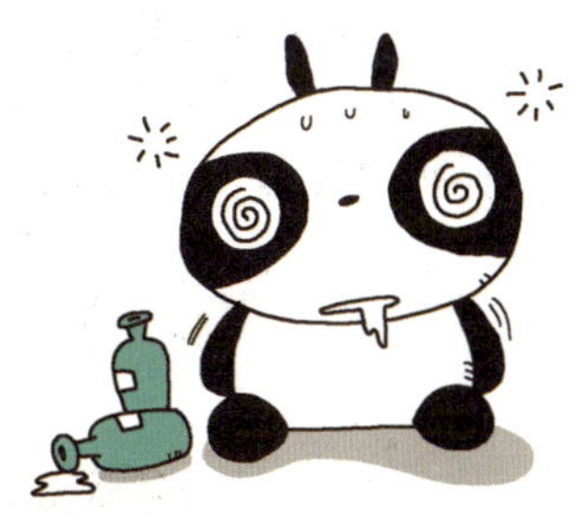

5 사람이 살아가는데 먹는 것이 가장 중요하다고 말한 중국의 학자는?

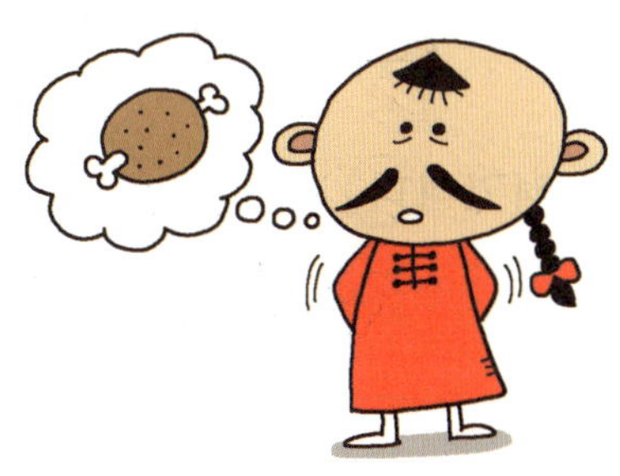

6 개는 개인데 잡을 수 없는 개는 무엇인가?

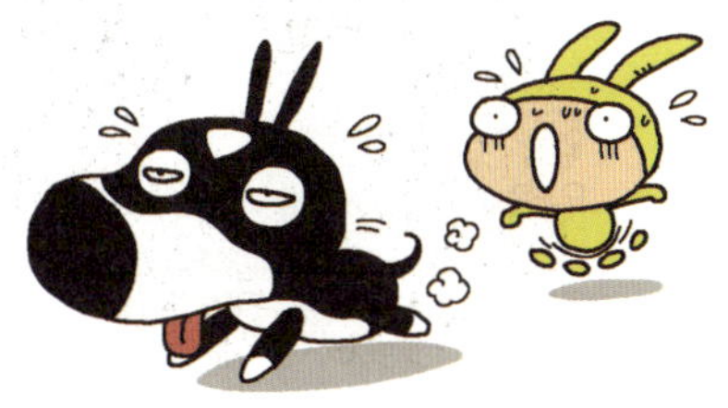

7 개 중에서 가장 큰 개는 무엇인가?

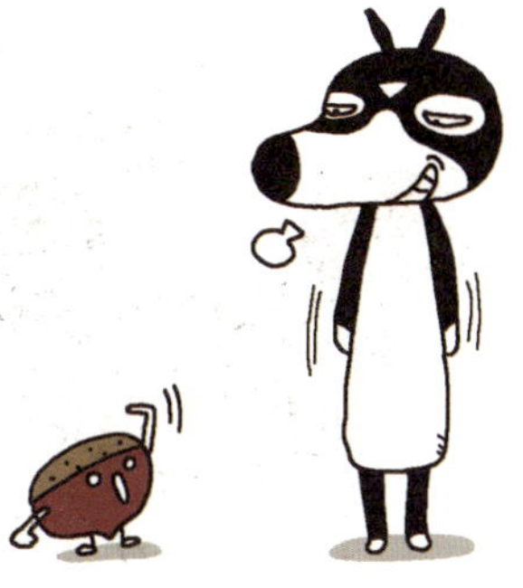

8 물은 물인데 사람들이 가장 좋아하는 물은?

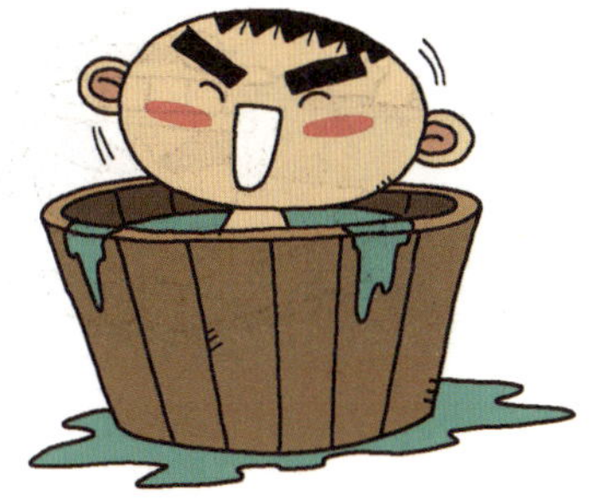

정답
3. 곱게 핀 꽃 4. 홍당무 5. 묵자(먹자) 6. 무지개 7. 안개 8. 선물

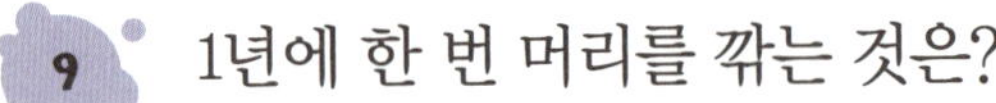
9 1년에 한 번 머리를 깎는 것은?

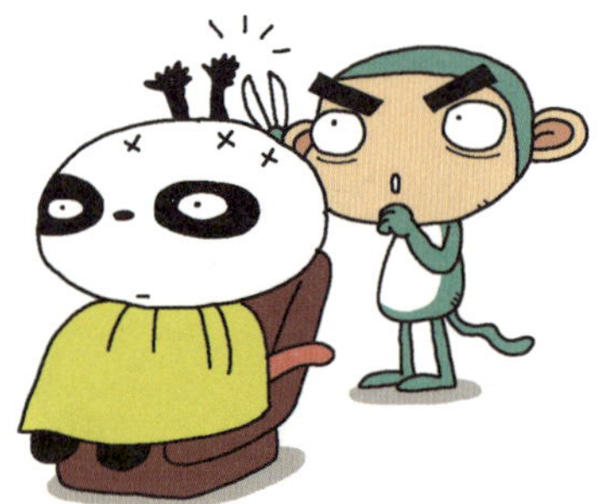

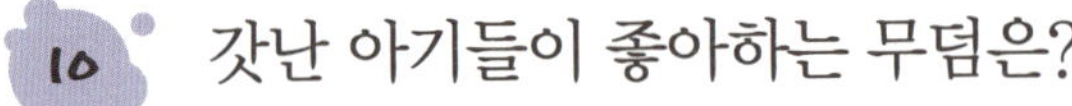
10 갓난 아기들이 좋아하는 무덤은?

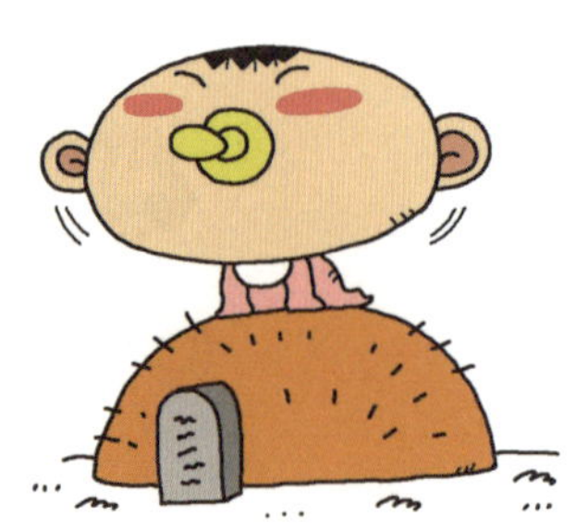

11 깜깜해야 잘 보이는 것은?

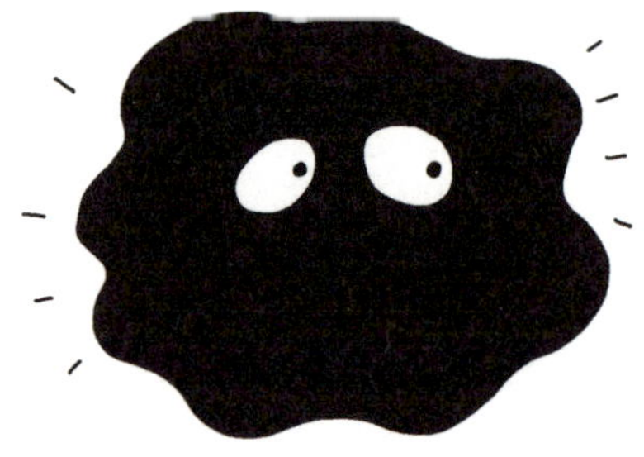

12 물은 물인데 사람들이 무서워하는 물은?

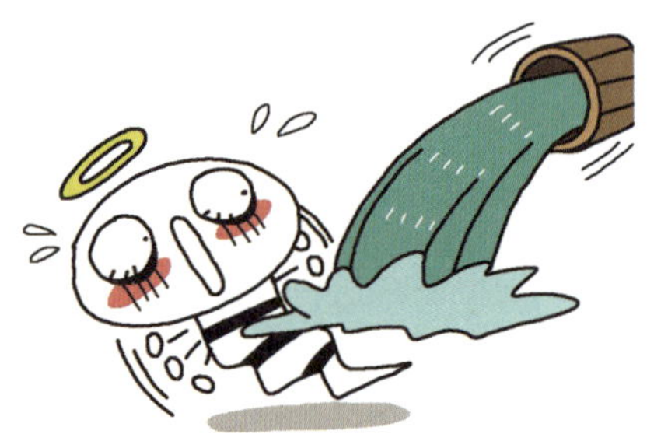

13 똥 중에서 가장 작은 똥은?

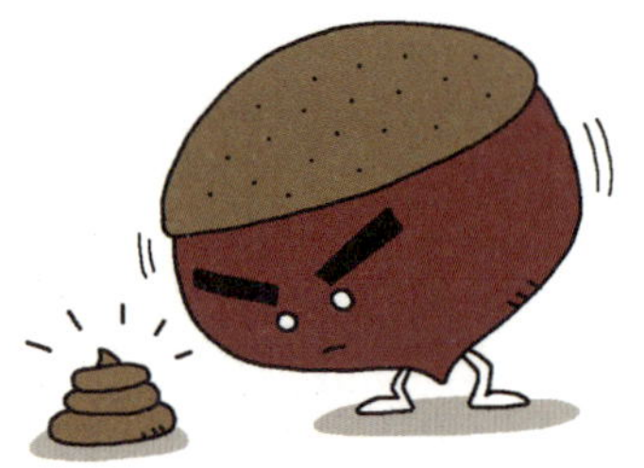

14 여러 가지 떡 중에서 입방아로 찧어 만든 떡의 이름은?

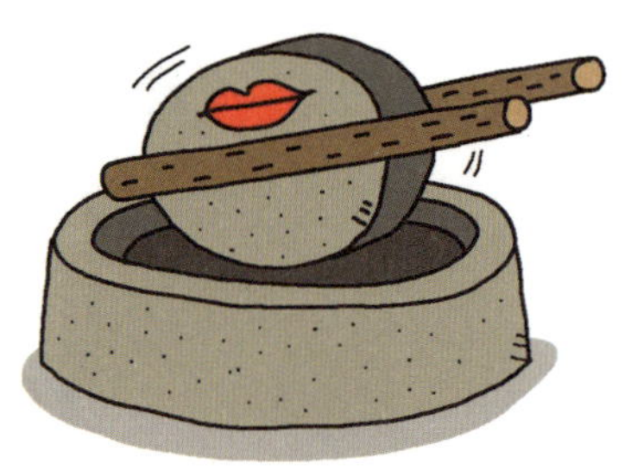

정답
9. 무덤 10. 젖무덤 11. 꿈 12. 괴물 13. 소(小)똥 14. 쑥떡쑥떡

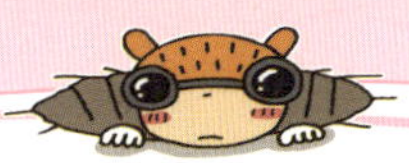

15 매일매일 자장가만 부르는 나무는?

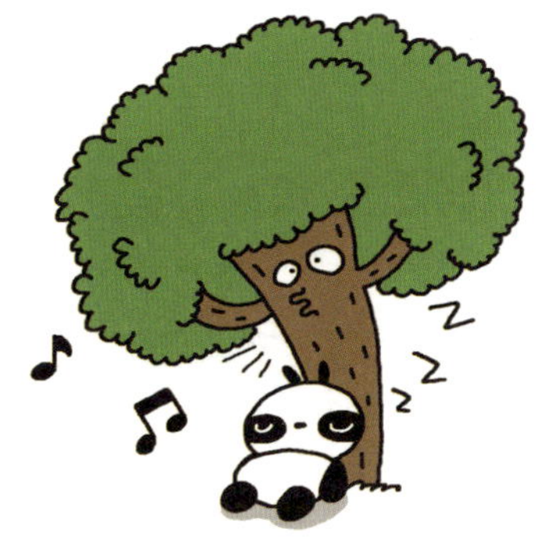

16 낮에는 발을 물고 밤에는 입벌리고 하품하는 것은?

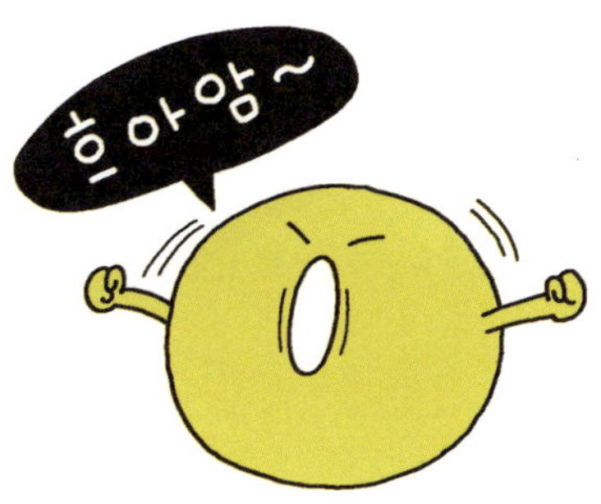

17 계속해서 따라 다니는 것은?

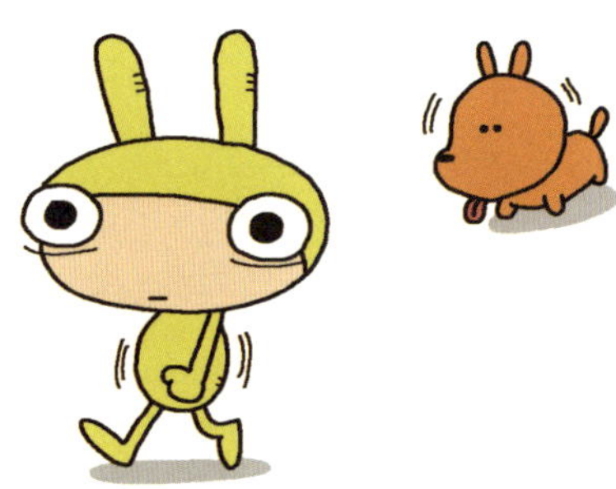

18 가로 세로로 된 줄 위에서 돌로 싸움하는 것은?

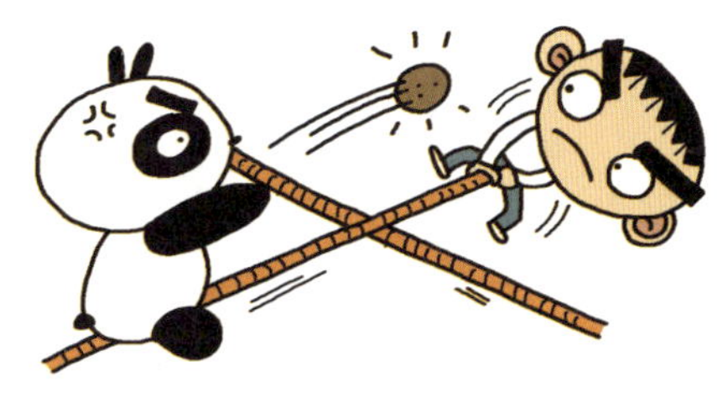

19 각은 각인데 형태가 없는 각은?

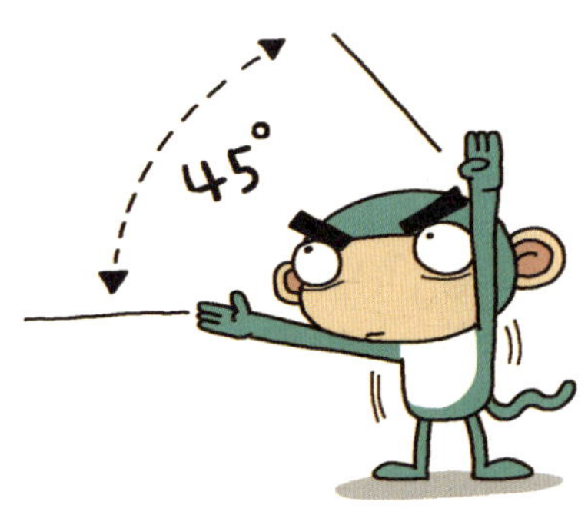

20 가만히 있는데 잘 돈다고 하는 것은?

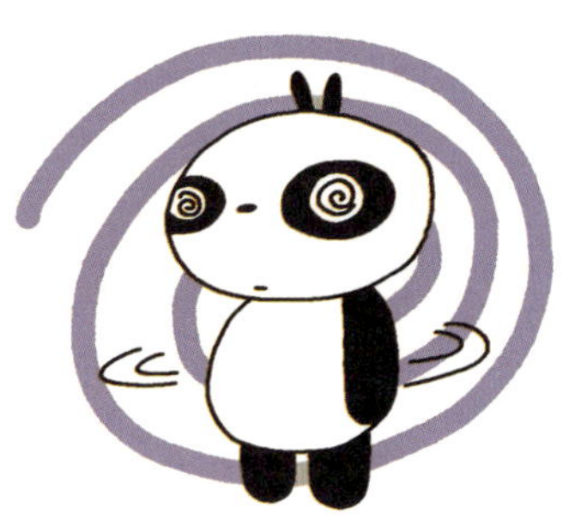

정답

15. 자작나무 16. 신발 17. 그림자 18. 바둑 19. 생각 20. 머리

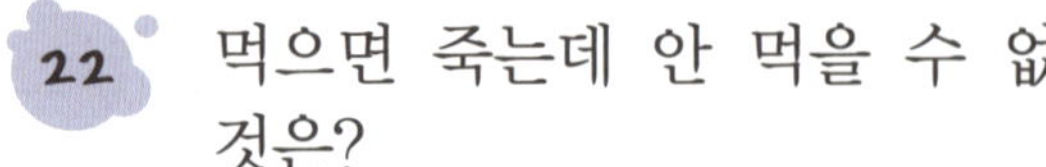

21 아무리 멀리 가도 가까운 사람은?

22 먹으면 죽는데 안 먹을 수 없는 것은?

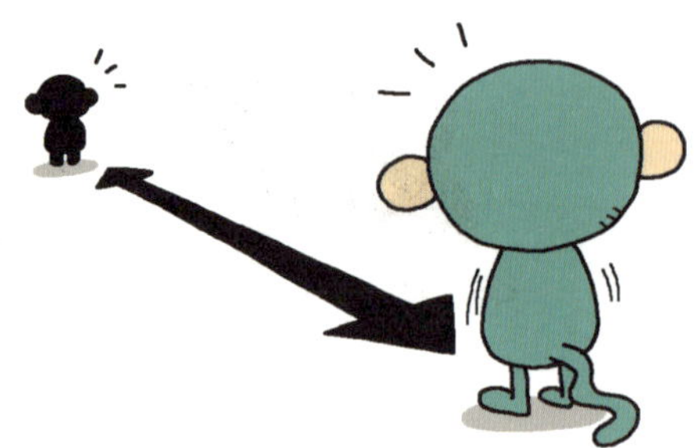

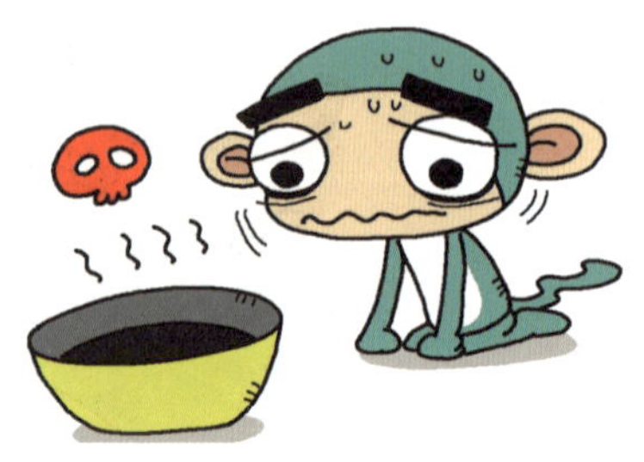

23 아무리 눕혀도 바로 일어서는 것은 무엇인가?

24 낮에는 올라가고 밤에는 내려오는 것은?

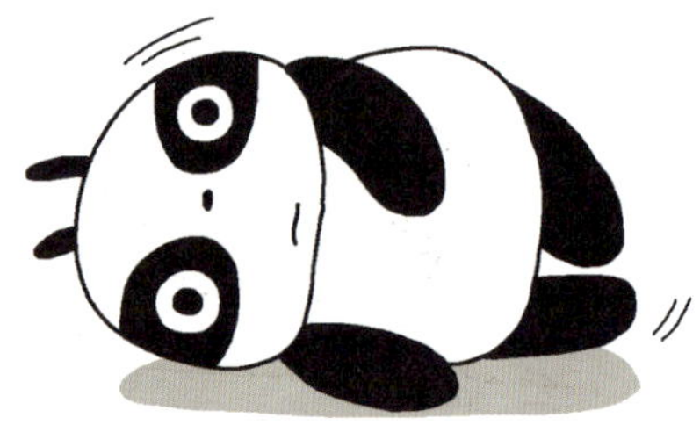

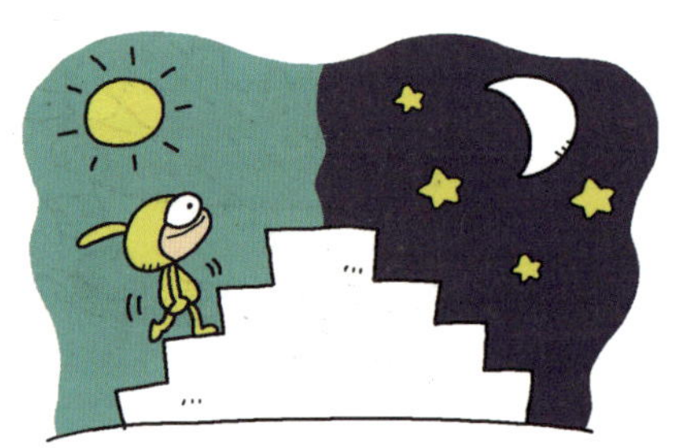

25 낮에도 밤이라 하는 것은?

26 아홉 명의 자식을 세 글자로 줄여서 말하면?

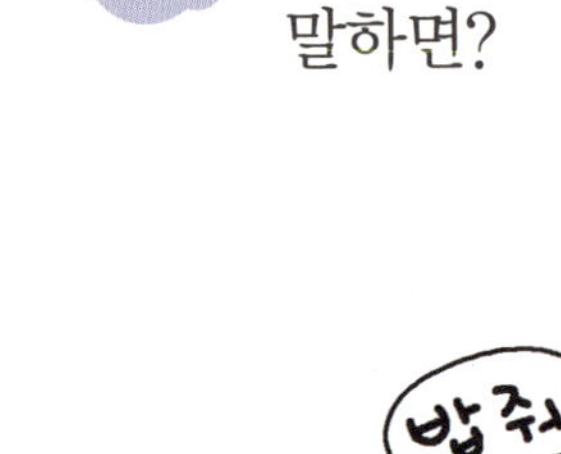

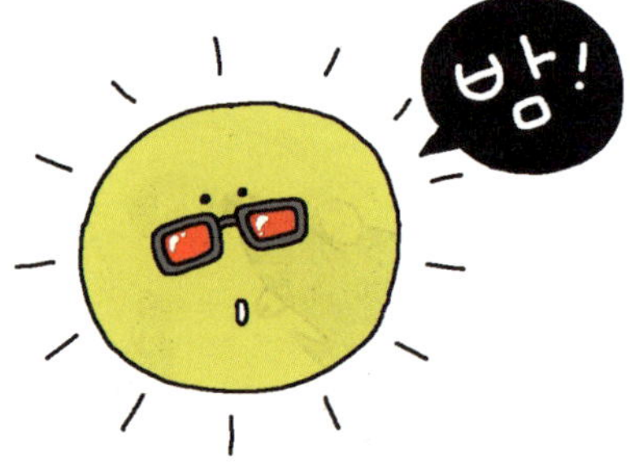

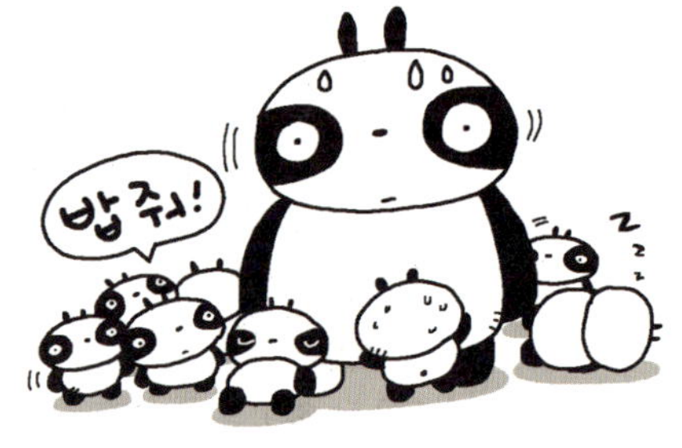

21. 친척 22. 나이 23. 오뚝이 24. 이불 25. 밤(먹는 밤) 26. 아이구

27 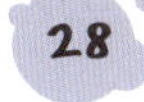 강은 강인데 물고기가 살지 않는 강은?

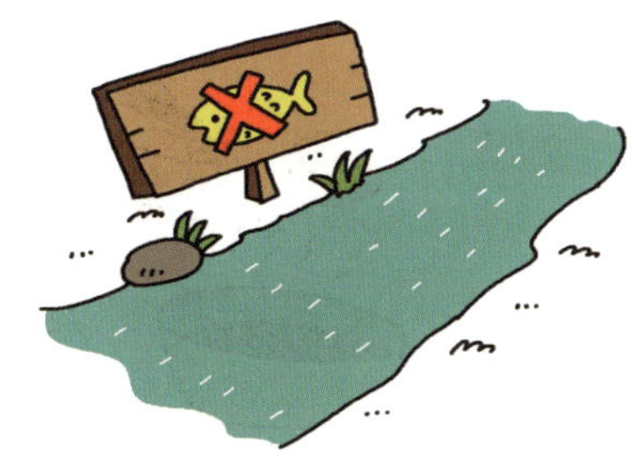

28 개는 개인데 땅속에서 사는 개는?

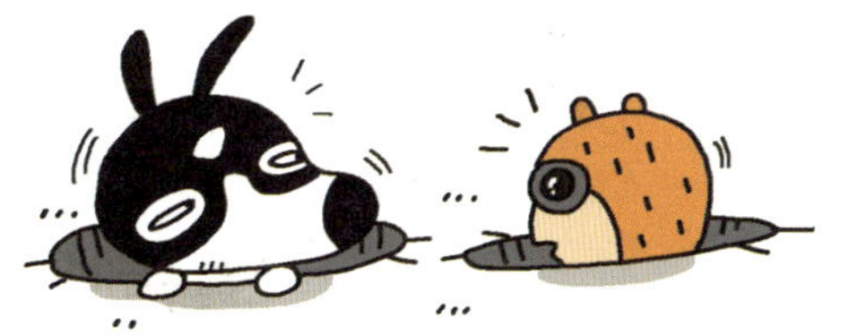

29 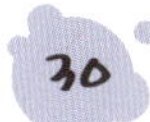 나무로 지은 밥은?

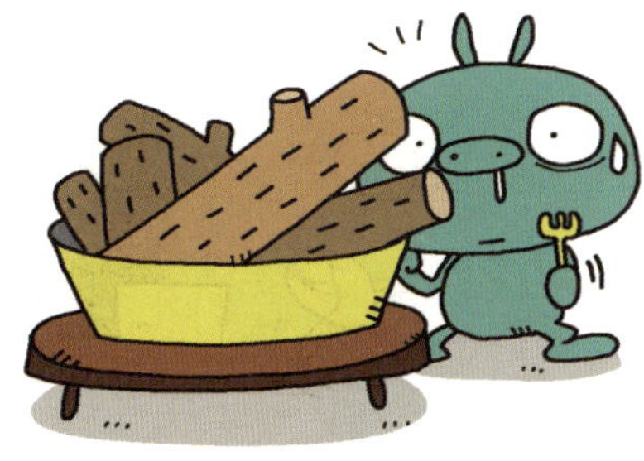

30 세 사람만 탈 수 있는 차는?

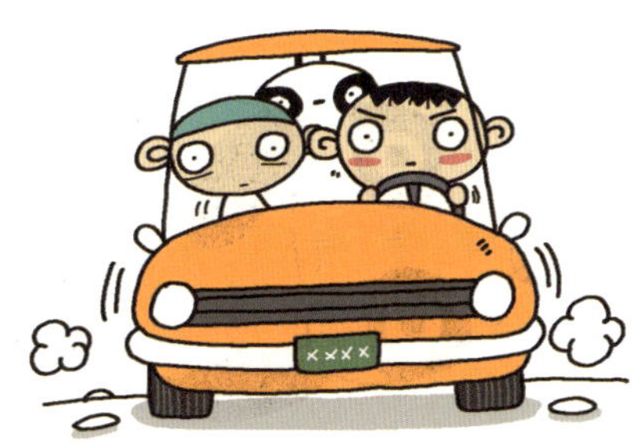

31 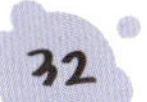 날개 없이 날아가는 것은?

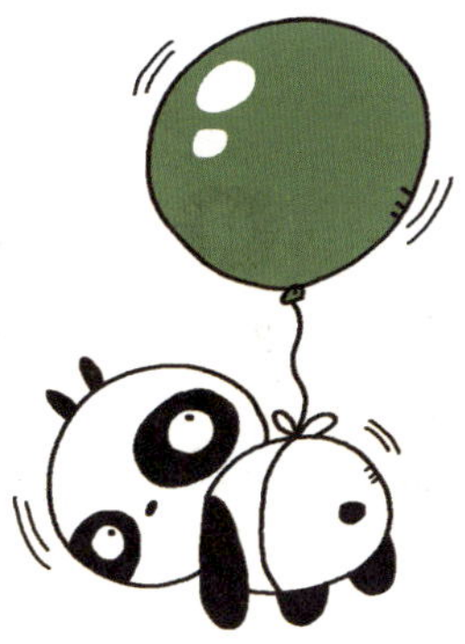

32 새도 되고 쥐도 되는 것은?

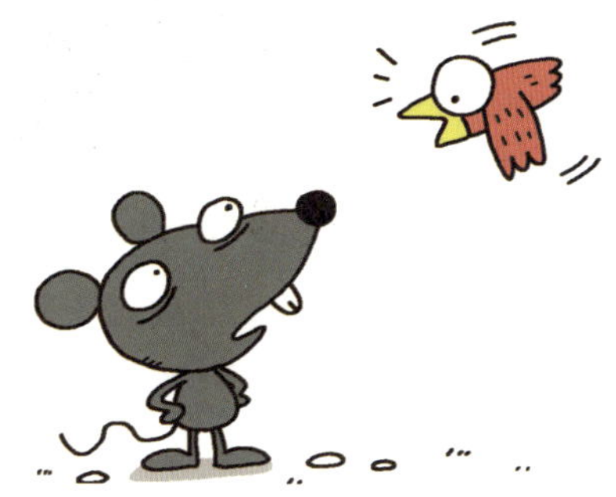

정답
27. 요강 28. 조개 29. 톱밥 30. 인삼차 31. 연기 32. 박쥐

33 늙어도 푸른 것은?

34 늙을수록 탐스러운 것은?

35 검은 개가 백사장을 다니면서 검은 똥을 누는 것은?

36 서로 진짜라고 우기는 신은?

37 새 중에서 가장 큰 새는?

38 아침 저녁으로 발만 동동 구르고 못 얻어먹는 것은?

39 아침 저녁으로 침만 흘리고 못 얻어먹는 것은?

40 계속 간다고 하면서 가지 않는 것은?

41 먹을 것을 주나 안 주나 언제나 배부른 돼지는?

42 얻어맞고 또 비틀리는 것은?

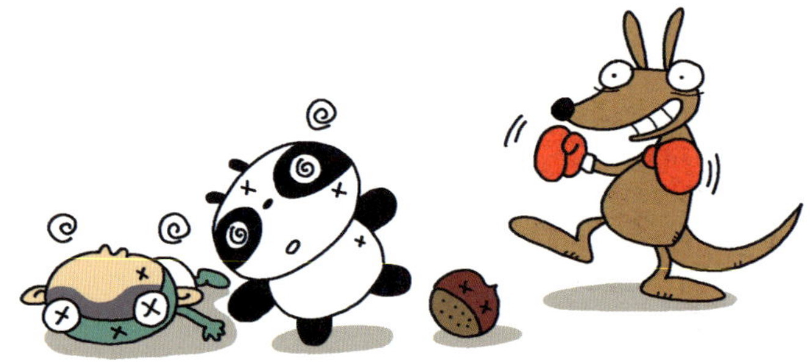

43 개도 안 가지는데 사람이 안 가지면 살아갈 수 없는 것은?

44 얼굴에 딱지를 붙이고 세계 일주 하는 것은?

정답

33. 소나무와 대나무 34. 과실 35. 붓글씨 36. 옥신각신 37. 하늘과 땅 새(사이) 38. 젓가락 39. 행주
40. 가지 41. 돼지 저금통 42. 빨래 43. 돈 44. 편지

7 단계

45 검은 구멍에서 방귀를 뀌는 것은 무엇인가?

46 서울 시민이 동시에 외치면 무슨 말일까?

47 알은 알인데 날아가는 알은?

48 금방 태어나도 할머니라고 부르는 것은 무엇인가?

49 길을 걸어다니는 집은 무엇인가?

50 바가지 두 개를 가지런히 엎어 놓은 것은?

51 항상 새 옷만 입고 폼 내는 것은?

52 머리 위에서만 일하는 발은?

53 길 위에 내린 비를 비가 아니라고 하는 것은?

54 기둥이 1개, 가지가 12개, 잎이 365개 있는 것은?

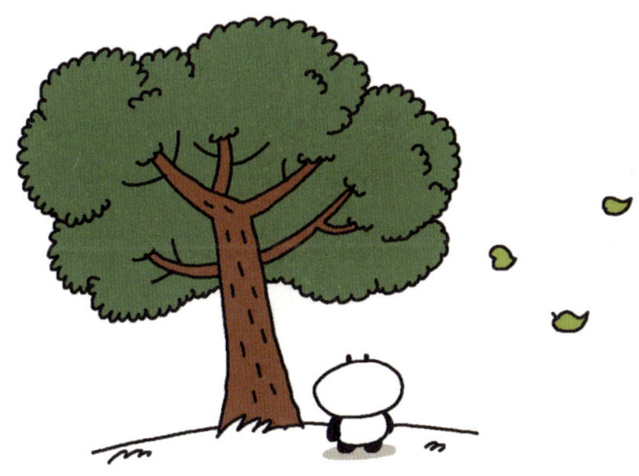

55 빈 몸으로 갔다가 가득 들고 오는 것은?

정답

45. 총 46. 천만의 말씀(서울 시민이 약 천만명) 47. 총알 48. 할미꽃 49. 가마 50. 엉덩이 51. 마네킹
52. 가발 53. 이슬 54. 1년 55. 두레박

56 빼빼 마른 가지에 천이 걸려 있는 것은?

57 두들겨 맞아야 노래하는 것은?

58 나뭇잎 먹다가 문도 없는 하얀 방에 들어가서 잠만 자는 것은?

59 윗니보다 아랫니가 훨씬 더 많은 것은?

60 윗니는 검고 아랫니는 하얀 것은?

61 투명한 피부 안에 뼈가 그대로 보이는 것은?

62 늙지 않고도 늙은이 노릇 하는 것은?

63 주로 밤에 누워서 일하는 것은?

64 타이타닉의 구명보트에는 몇 명이 탈 수 있나?

65 죽은 것을 살았다 하는 것은?

66 죽은 소가 우는 것은?

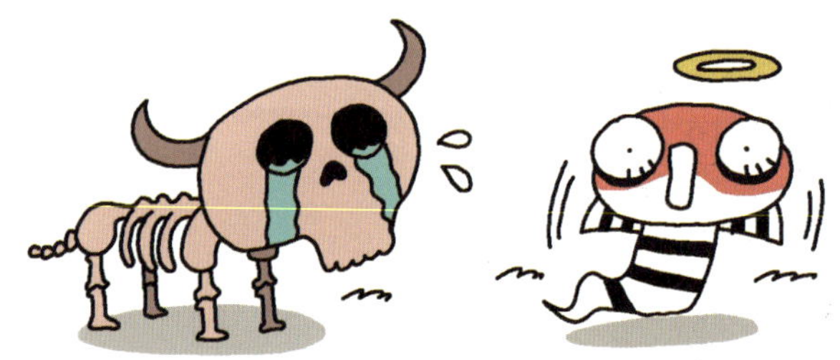

67 흰옷을 입고는 뜨거운 기름 속으로 다이빙하는 것은?

68 남을 꼬집는 일로 일생을 보내는 것은?

56. 옷걸이 57. 종, 실로폰 58. 누에고치 59. 피아노 60. 피아노 61. 전구 62. 어린이 이빨 63. 베개
64. 9명 65. 생선(죽은 고기도 생선(生鮮)이라 하니까) 66. 북(소의 가죽으로 만들어서) 67. 튀김 68. 집게

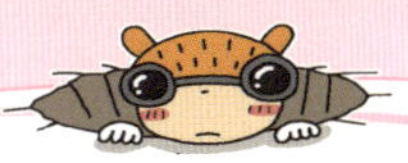

69 한 발은 가만히 서 있고, 다른 한 발로 동그라미를 열심히 그리는 것은?

70 밤이면 밤마다 바닷가에 서서 눈을 깜박이는 것은?

71 깜깜한 밤중에 남의 집에 몰래 와서 양말만 찾는 사람은?

72 전 세계에서 가장 작은 시장은?

73 색 중에서 사람들이 가장 싫어하는 색은?

74 문은 문인데 신혼 부부가 제일 좋아하는 문은?

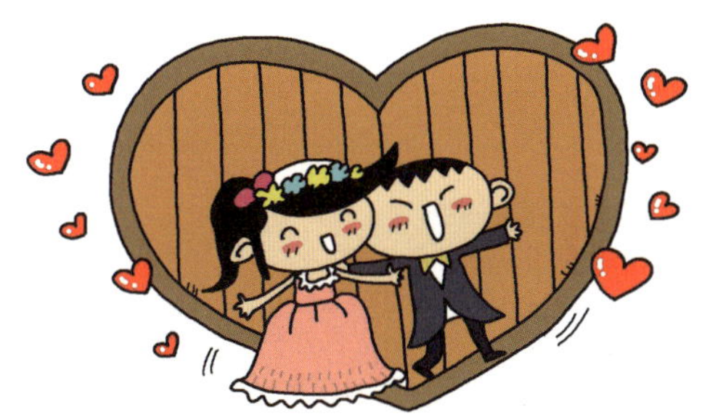

75 갓은 갓인데 못 쓰는 것은?

76 손님이 들어가서 주인을 내쫓는 것은?

77 바람 바람 바람을 세 글자로 말하면?

78 허수아비의 반대말은?

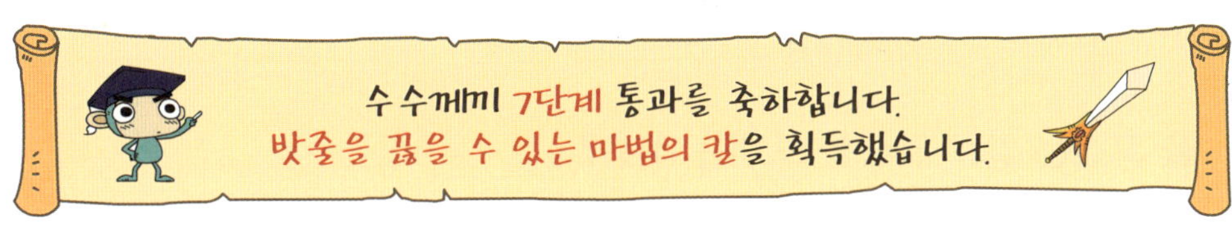

정답
69. 컴퍼스 70. 등대 71. 산타클로스 72. 벼룩시장 73. 질색 74. 허니문 75. 쑥갓 76. 열쇠 77. 쌩쌩쌩
78. 허수어미

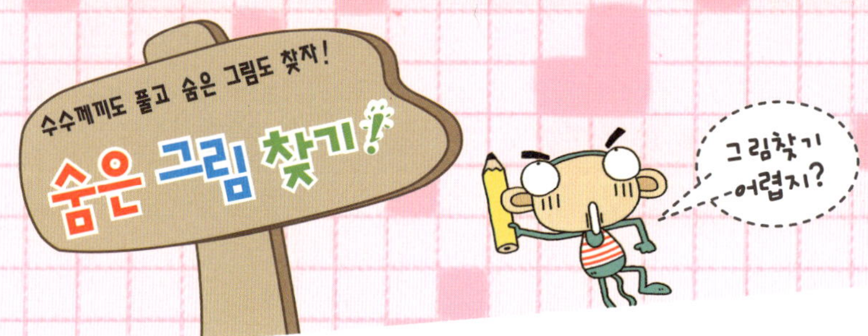

Q 손님 앞에서 오줌을 누는 것은?

Q 매일 가슴에 흑심을 품고 있는 것은?

Q 들어갈 때는 머리를 얻어맞고 나올 때는 머리를 뽑히는 것은?

Q 피를 뽑아 주어야 더 잘 자라는 것은?

Q 몸 하나에 한쪽 또는 양쪽에 수많은 이가 나 있는 것은?

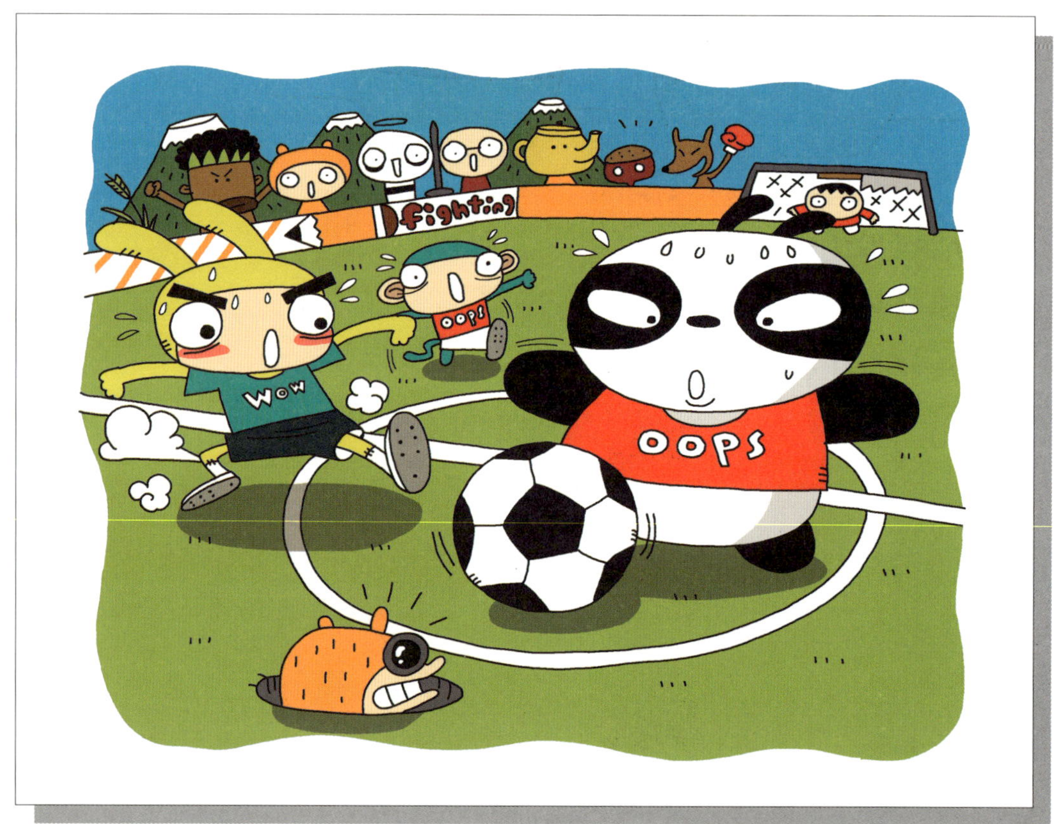

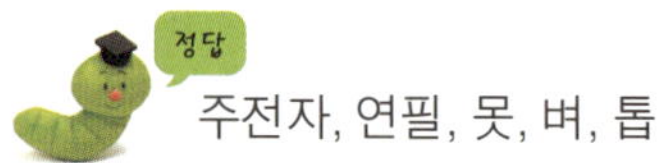
정답
주전자, 연필, 못, 벼, 톱

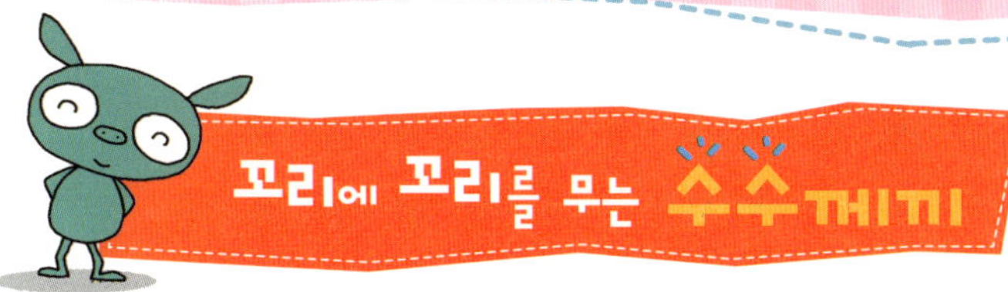

1 인디언의 대장을 다른 말로 하면?

2 추장보다 더 높은 것은?

3 고추장보다 더 높은 것은?

4 초고추장보다 더 높은 것은?

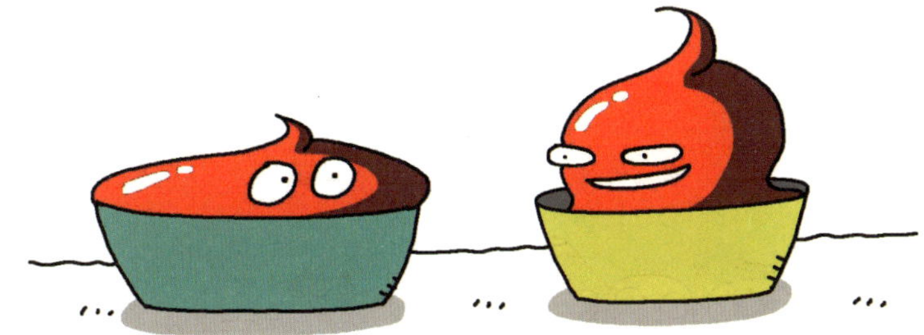

5 하늘에 별이 없으면?

6 하늘에 해가 없으면?

7 하늘에 달이 없으면?

1. 추장 2. 고추장 3. 초고추장 4. 태양초 고추장 5. 별 볼일 없다.
6. 못 말린다.(빨래를 못 말리니까) 7. 날 샜다.

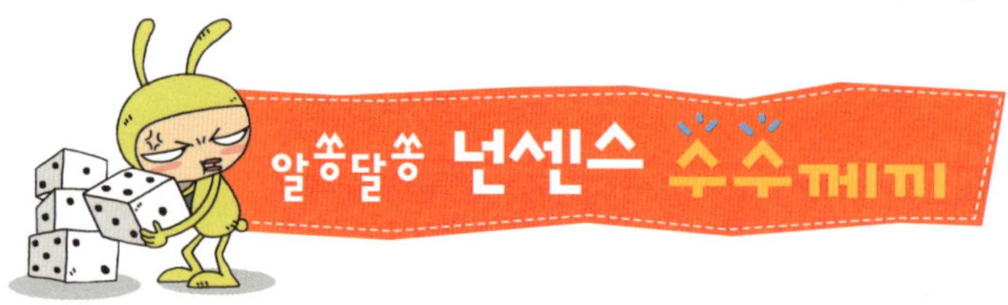

1 암탉은 어떤 집에서 시집왔을까?

2 벼락부자가 되려면 무슨 장사를 해야 할까?

3 하루에 1000원을 1년 동안 내면 10억 원을 탈 수 있는 계는?

4 대령이 제일 좋아하는 노래는?

5 파리가 커피에 빠져 죽으며 말했다. 뭐라고 했을까?

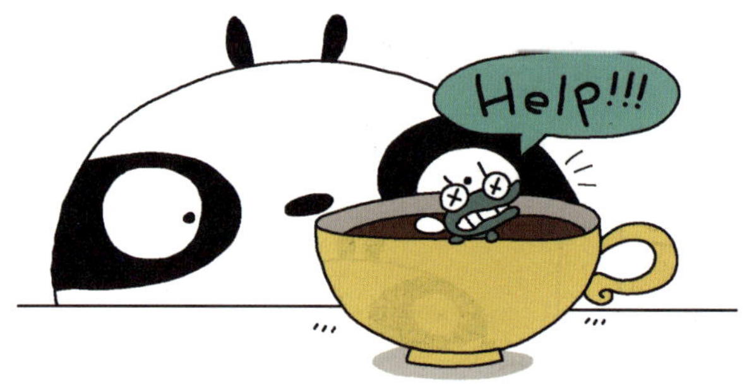

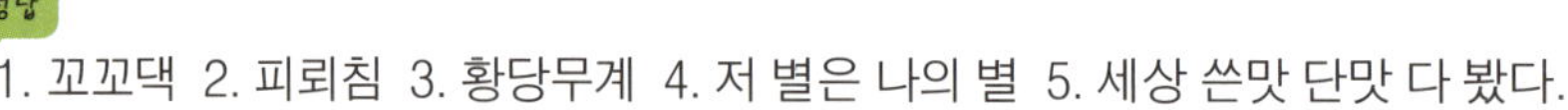

1. 꼬꼬댁 2. 피뢰침 3. 황당무계 4. 저 별은 나의 별 5. 세상 쓴맛 단맛 다 봤다.

6 공주는 공주인데 사람 대접을 못 받는 공주는?

7 꿩 먹고 알도 먹는 사람은?

8 구석에 몰린 쥐가 고양이에게 한마디 하자 고양이가 도망갔다. 뭐라고 했을까?

9 위에서 아래로 자라는 것이 고드름이다. 그러면 제멋대로 자라는 것은 무엇인가?

10 착한 사람은 법이 없어도 사는 사람이다. 그러면 법이 없어야 사는 사람은?

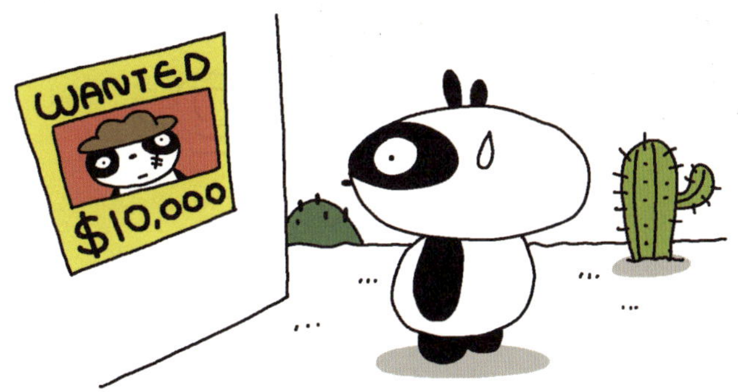

6. 인어 공주 7. 꿩 주인 8. 나 쥐약 먹었다. 9. 여드름 10. 사형수

아이큐를 쑥쑥 올려주는 수수께끼

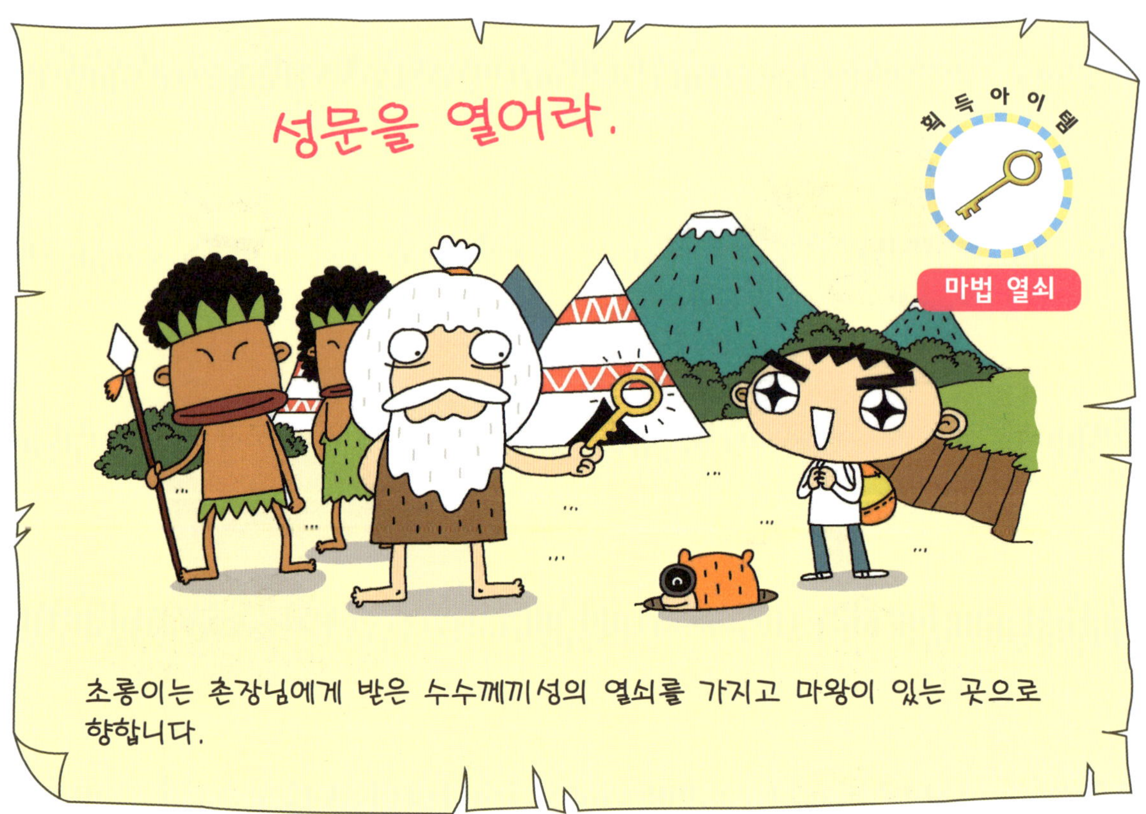

초롱이는 촌장님에게 받은 수수께끼성의 열쇠를 가지고 마왕이 있는 곳으로 향합니다.

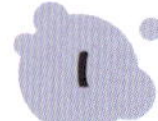 **1** 하늘, 육지, 바다에 있는 물은?

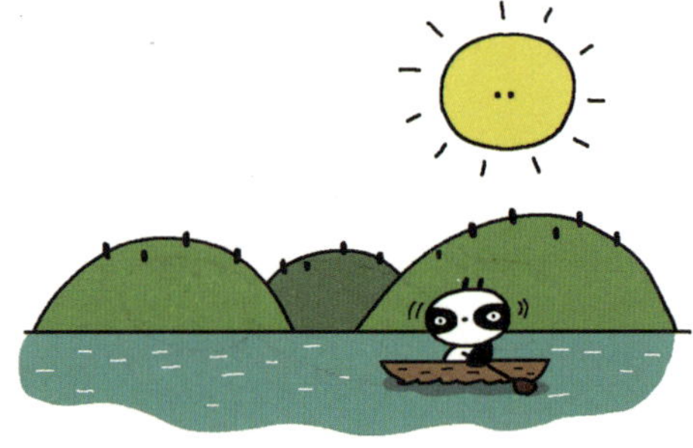

 **2** 피도 뼈도 살도 없는 손가락 다섯 개는?

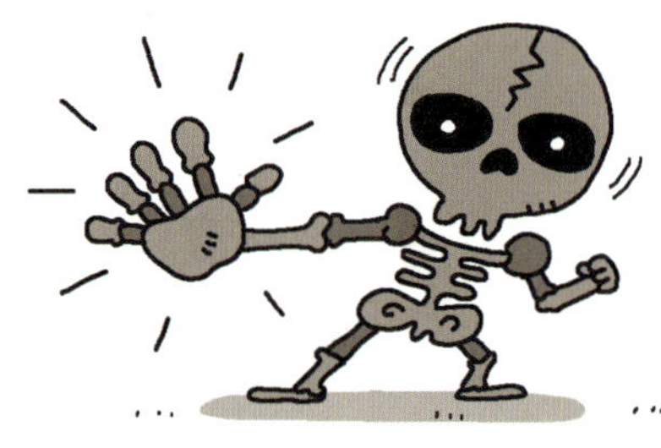

 **정답**
1. 하늘에 동물, 육지에 식물, 바다에 해물 2. 장갑

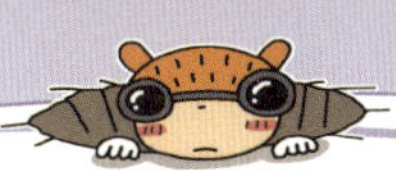

3 하나에다 하나를 더해도 하나가 되는 것은?

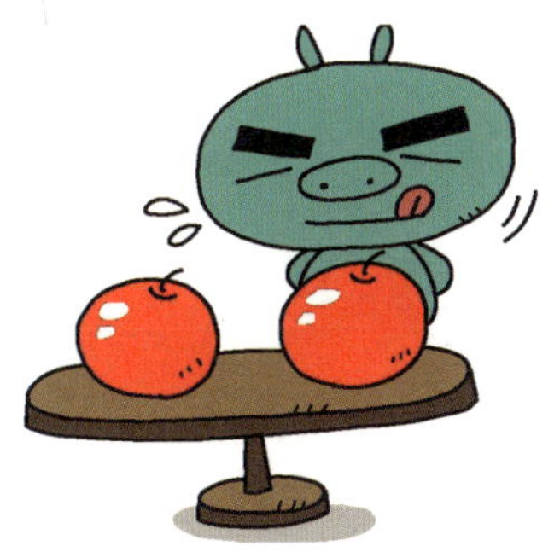

4 얼굴은 안 보이고 목소리만 들리는 것은?

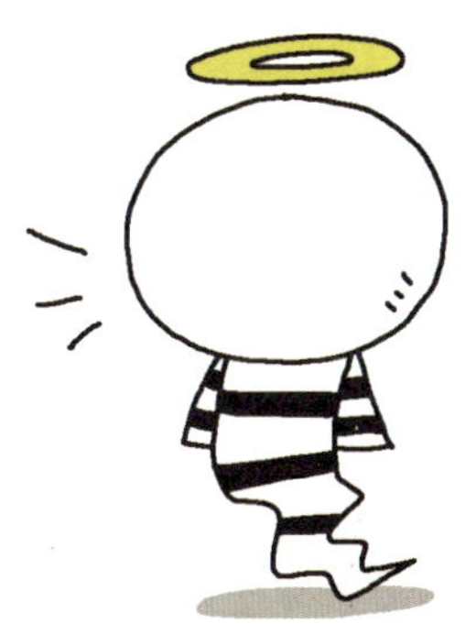

5 파란 집 안에 하얀 집, 하얀 집 안에 빨간 집, 빨간 집 안에 검은 아이들이 살고 있는 것은?

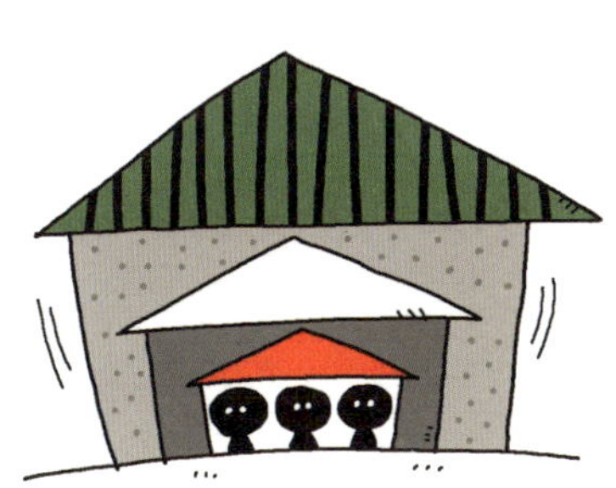

6 팔다리 없이 모자 쓰고 꼬리에 털 난 것은?

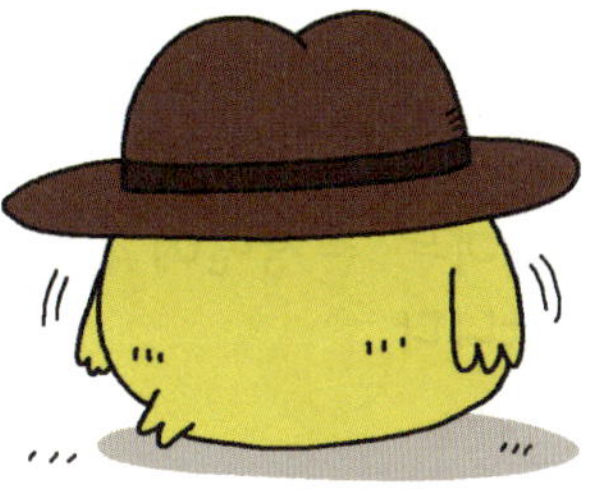

7 코는 코인데 냄새를 못 맡는 코는?

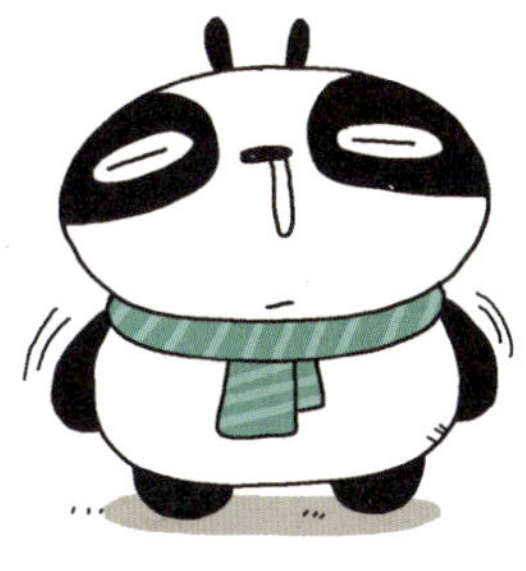

8 콩은 콩인데 못 먹는 콩은?

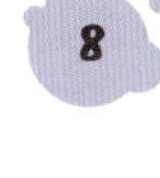
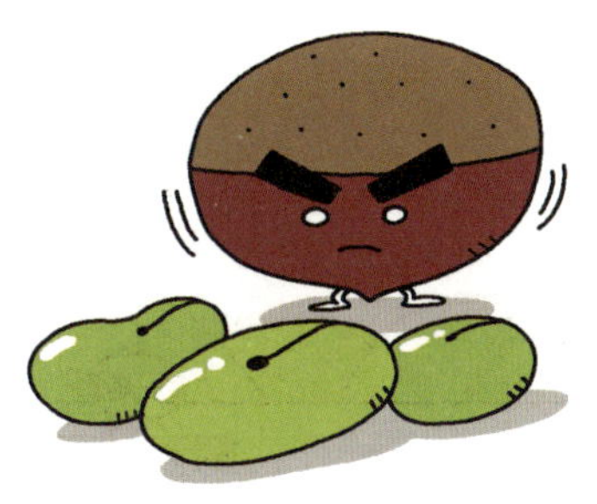

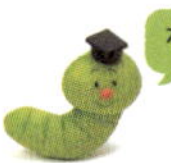
정답

3. 물방울 4. 유선 전화 5. 수박 6. 도토리 7. 그물의 코 8. 홍콩

9 제일 빠르게 돌아가는 것은?

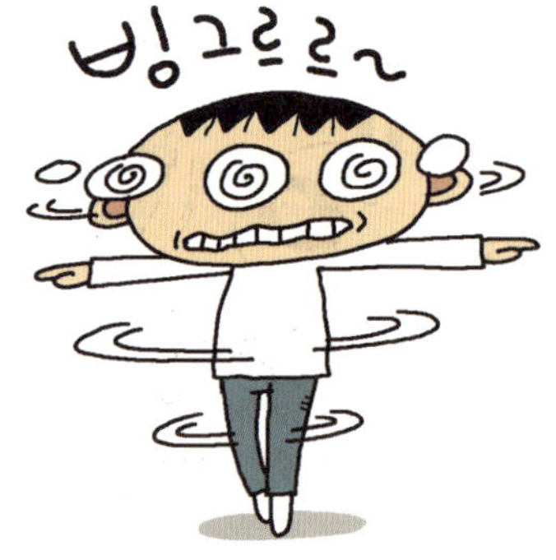

10 올라갈 때는 짐을 싣고 내려갈 때는 짐을 푸는 것은?

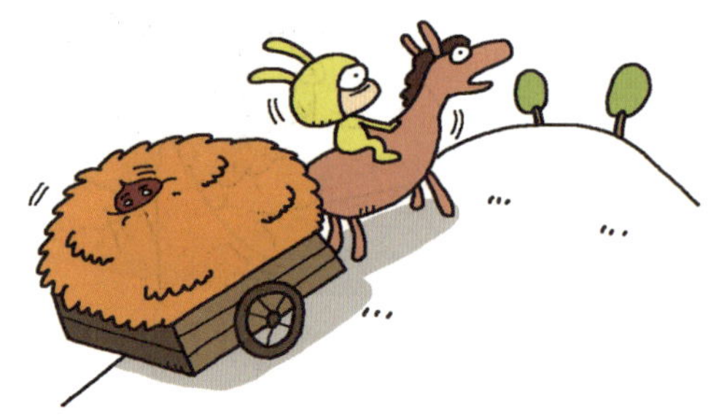

11 적에게 꽁무니를 보여야 이기는 것은?

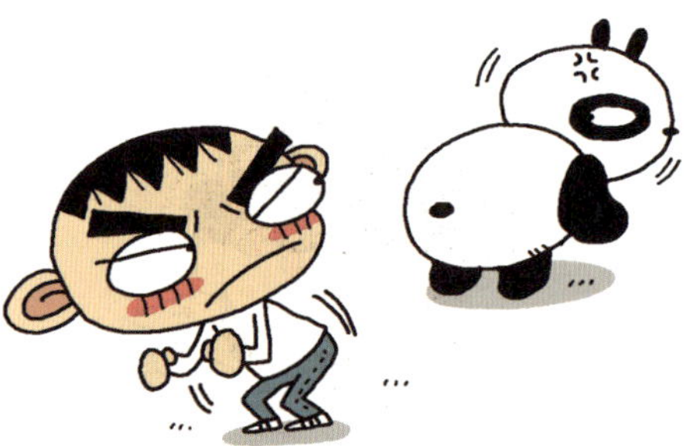

12 울어도 눈물이 없고, 웃어도 웃음이 없는 것은?

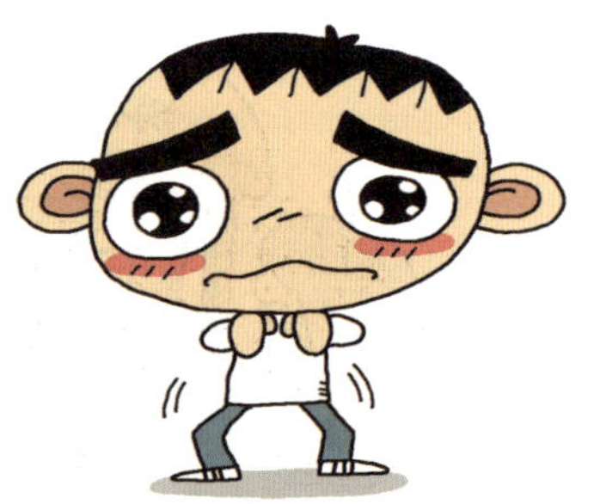

13 우리나라에서 가장 큰 모자를 쓴 사람은?

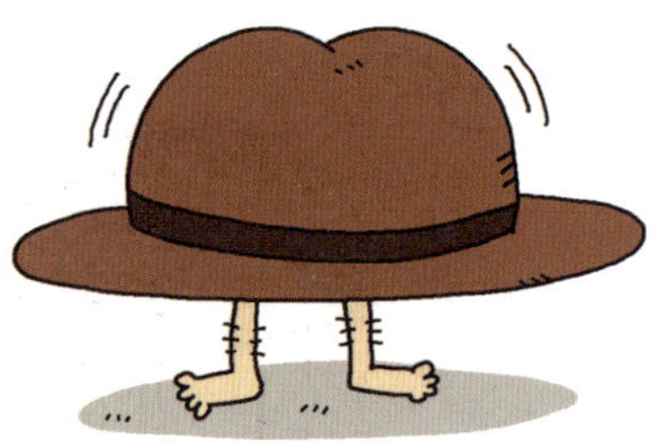

14 자신이 말하고도 모르는 것은?

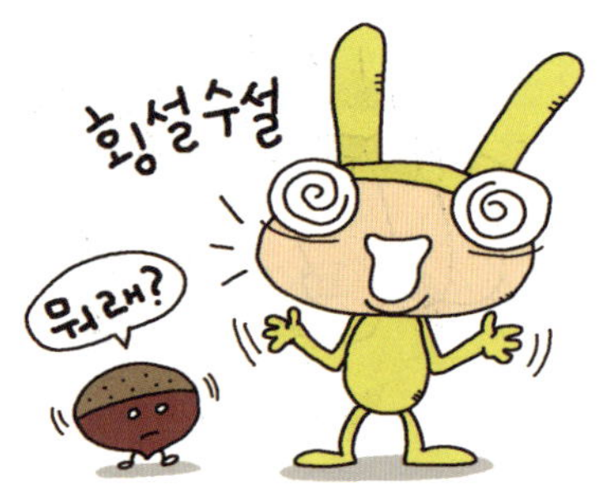

정답

9. 생각 10. 숟가락 11. 달리기 12. 물고기 13. 가장 머리 큰 사람 14. 잠꼬대

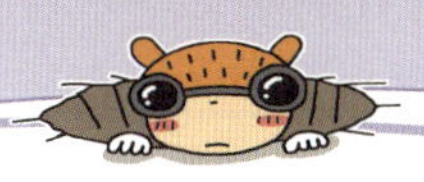

15 젊어서는 약하고 늙을수록 튼튼해 지는 것은?

16 올 때 보아도 갈 때라 하는 것은?

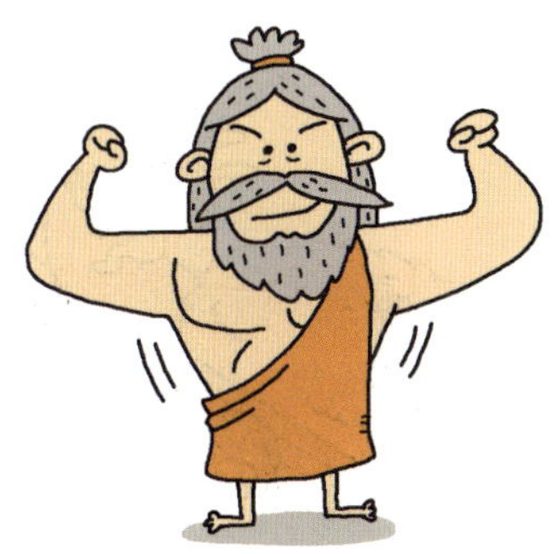

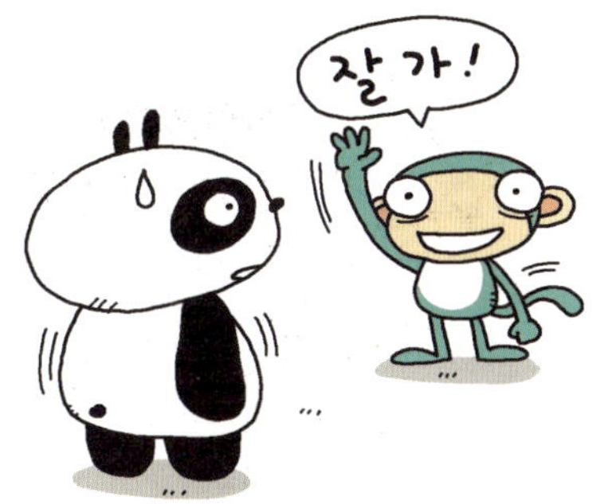

17 오막살이에 백발 노인이 들락날락 하는 것은?

18 옆으로는 다녀도 앞뒤로는 못 다니는 것은?

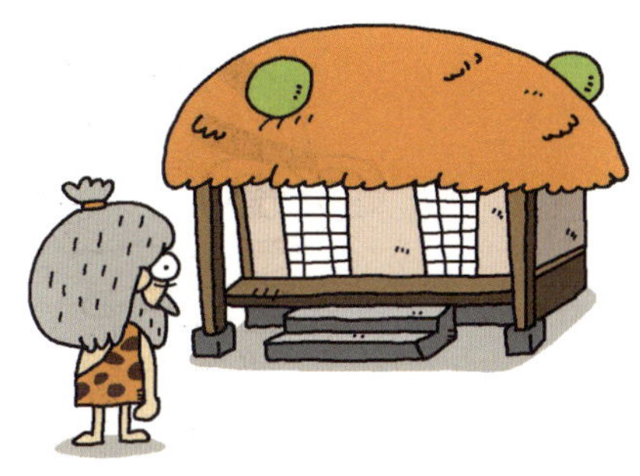

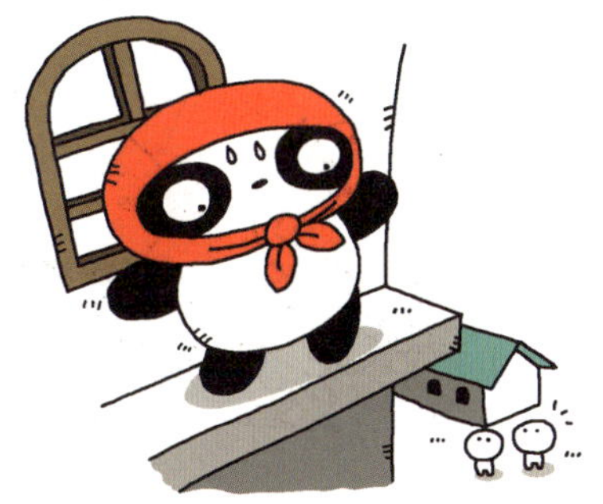

19 살은 살인데 딱딱한 살은?

20 더울 때는 눈물 흘리고, 추울 때는 꽃을 뿌리는 것은?

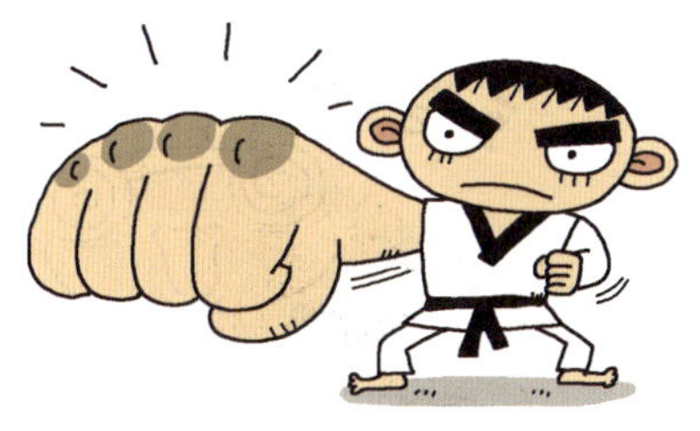

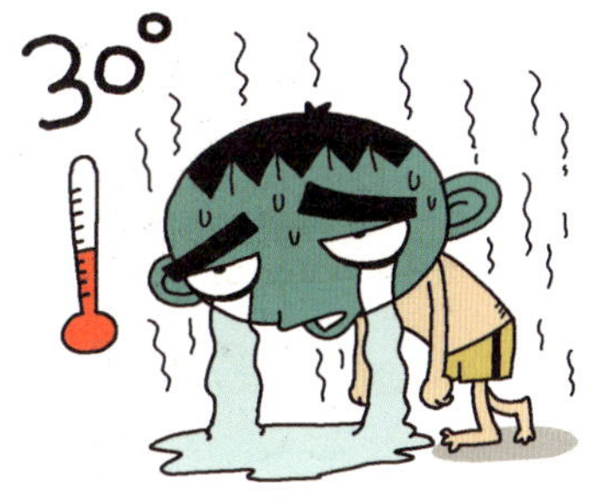

정답

15. 대나무 16. 갈대(풀 이름) 17. 콧물 18. 게 19. 화살 20. 구름

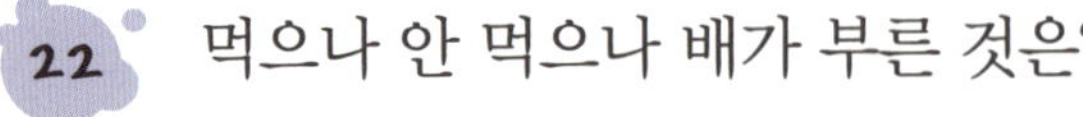

21 물건은 하나인데 보는 사람마다 다 각각으로 다르게 보이는 것은?

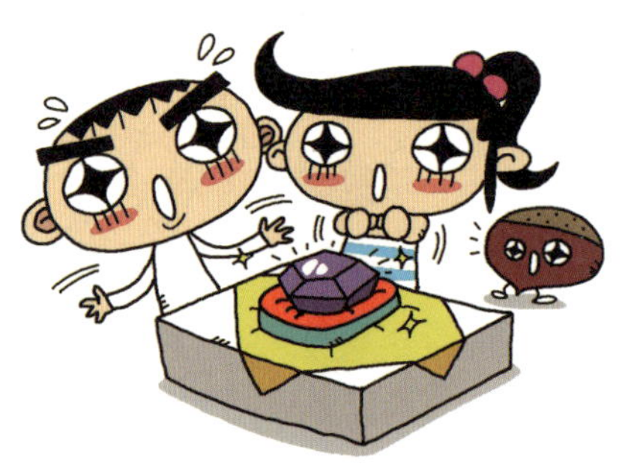

22 먹으나 안 먹으나 배가 부른 것은?

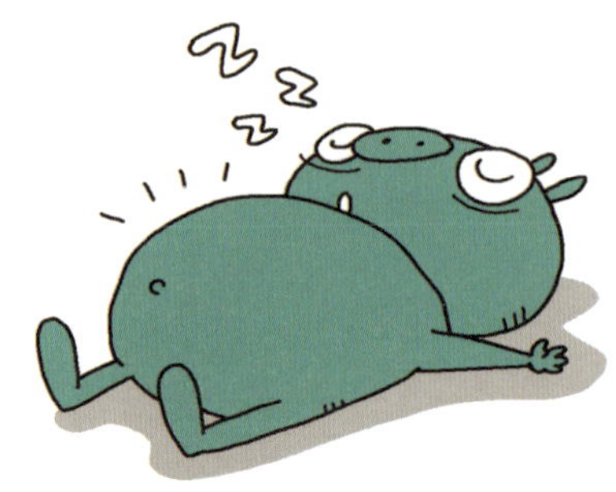

23 먹지도 못하면서 입만 그을리는 것은?

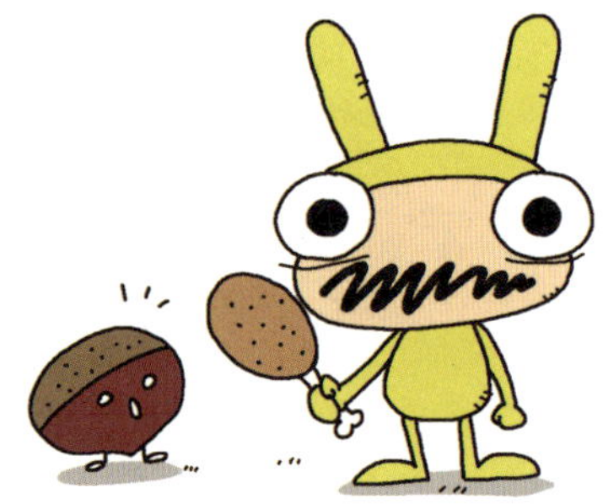

24 그대로 두면 둘이 되고, 깨어지면 하나가 되는 것은?

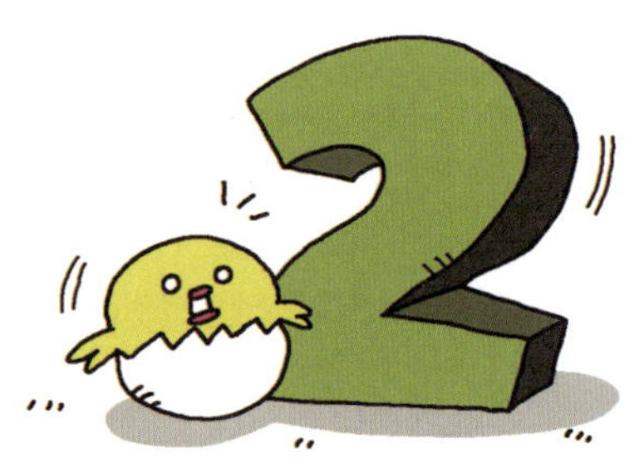

25 주인이 시키는대로 들에서 망을 보고 있는 것은?

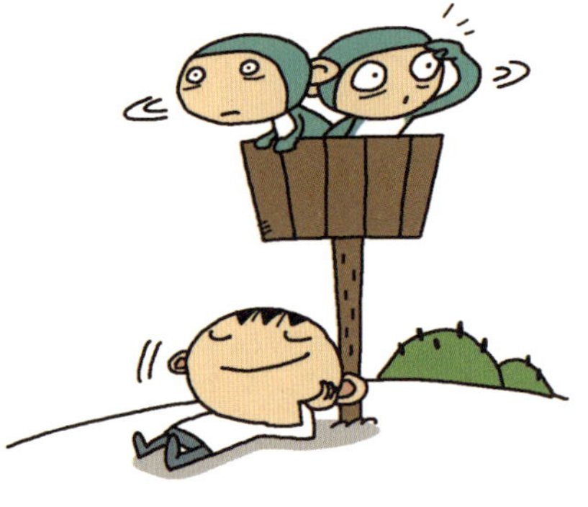

26 나무 막대 속에 검둥이가 살고 있는 것은?

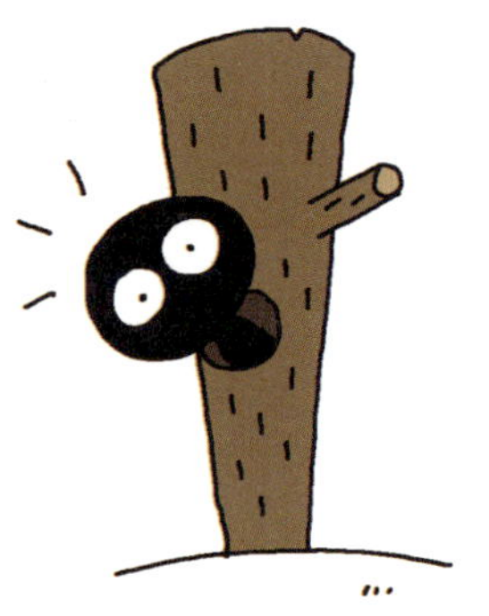

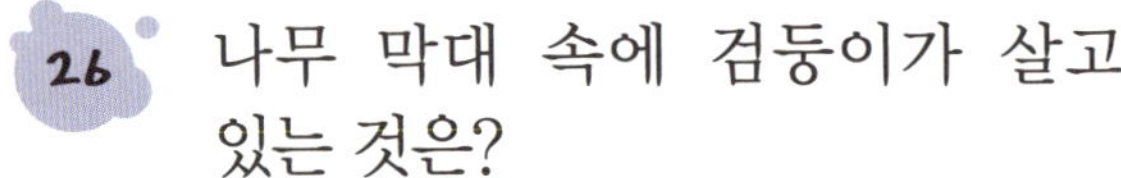

정답
21. 거울 22. 항아리 23. 부지깽이 24. 휴전선 25. 허수아비 26. 연필

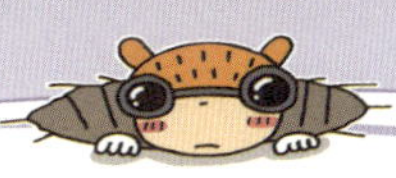

27 가을이 되면 들판에서 하얀 손을 흔드는 것은?

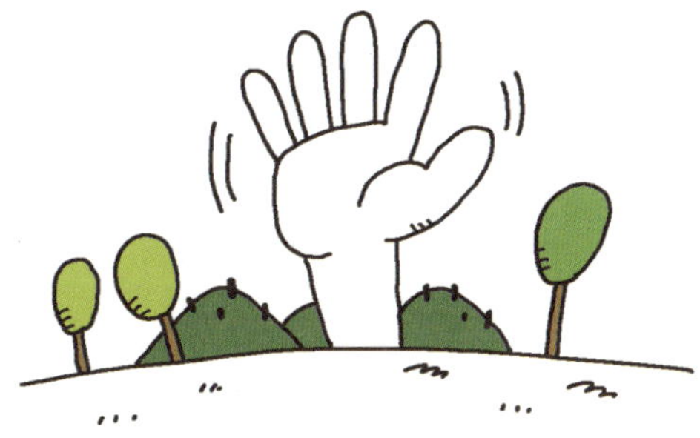

28 먹을 것을 찾기 위해 사이렌을 울리며 사람에게 다가오는 것은?

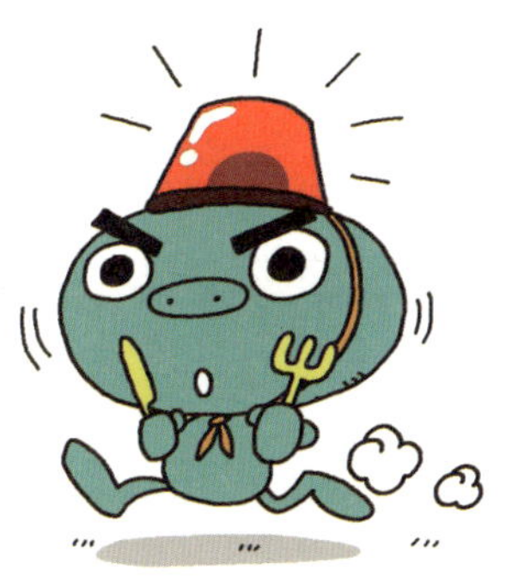

29 살은 살인데 피로하고 아픈 살은?

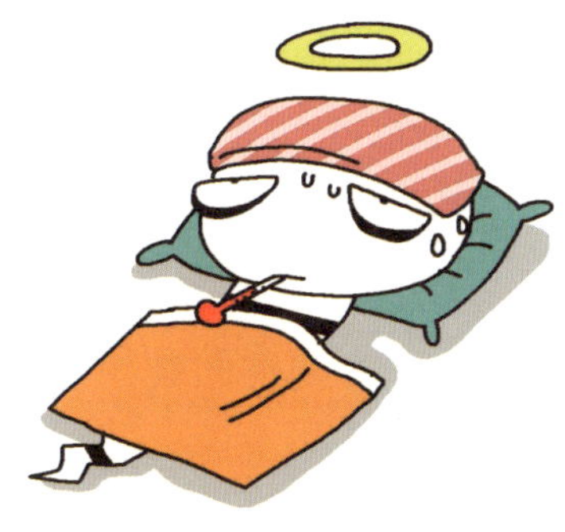

30 사자마자 금방 물에 적시는 것은?

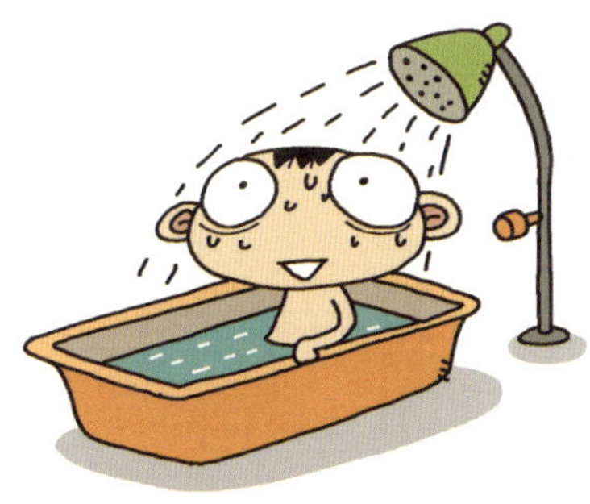

31 아침마다 절 받는 것은?

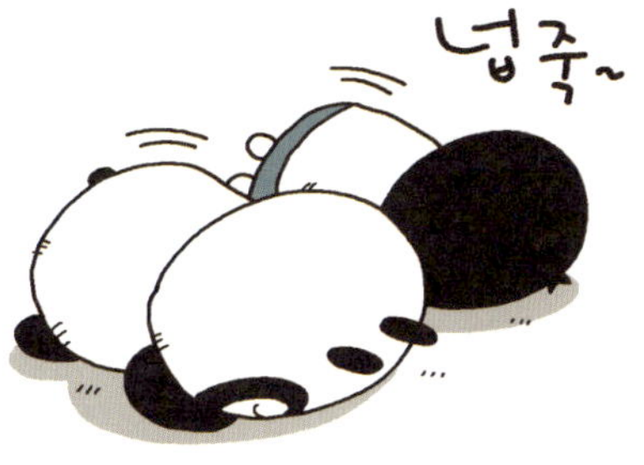

32 아침 저녁 수시로 목욕하는 것은?

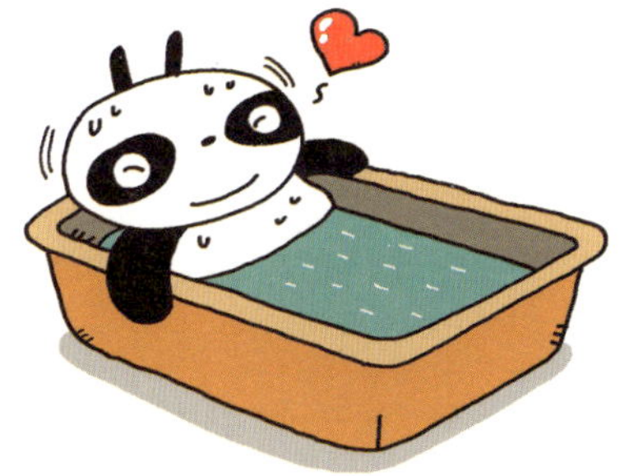

정답

27. 갈대 28. 모기 29. 몸살 30. 수영복 31. 세숫대야 32. 그릇

33 한 살부터 열 다섯까지 자라서는 열 다섯부터는 점점 작아지는 것은?

34 하늘을 향하여 손가락질 하는 것은?

35 하루에 천리를 갔다 와도 지치지 않는 것은?

36 하늘에서 소리 없이 흘러다니는 것은?

37 늘 남의 집을 훔쳐보는 것은?

38 다리도 발도 없는데 잘만 뛰는 것은?

39 이는 이인데 씹지 못하는 이는?

40 어릴 때는 세 발이나 네 발로 다니고, 커서는 두 발로 다니는 것은?

41 오리는 오리인데 물 속에 사는 오리는?

42 더울 때는 옷을 껴입지만 추울 때는 옷을 벗는 것은?

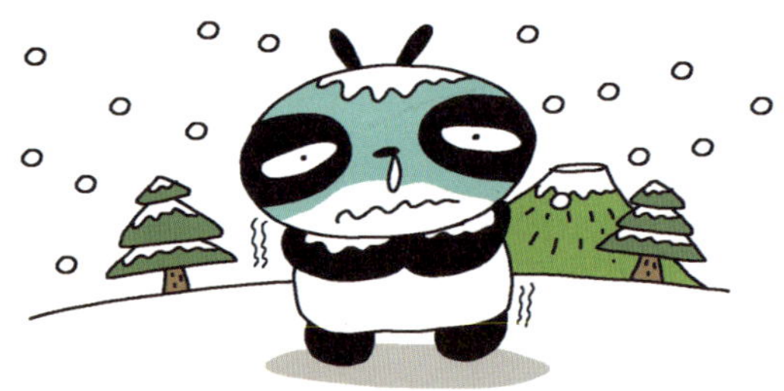

43 발이 4개나 되지만 걸을 수 없는 것은?

44 입으로 먹고 입으로 내놓는 것은?

45 서서 먹고 누워서 토하는 것은?

33. 달 34. 파 35. 꿈 속의 여행 36. 구름 37. 해바라기 38. 물가 39. 엉덩이 40. 자전거
41. 가오리 42. 나무 43. 의자 44. 병 45. 병

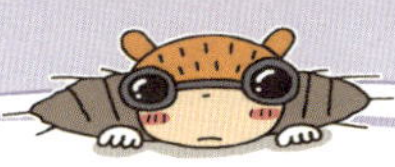

46 언제나 눈 앞에 있지만 볼 수 없는 것은?

47 발도 손도 없지만 나라 구석구석을 돌아다니는 것은?

48 밤에는 숨었다가 아침이 되면 나오는 것은?

49 칼로 베어도 베어도 베어지지 않는 것은?

50 차면 따뜻하고, 따뜻하면 찬 것은?

51 씨앗을 뿌리지 않아도 저절로 돋아나서 자라는 것은?

52 좁아도 넓은 것은?

53 세상에 가득 차 있지만 눈으로 볼 수 없는 것은?

54 자신의 집을 자신이 등에 지고 다니는 것은?

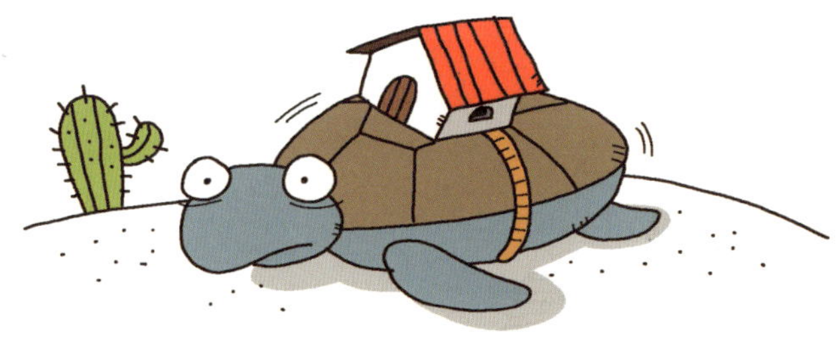

55 똑같은 모양의 집들이 수없이 많은 동네는?

56 쥐는 쥐인데 밤에만 움직이는 쥐는?

57 물고기 중에 가장 많이 배운 물고기는?

58 먹고 살기 위해 하는 내기는?

정답
46. 속눈썹 47. 돈 48. 해 49. 물 50. 악수 51. 뿔 52. 눈 53. 공기 54. 달팽이 55. 공동묘지 56. 박쥐
57. 고등어 58. 모내기

59 가면 좋은 사람은?

60 못 사는 사람들이 하는 직업은?

61 처음에는 까맣지만 시간이 지날수록 빨갛고, 나중에는 하얗게 변하는 것은?

62 어릴 때는 백발이지만 나이가 들수록 검어지는 것은?

63 터널 잘 파기로 유명한 동물은?

64 갓은 갓인데 못먹는 갓은 무엇인가?

65 깨뜨리면 깨뜨릴수록 칭찬 받는 사람은 누구일까?

66 바닷가에서 해도 되는 욕은?

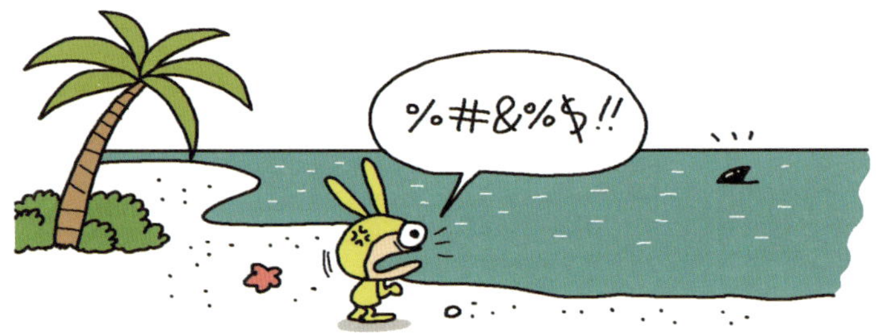

67 낳긴 오늘 낳는데 생일이 내일인 것은?

68 내 물건을 내 돈으로 사서 남에게 내주는 것은?

69 물에서 엿 장사 하는 것은?

70 커질수록 작아지는 것은?

정답

59. 가면 장수 60. 목수 61. 연탄 62. 붓 63. 두더지 64. 삿갓 65. 신기록 세운 사람 66. 해수욕
67. 신문 68. 명함 69. 게 70. 옷

71 아기가 아닌데도 등에 엎혀서 학교 가는 것은?

72 깡충깡충 뛰어야 건널 수 있는 다리는?

73 말과 행동을 같이 하는 사람은?

74 학은 학인데 날 수 없는 학은?

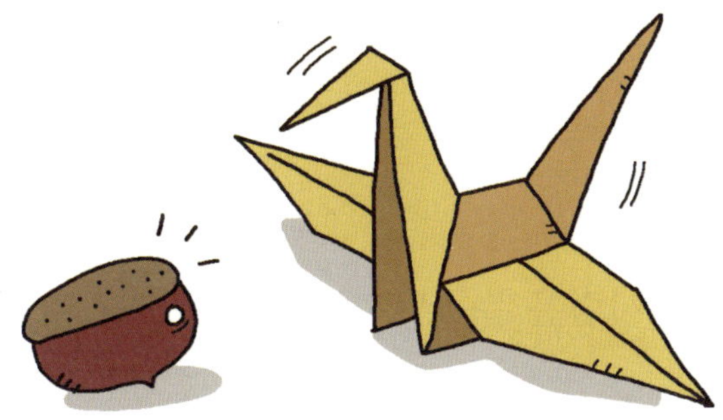

75 최선을 다해 말을 빠르게 하는 사람은?

76 밥 먹은 뒤에 청소를 열심히 하고, 거꾸로 매달리는 것은?

77 세계에서 가장 큰 컵은?

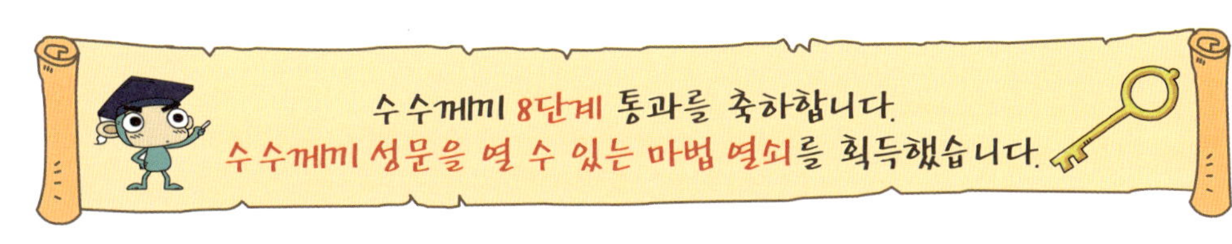

정답
71. 책가방 72. 징검다리 73. 경마 선수 74. 수학 75. 경마 선수 76. 칫솔 77. 월드컵

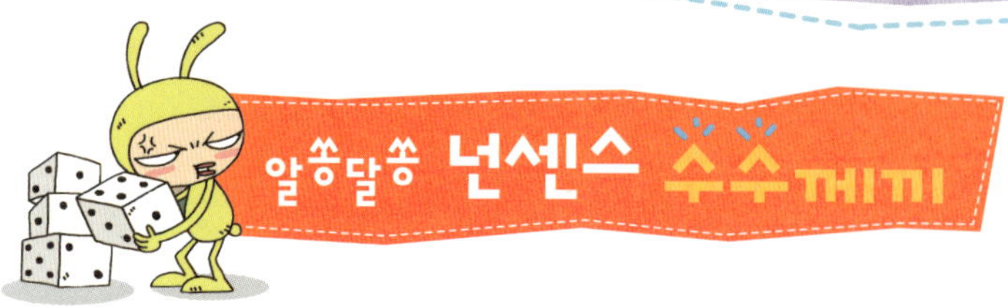

1. 세상에서 가장 뜨거운 바다는 어디일까?

2. 오리가 얼면?

3. 오래된 돈을 무엇이라고 하나?

4. 토끼들이 가장 잘하는 것은?

5. 소금을 죽이면?

6. '술과 커피를 팔지 않습니다.'를 네 글자로 말하면?

7. 아이스크림이 죽으면?

8. 높은 곳에서 아이를 낳으면?

9. 박사와 학사는 음식을 많이 먹는다는 고사성어는?

10. 꼬마 마법사 레미의 아들과 딸 이름은?

11. 우리들이 수업 시간에 자는 이유는 무엇인가?

12. 사냥꾼에게 잡힌 곰이 한 말은?

13. 아리랑과 쓰리랑의 엄마는?

14. 도둑이 없는 도둑 마을은 어디인가?

15. 김치 만두가 김치에게 뭐라고 했을까?

16. 사업 관계상 목욕을 할 수 없는 사람은 누구일까?

17. 코끼리와 사자를 결혼시켜서 태어난 말은?

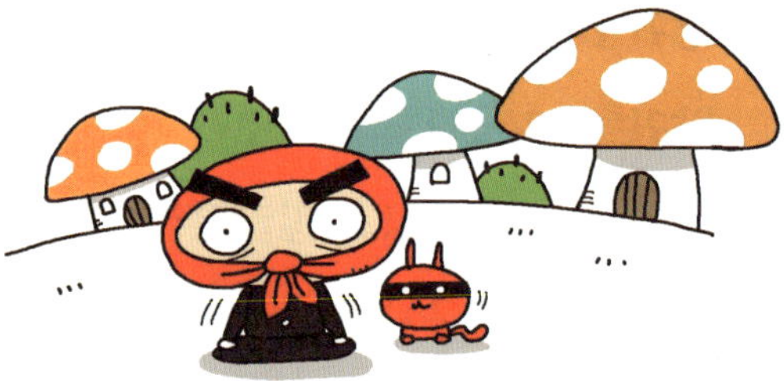

정답

1. 열바다(열받아) 2. 언덕 3. 할머니 4. 토끼기(도망치기) 5. 죽염 6. 주차 금지 7. 다이하드
8. 하이애나 9. 박학다식 10. 아들레미, 딸레미(아들래미, 딸래미) 11. 꿈을 갖기 위해서
12. "나 쓸개 빠진 곰이예요." 13. 아라리 14. 교도소 15. 내 안에 너 있다. 16. 거지 17. 거짓말

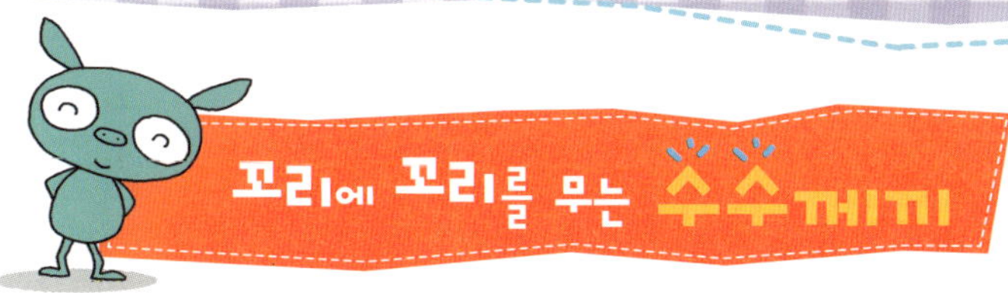

방귀 수수께끼

1 돼지가 뀌는 방귀는?

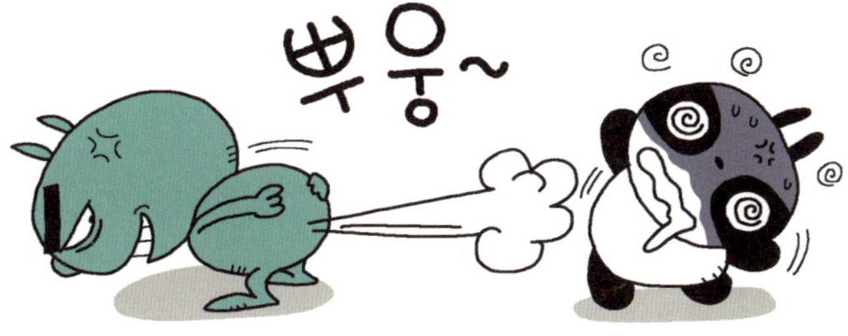

2 소가 뀌는 방귀는?

3 방귀만 먹고 사는 놈은?

4 방귀를 한 글자로 말하면?

5 방귀를 두 글자로 말하면?

6 방귀를 세 글자로 말하면?

7 방귀를 네 글자로 말하면?

8 방귀를 다섯 글자로 말하면?

9 방귀를 여섯 글자로 말하면?

10 방귀를 일곱 글자로 말하면?

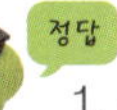
정답

1. 돈가스 2. 우끼네 3. 누에(뽕만 먹고 사니까) 4. 뽕 5. 방귀 6. 방귀 뽕 7. 가죽 피리
8. 가죽 피리 뽕 9. 냄새나는 소리 10. 쌍바위골의 비명

인기 있는 사람이 될 수 있는 수수께끼

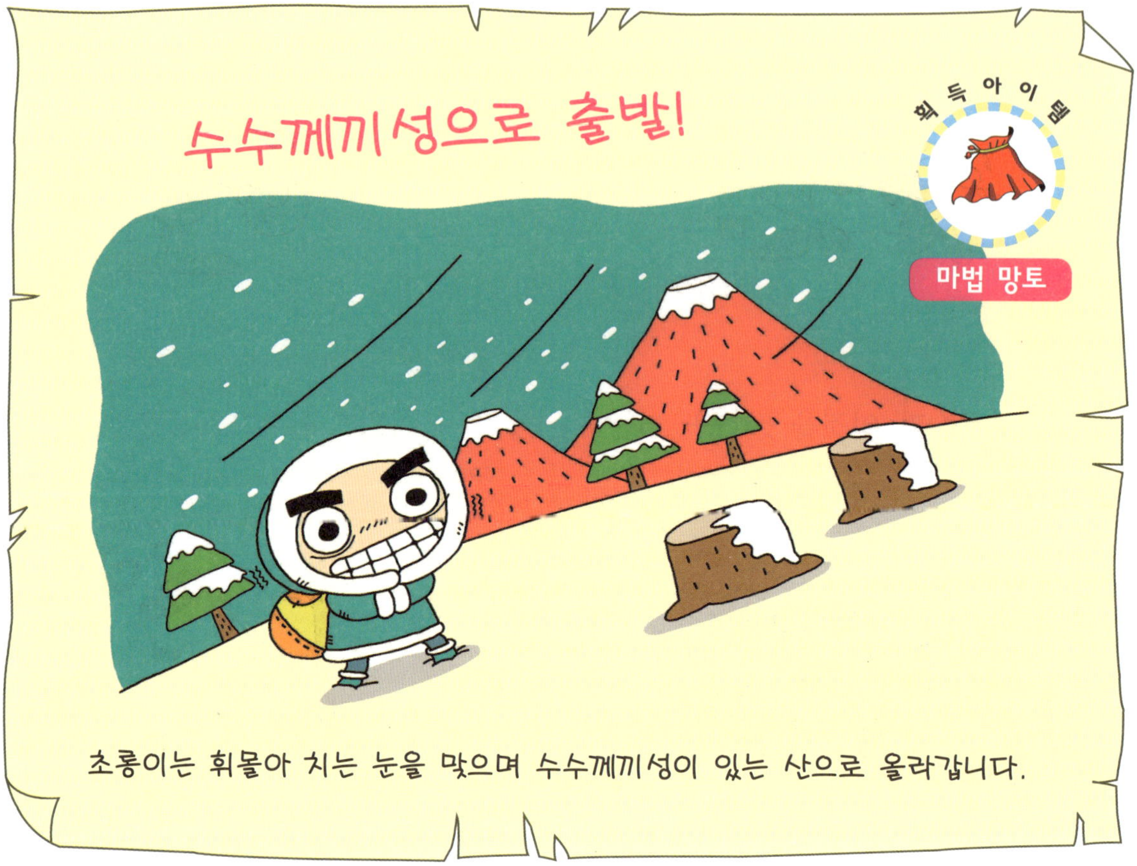

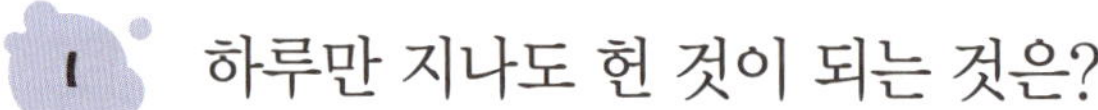

초롱이는 휘몰아 치는 눈을 맞으며 수수께끼성이 있는 산으로 올라갑니다.

1 하루만 지나도 헌 것이 되는 것은?

2 하루에도 수없이 입 맞추는 것은?

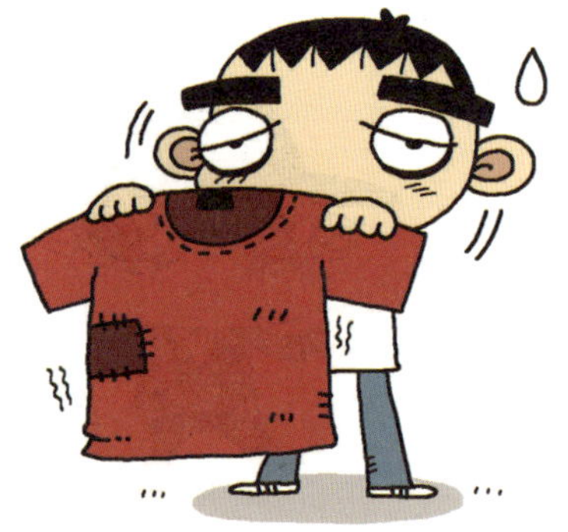

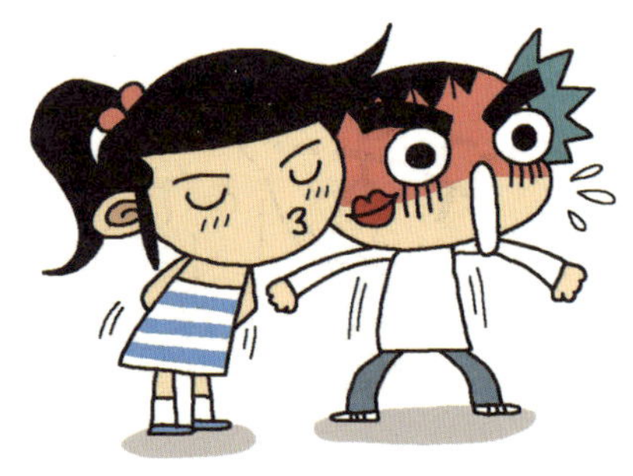

정답
1. 신문 2. 숟가락, 젓가락

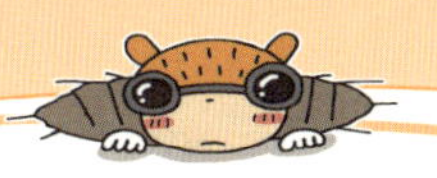

3 물고기는 물고기인데 뼈는 없고 살만 있는 물고기는?

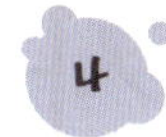

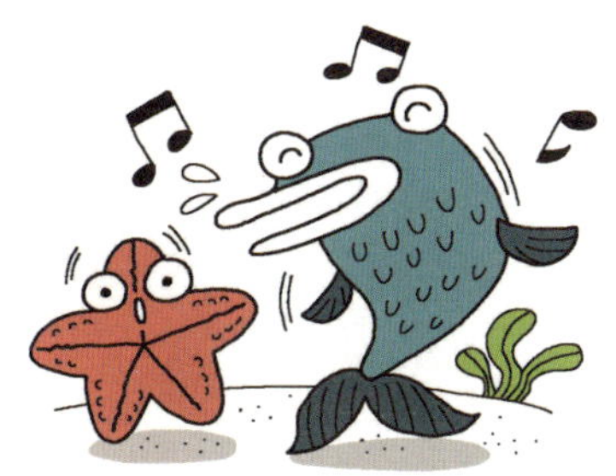

4 권투 선수들이 어림짐작으로 하는 돈 계산은?

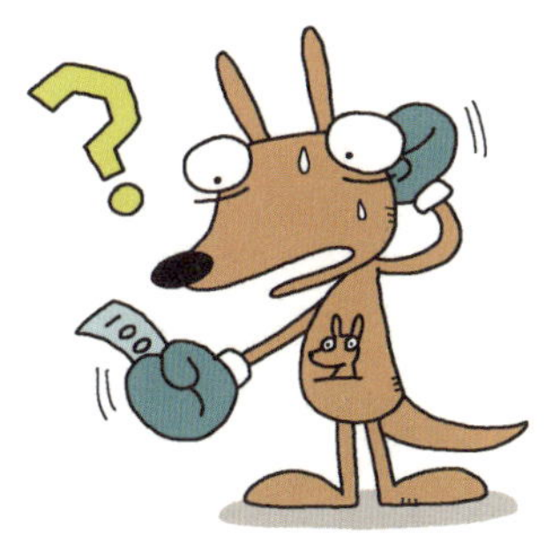

5 권투 선수가 이것을 잘하면 지는 것은?

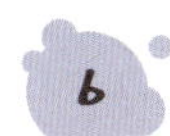

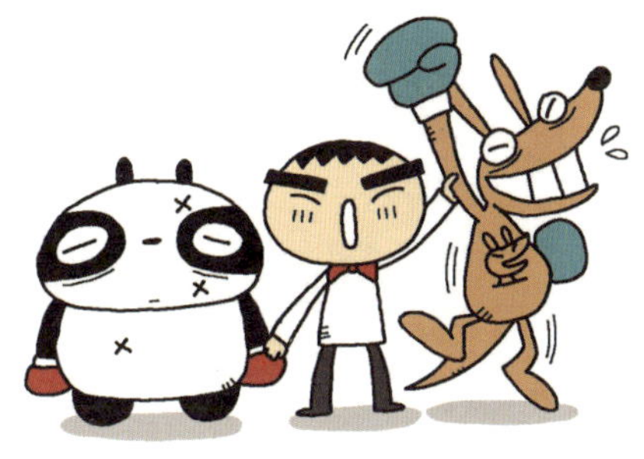

6 높이뛰기 선수인 동물은?

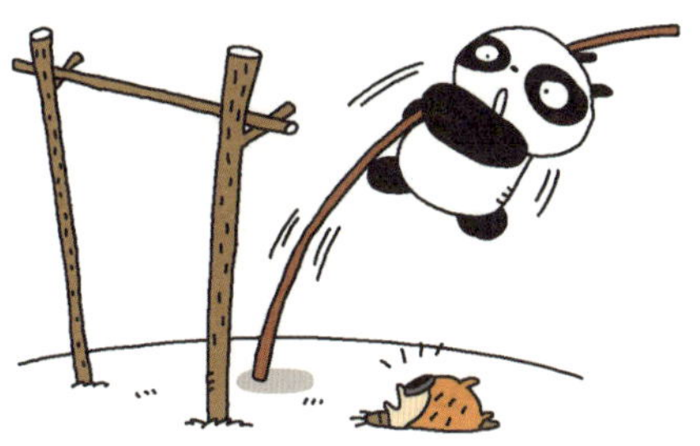

7 누를수록 선명해지는 것은?

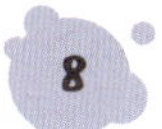

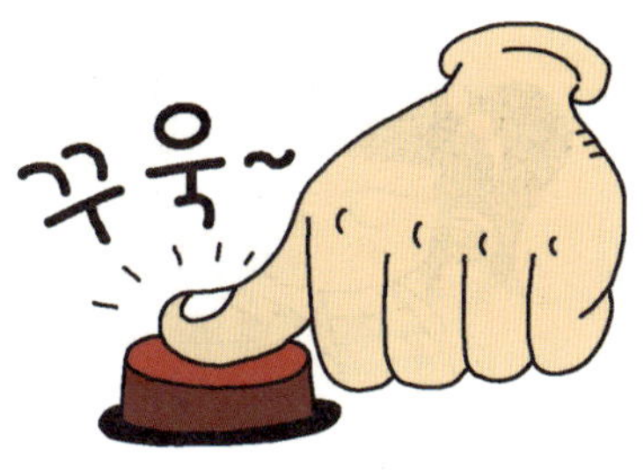

8 가리면 보이고, 치우면 안 보이는 것은?

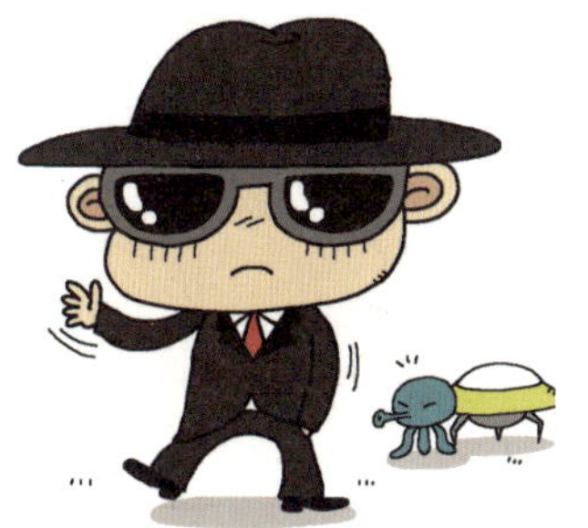

3. 붕어빵 4. 주먹구구 5. 못 치는 일 6. 벼룩 7. 도장 8. 안경

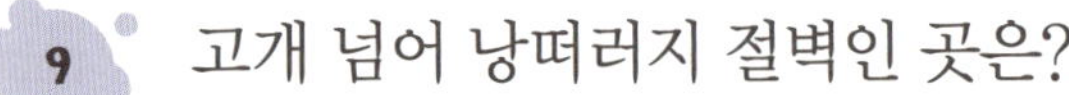

9 고개 넘어 낭떠러지 절벽인 곳은?

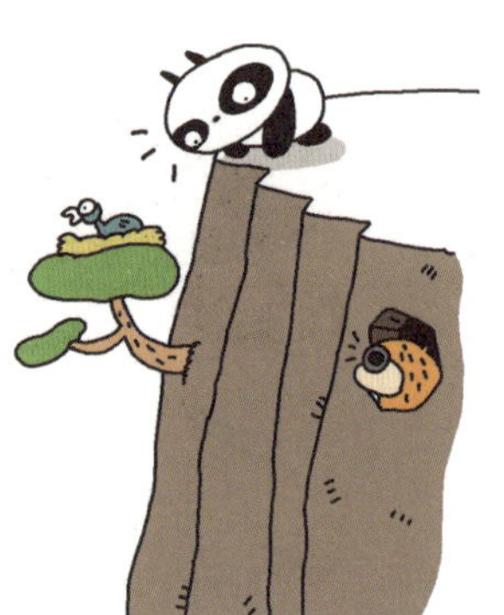

10 아무리 먹어도 배부르지 않는 것은?

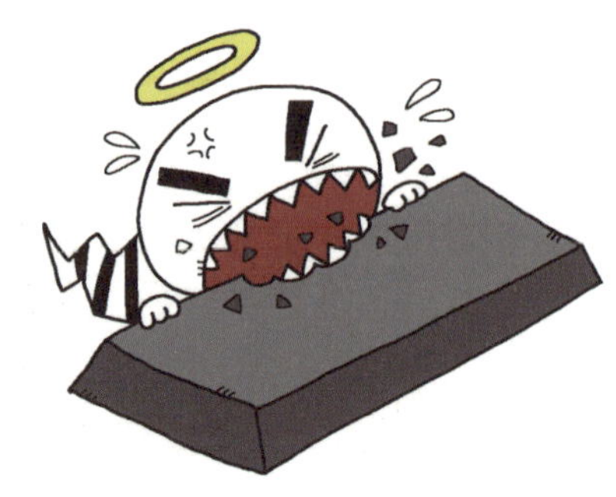

11 안 먹어야 배 나오는 것은?

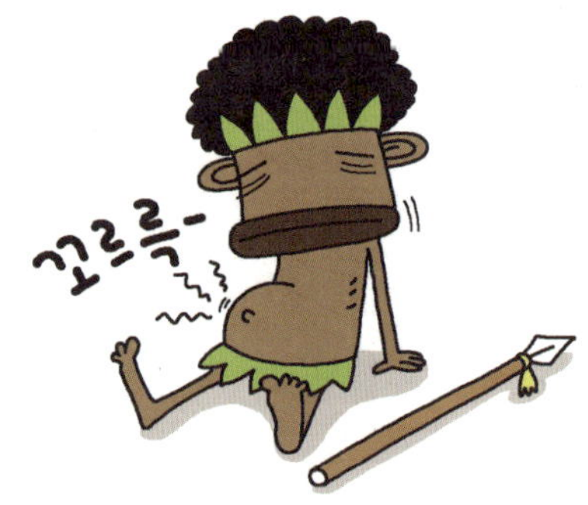

12 탈수록 많아지는 것은?

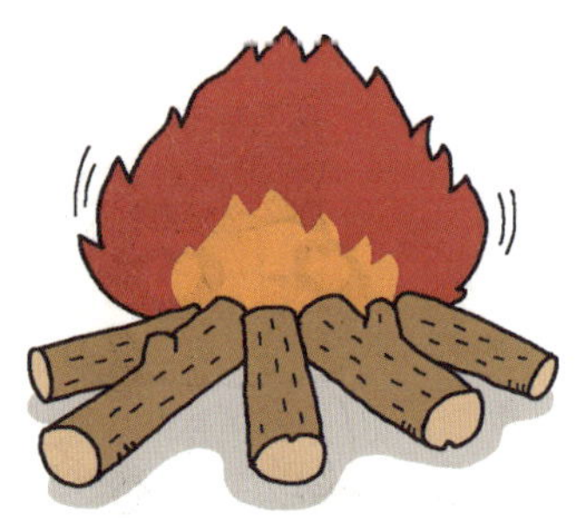

13 콩나물의 밥은 무엇인가?

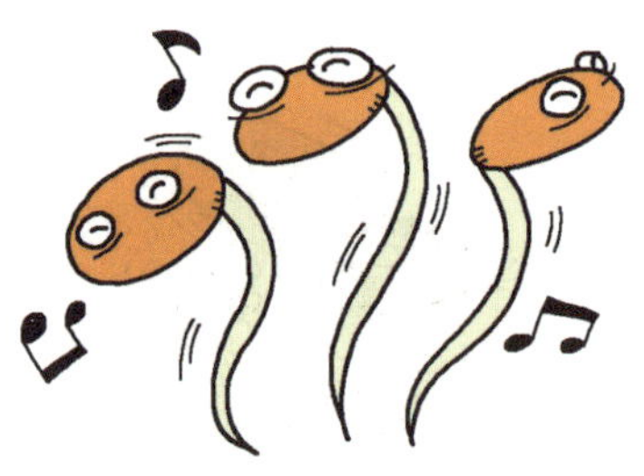

14 밀면 밀수록 때가 계속해서 나오는 것은?

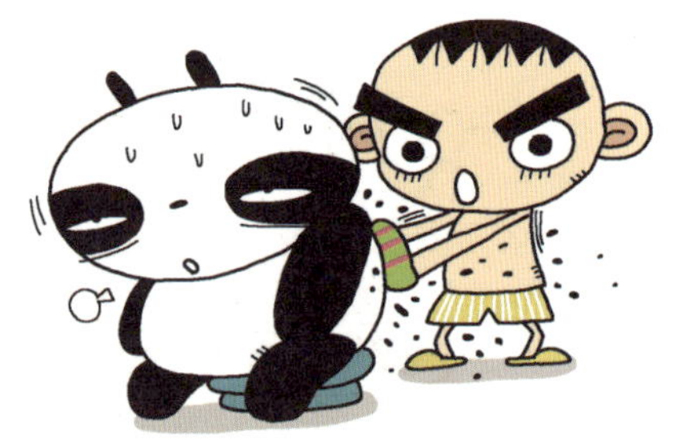

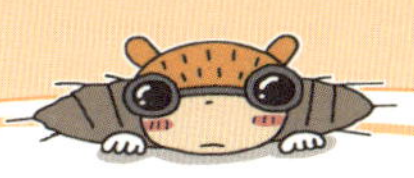

15 모든 것이 크게 보이는 것은?

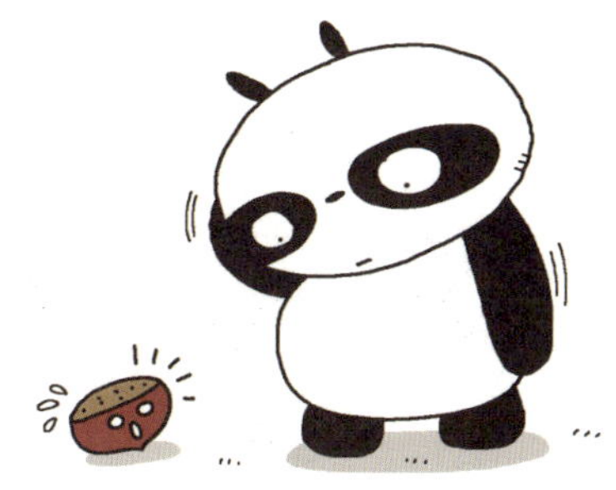

16 머리를 쓰면 쓸수록 많이 생기는 것은?

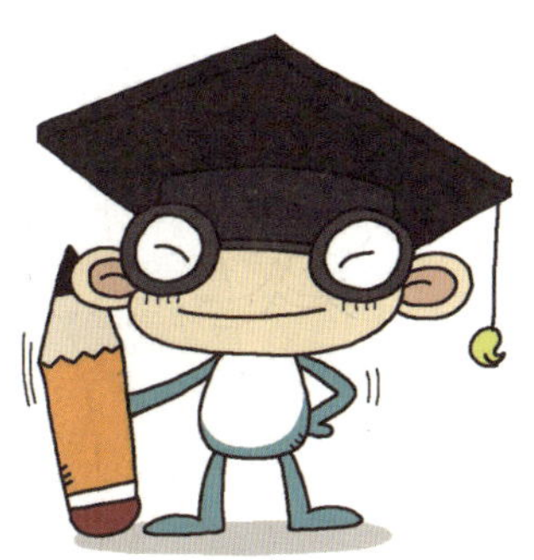

17 머리에 보약을 잔뜩 쓰고 다니는 것은?

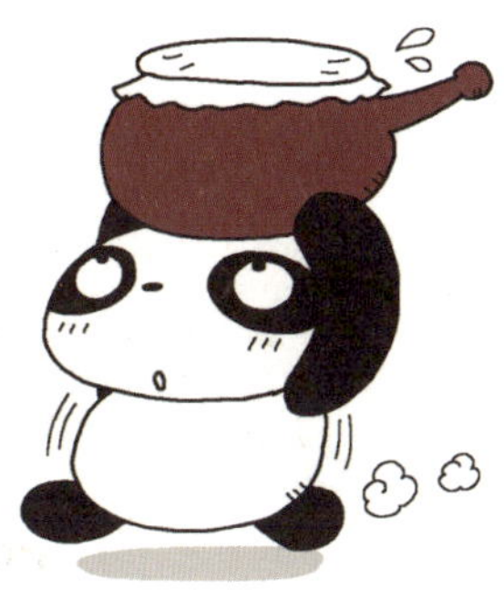

18 바람이 불어야 신나게 사는 것은?

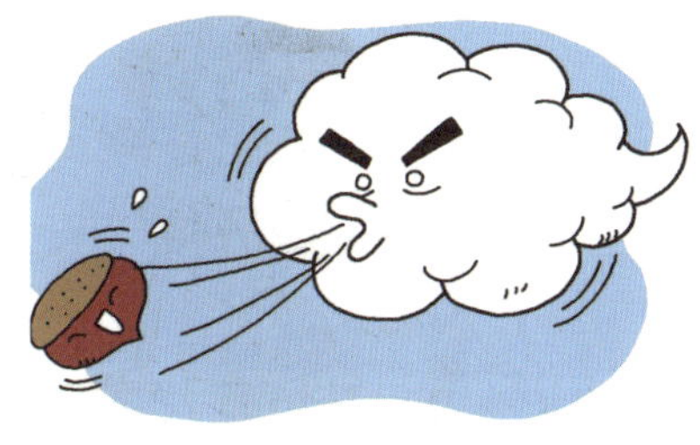

19 우리가 슬플 때 눈물을 모두 받아 주는 것은?

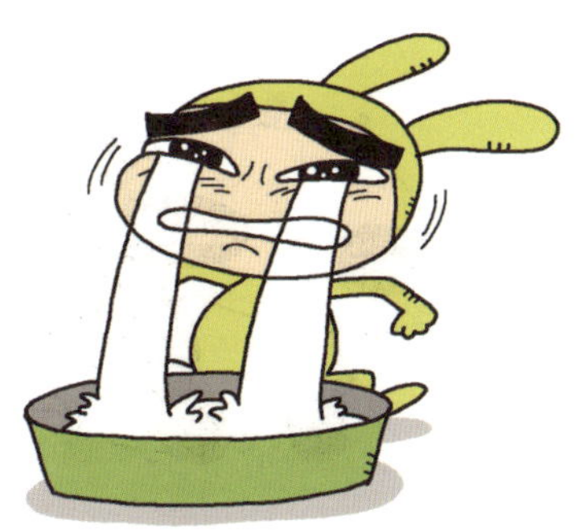

20 먹고살기 위해서 먼저 망쳐야 하는 사람은?

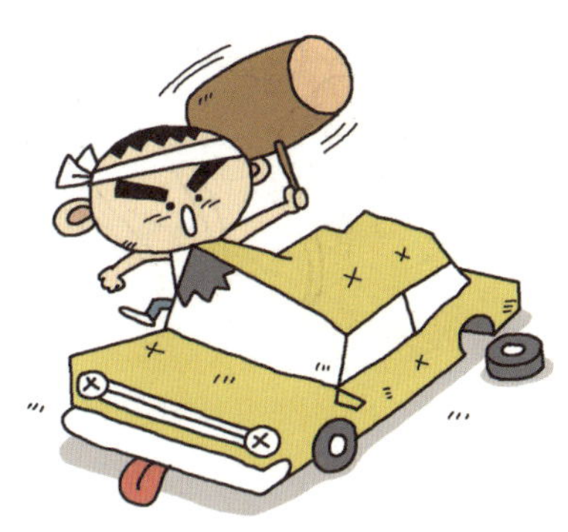

정답

15. 돋보기 16. 지혜 17. 사슴 18. 연 19. 손수건 20. 어부

21 엉덩이가 뜨거워지면 우는 것은?

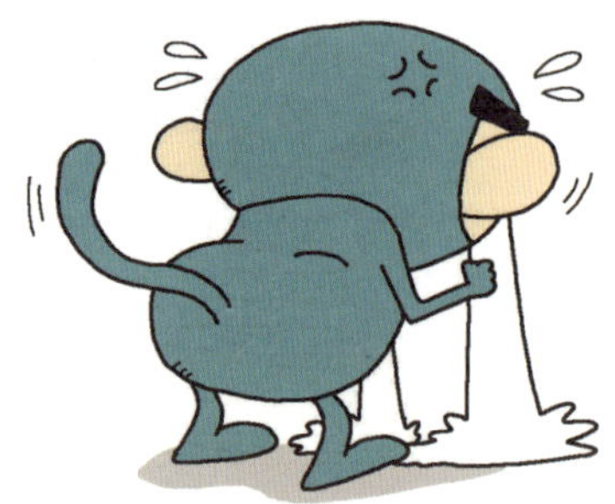

22 한 번 이용한 손님은 다시 오지 않는 곳은?

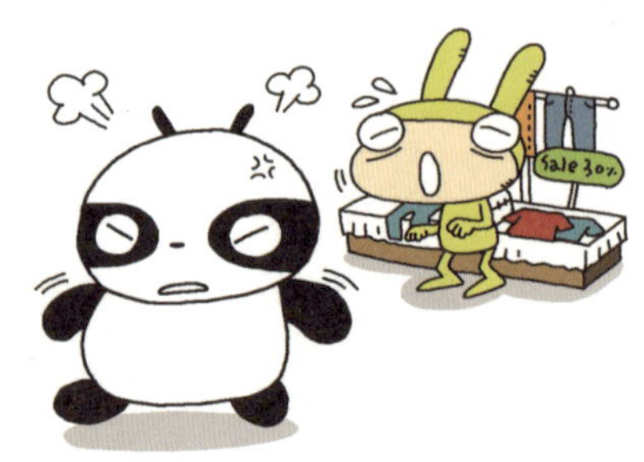

23 깨지면 버려야 하지만 깨야만 쓸 수 있는 것은?

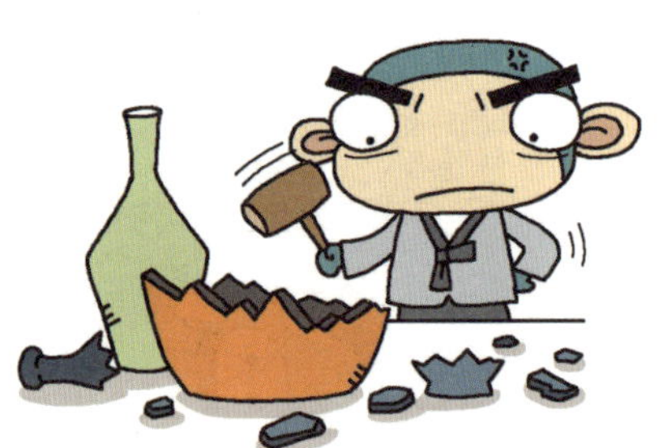

24 50명이나 탈 수 있는 배이지만 단 1명이 타고 가라앉았다. 그 이유는?

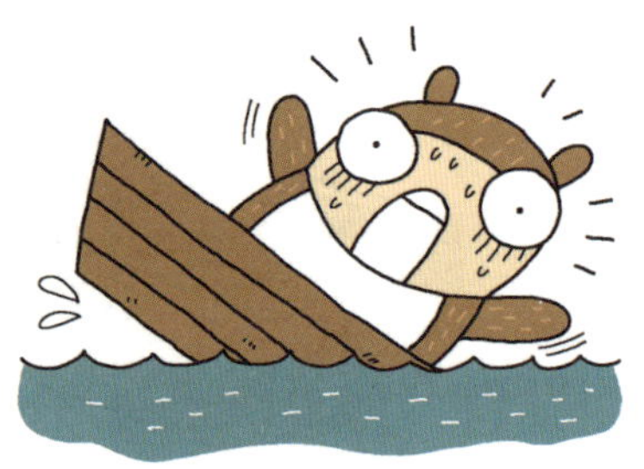

25 언제나 신제품만 만들어 내는 곳은?

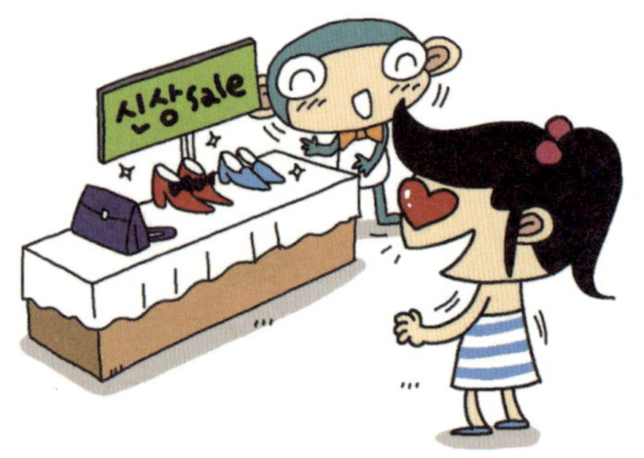

26 바로 놓으나 뒤집어 놓으나 말뚱 말뚱한 것은?

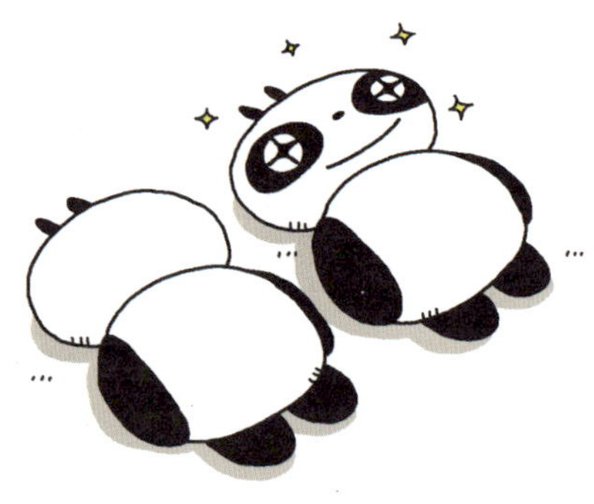

정답
21. 주전자 22. 장의사 23. 달걀 24. 잠수함이었다. 25. 신발 공장 26. 말뚱

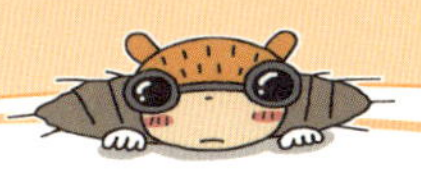

27 후추와 고춧가루를 분석해 보면 무엇이 나올까?

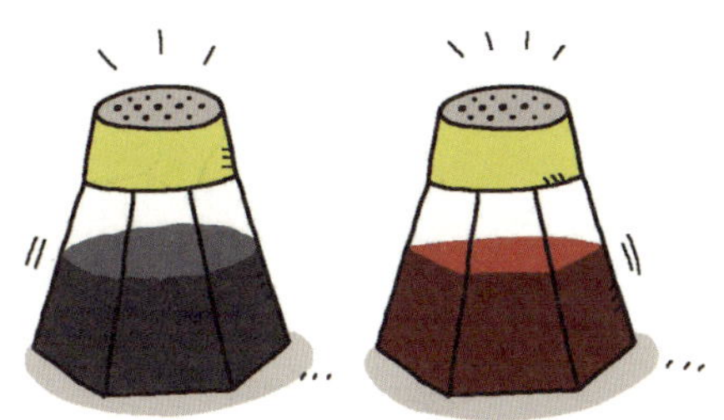

28 한 겨울의 동치미가 시어지면?

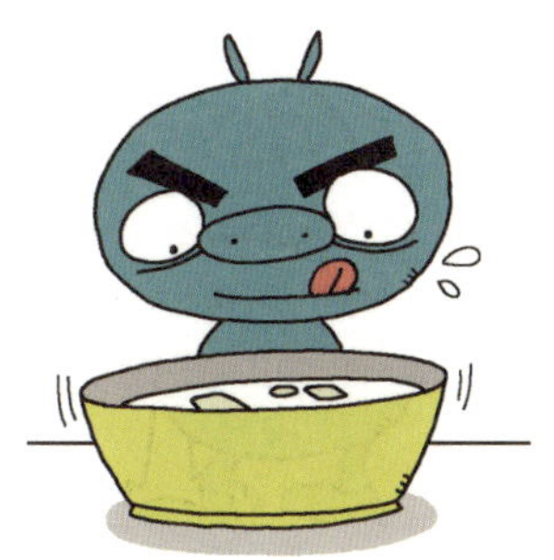

29 함은 함인데 아무것도 넣을 수 없는 함은?

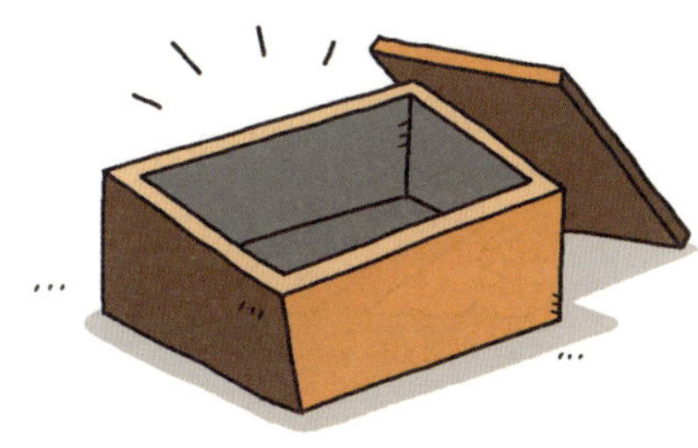

30 낮에는 살고 밤에는 죽는 것은?

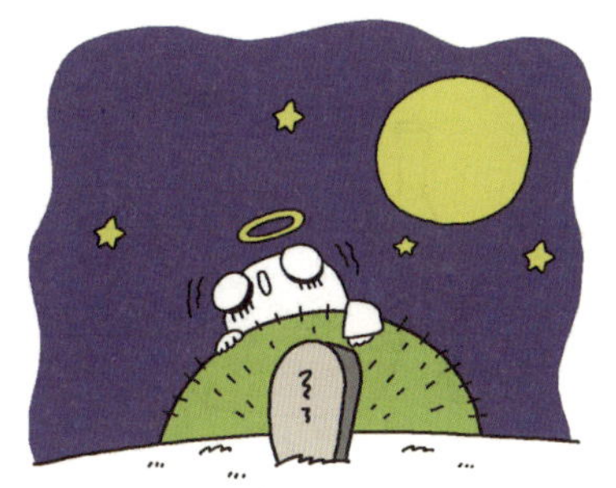

31 때리면 때릴수록 커지는 것은?

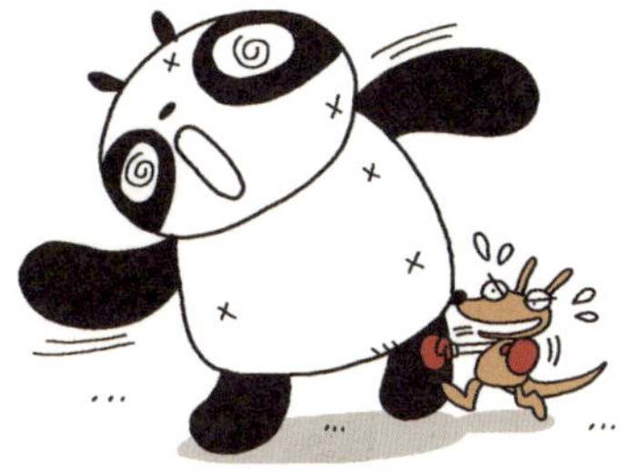

32 화장실에 가면 소변과 대변 중 어느 것이 먼저 나올까?

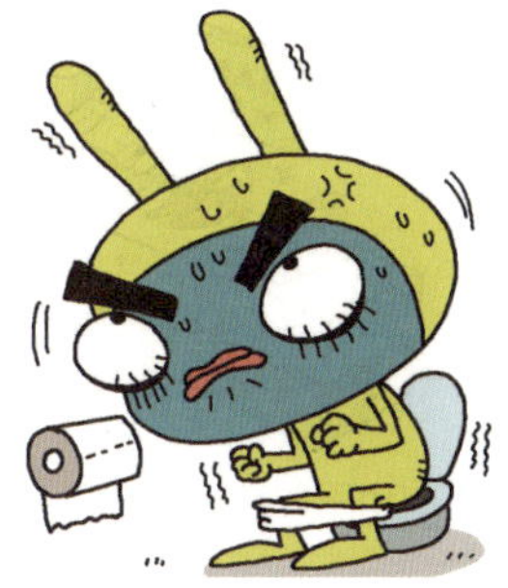

정답

27. 재채기, 눈물, 콧물 28. 시치미 29. 명함 30. 해 31. 북소리, 종소리 32. 급한 것

33 파리는 파리인데 날지 못하는 파리는?

34 하루밖에 살지 못해도 만 년 살았다고 하는 것은?

35 식인종이 밥투정 할 때 하는 말은?

36 사람이 평생 동안 가장 많이 하는 소리는?

37 흴수록 검게 보이는 것은?

38 떡은 떡인데 못 먹는 떡은?

39 낮에는 숨고 밤에는 나오는 것은?

40 소가 가장 무서워하는 말은?

41 먹을수록 덜덜 떨리는 음식은?

42 직장에서 가장 무서운 상사는?

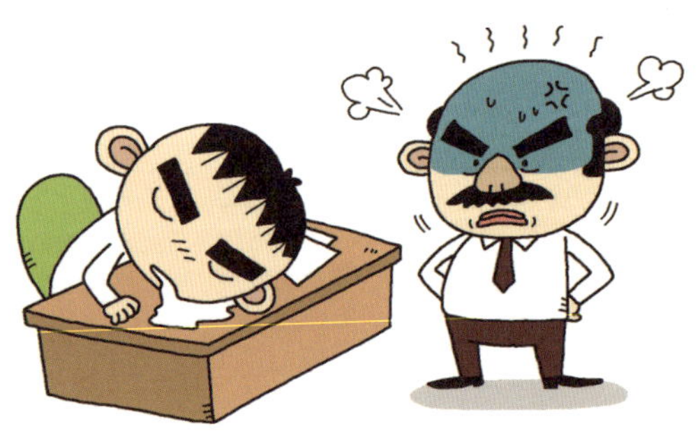

43 항문으로 벌어먹는 것은?

44 사람들이 가장 좋아하는 영화는?

45 엿장수가 가장 싫어하는 쇠는?

정답

33. 돌파리, 해파리 34. 만년필 35. 에이, 살맛 안나 36. 숨소리 37. 사진과 필름 38. 그림의 떡
39. 별 40. 소피보러 간다. 41. 추어탕 42. 불상사 43. 거미 44. 부귀영화 45. 구두쇠

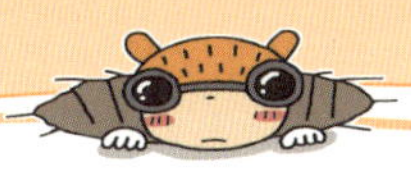

46 새 중에서 가장 빠른 새는?

47 행주와 가장 친한 거지는?

48 형이 열두 걸음 가는 동안 동생은 한 걸음 밖에 못가는 것은?

49 소 중에서 가장 약한 소는?

50 넷은 다섯으로, 다섯은 넷으로 적혀 있는 책은?

51 노잣돈 없이 밤낮으로 길 가는 것은?

52 매일 매일 얼굴이 바뀌는 것은?

53 아침 저녁으로 배를 데이고도 밥은 얻어먹지 못하는 것은?

54 아침 저녁에는 키가 커지고, 점심 때가 되면 키가 아주 작아지는 것은?

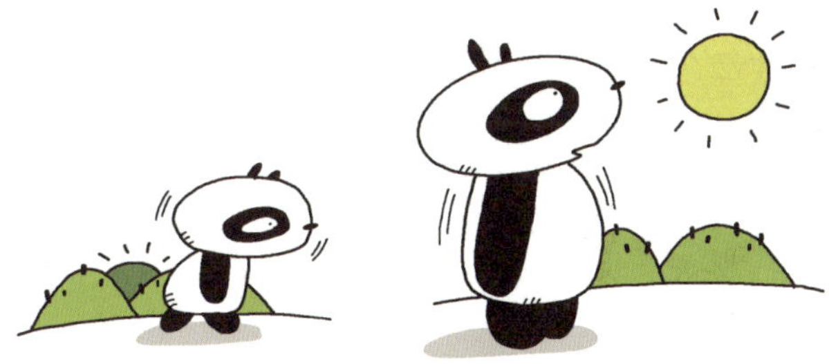

55 머리 둘레에 머리가 없는 사람은?

56 머리 풀고 하늘로 올라가는 것은?

57 모기가 제일 좋아하는 은행은?

58 먹으면 홀쭉하고 안 먹으면 통통한 것은?

정답
46. 눈 깜짝할 새 47. 설거지 48. 시계 바늘 49. 젖소 50. 옥편(넉 사(四)자는 다섯 획에, 다섯 오(五)자는 네 획에 있으므로) 51. 흐르는 물 52. 매일 뜯는 달력 53. 솥 54. 그림자 55. 주변머리 없는 사람 56. 연기 57. 혈액 은행 58. 어머니의 젖

59 공은 공인데 가지고 놀 수 없는 공은 무엇인가?

60 걸어다니면서 계속해서 도장을 찍는 것은 무엇인가?

61 마디 없이 자라는 것은?

62 아무리 예뻐도 미녀라고 부르지 못하는 사람은?

63 제비는 제비인데 기어다니는 제비는 무엇인가?

64 '아이 추워'의 반대말은?

65 무슨 일이든지 뒤로 미루는 사람이 하는 일은?

66 물은 물인데 잘 보이지 않는 물은?

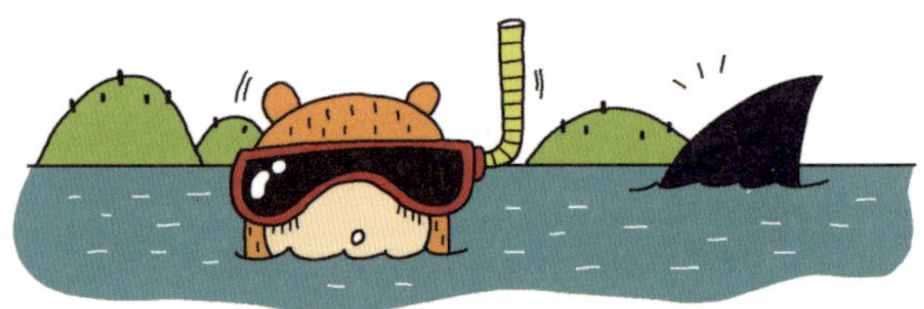

67 헌병이 가장 무서워하는 사람은?

68 허수라고 부르는 아이의 아버지 이름은 무엇일까?

69 가장 흔한 것이지만 또 가장 귀한 것이기도 한 것은?

70 아무리 빨리 돌아도 한 자리에서 도는 것은?

71 가장 알찬 사업은 뭘까?

정답
59. 뱃사공 60. 지팡이 61. 머리카락 62. 미남 63. 족제비 64. 어른 더워 65. 차일피일 66. 가물가물
67. 고물 장수 68. 허수아비 69. 공기 70. 물레방아 71. 알(달걀) 장사

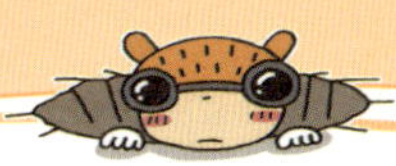

72 길가에서 죽은 사람을 무엇이라 하나?

73 천자문의 첫 번째 자와 두 번째 자의 차이는?

74 한심한 심판보다 5배 한심한 심판은?

75 실없는 사람에게는 있으나 마나한 것은?

76 칼은 칼인데 전혀 들지 않는 칼은?

77 탈은 탈인데 쓰지 못하는 탈은?

78 하늘과 땅 사이에 있는 것은?

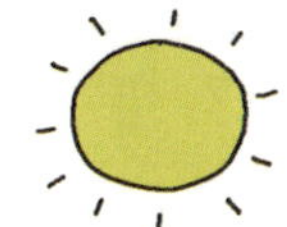

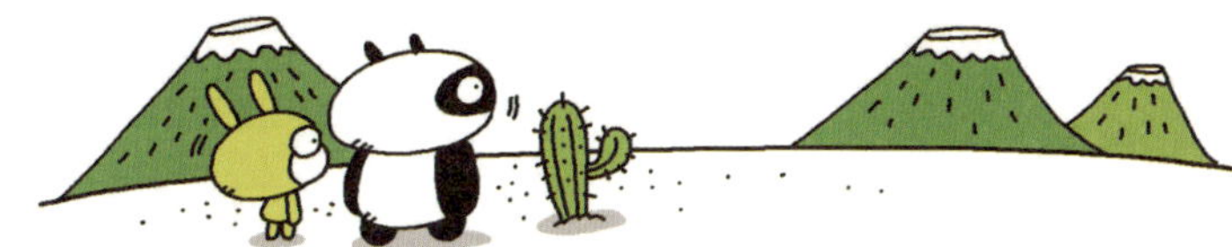

79 반쯤은 앉고 반쯤은 서서 추는 춤은?

80 발도 없이 세상을 자유롭게 다니는 것은?

81 방귀 뀌면서 도로를 달리는 것은?

82 버스에 사람이 아무리 많아도 앉아 가는 사람은?

83 파리는 파리인데 독이 있는 파리는?

84 공 중에서 사람들이 가장 좋아하는 공은?

정답
72. 도사 73. 천지 차이 74. 오심한 심판 75. 바늘 76. 머리칼 77. 배탈 78. 과 79. 엉거주춤 80. 바람
81. 오토바이 82. 운전사 83. 해파리 84. 성공

85 가장 가깝고도 먼 곳은?

86 벼락을 잡아먹는 것은?

87 발도 없는 말이 천리를 가는 것은?

88 보이지는 않는 말이 새끼를 많이 치는 것은?

89 세상에서 가장 멋없는 춤은?

90 아기를 갖게 해 달라고 기도하는 여자는?

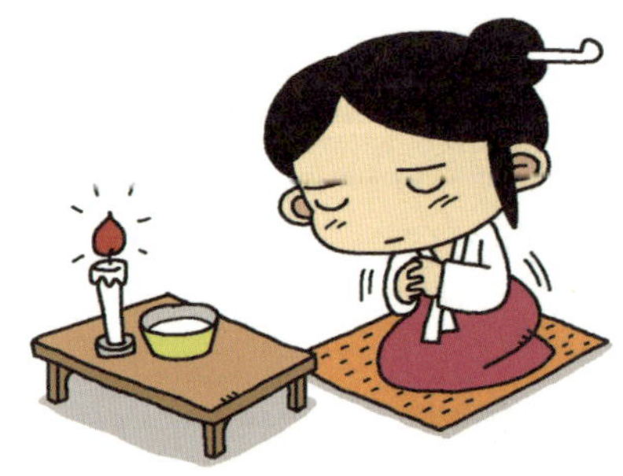

91 자신이 제일 잘났다고 하는 사람들만 모이는 거리는?

92 배 안이 비면 빌수록 큰 소리가 나는 것은?

93 술은 술인데 병원에서 필요한 술은?

94 꽃 중에서 소리가 나오는 꽃은?

95 자신의 몸이 뜨거워져야만 비로소 일하는 것은?

96 들어가는 문은 하나지만 나오는 문은 둘인 것은?

85. 눈과 눈 사이 86. 피뢰침 87. 소문 88. 소문 89. 엉거주춤 90. 애원하는 여자 91. 자랑거리 92. 깡통
93. 수술 94. 나팔꽃 95. 다리미 96. 바지

97 많은 여자들에게 시집을 구해 주는 사람은?

98 신으면 탱탱하지만 벗으면 흐물흐물한 것은?

99 몸통 하나에 코가 수없이 많은 것은?

100 복은 복인데 병든 사람이 제일 받고 싶어하는 복은?

101 양식을 먹을 때 부르는 노래는?

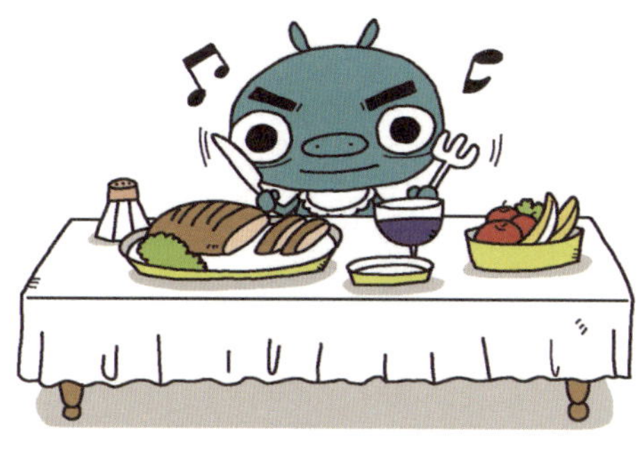

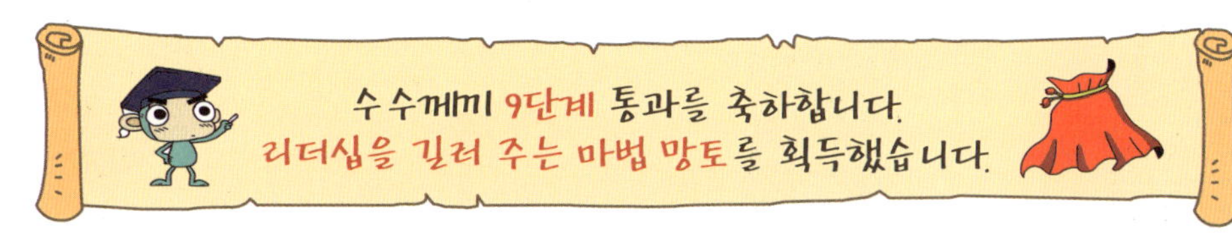

정답

97. 중매쟁이 98. 양말 99. 뜨개질 100. 회복 101. 포크 송

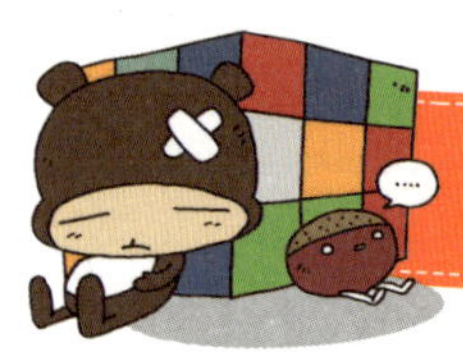

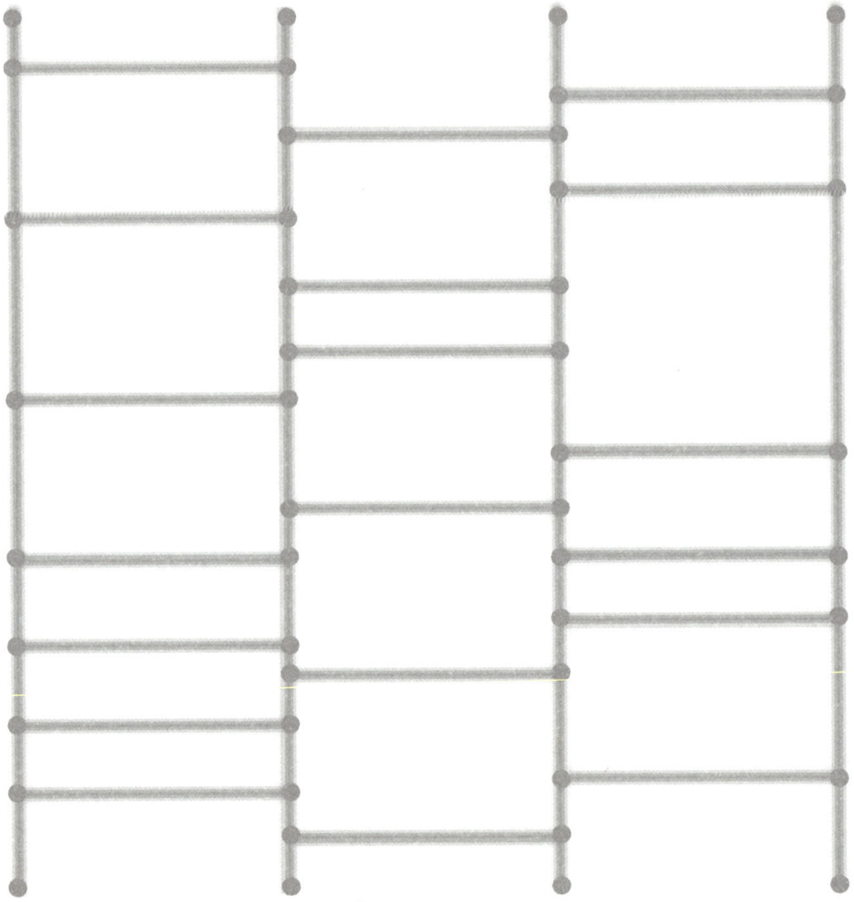

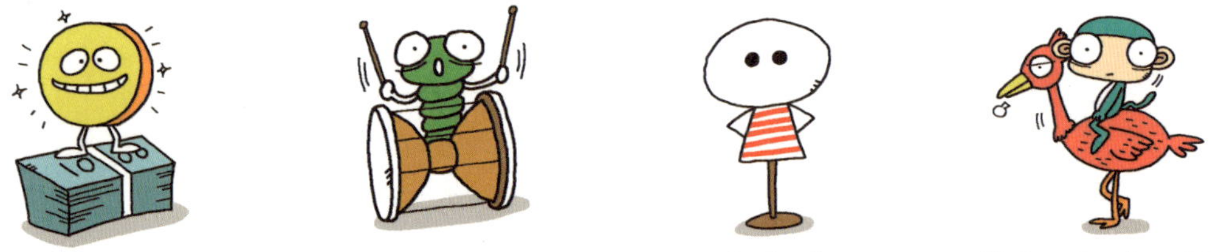

돈

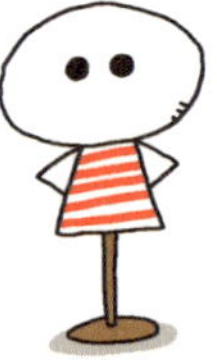

장구벌레

마네킹

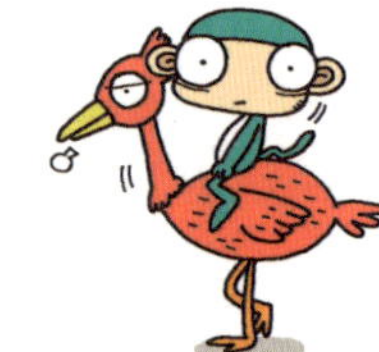

새를 기르는 사람

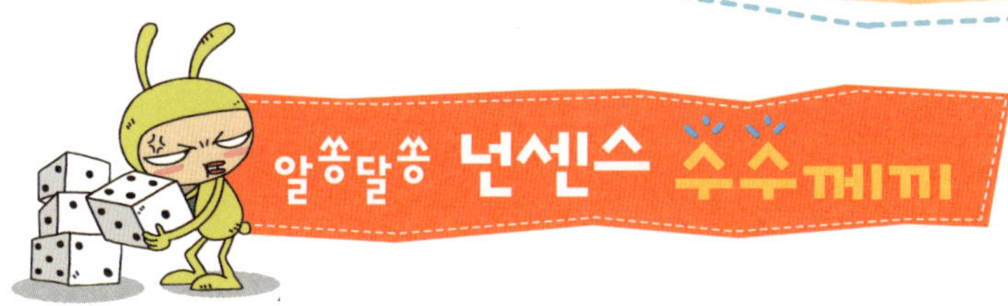

1 곰이 사과를 어떻게 먹을까?

2 한자 우물 정(井)자에 돌을 던지면 무슨 자가 되나?

3 얼굴이 일곱 개 달린 새의 이름은?

4 나무가 다섯 그루면 무엇이라 하나?

5 동생이 형을 무척 좋아하는 것은?

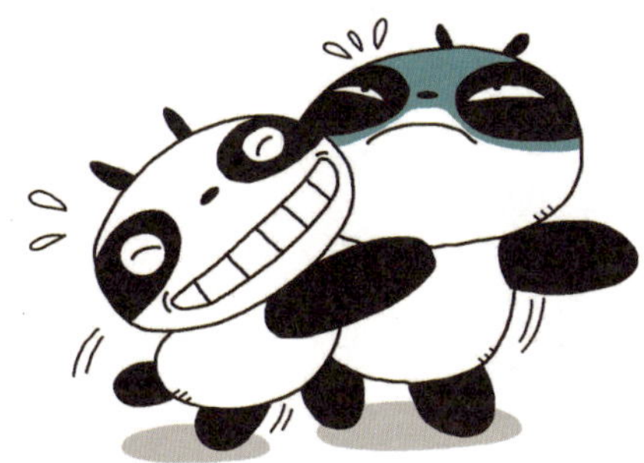

6 얼음이 죽으면 무엇인가?

7 나폴레옹의 묘 이름은?

8 물을 파는 사람을 네 글자로 말하면?

9 고양이 4마리가 몬스터로 변하면 무엇이라 하나?

10 체육 시간에 피구를 하다가 여학생 2명이 죽었다. 어떻게 될 걸까?

정답

1. 베어먹는다(bear: 곰) 2. 퐁당 퐁자 3. 칠면조 4. 오목 5. 형광팬 6. 다이빙(die: 죽다, 氷: 얼음)
7. 불가능 8. 세일러문(세일: 팔다) 9. 포켓몬스터(포켓: 4마리 고양이) 10. 금 밟아서

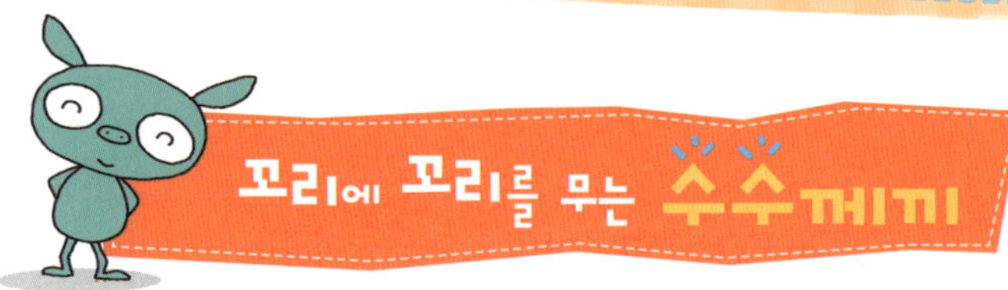

1. 세계에서 제일 무서운 구름은?

2. 세계에서 제일 무서운 소년은?

3. 세계에서 제일 무서운 소녀는?

4. 세계에서 제일 무서운 동물은?

5. 세계에서 가장 무서운 대학교는?

6. 세상에서 제일 오랫동안 무서웠던 것은?

7. 1년 중 가장 무서운 날은?

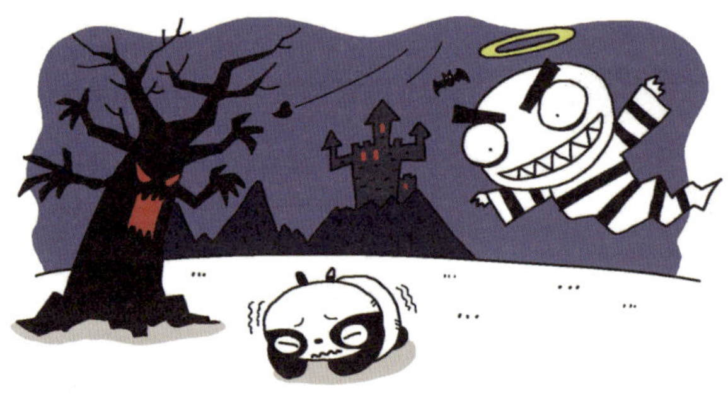

8. 추운 남자를 짧게 부르면?

9. 소는 소인데 무슨 소인지 알 수 없는 소를 네 글자로 줄이면?

10. 처음 만나는 소가 하는 말은?

11. 잠자는 소는?

12. 미소의 반대말은?

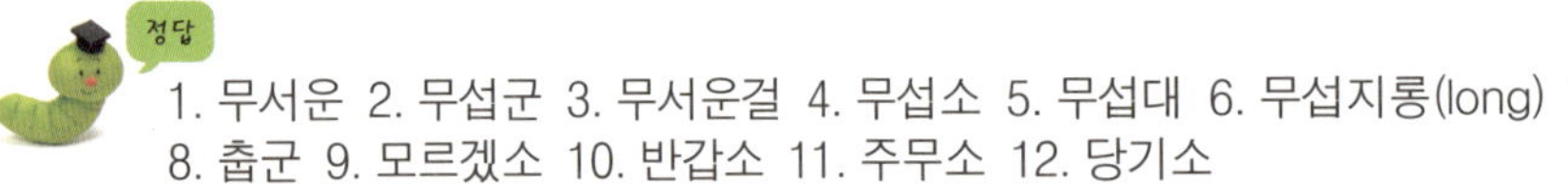

줄임말 수수께끼

1 의사란?

2 모범생이란?

3 엉덩이가 뚱뚱한 사람은?

4 남녀평등이란 무슨 말인가?

5 추녀란?

6 미남이란?

7 추남이란?

8 고인돌이란?

9 개가 사람을 가르친다를 네 글자로 말하면?

10 청소하는 소년을 세 글자로 줄이면?

11 신이 날아다니면?

12 슈퍼마켓에서 물건을 배달하는 사람을 세 글자로 줄이면?

13 활을 기가 막히게 잘 쏘는 여자를 다섯 글자로 말하면?

14 바느질하기 위해서 실을 찾는 남자를 다섯 글자로 말하면?

15 양배장을 하다가 완전히 망한 사람을 세 글자로 줄이면?

정답

1. 의리의 사나이 2. 모든 것이 평범한 학생 3. 엉뚱한 사람 4. 남자나 여자나 등은 모두 평평하다.
5. 가을 여자 6. 쌀집 남자 7. 가을 남자 8. 고릴라가 인간을 돌멩이 취급했던 시대 9. 개인지도
10. 청소년 11. 신난다 12. 슈퍼맨 13. 활기찬 여자 14. 실없는 남자 15. 알거지

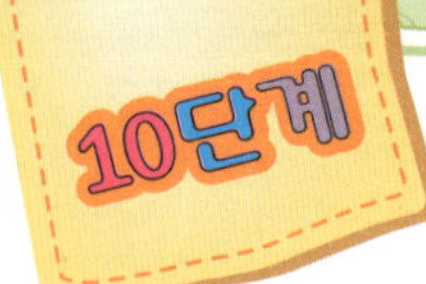

창의력을 길러 주는 수수께끼

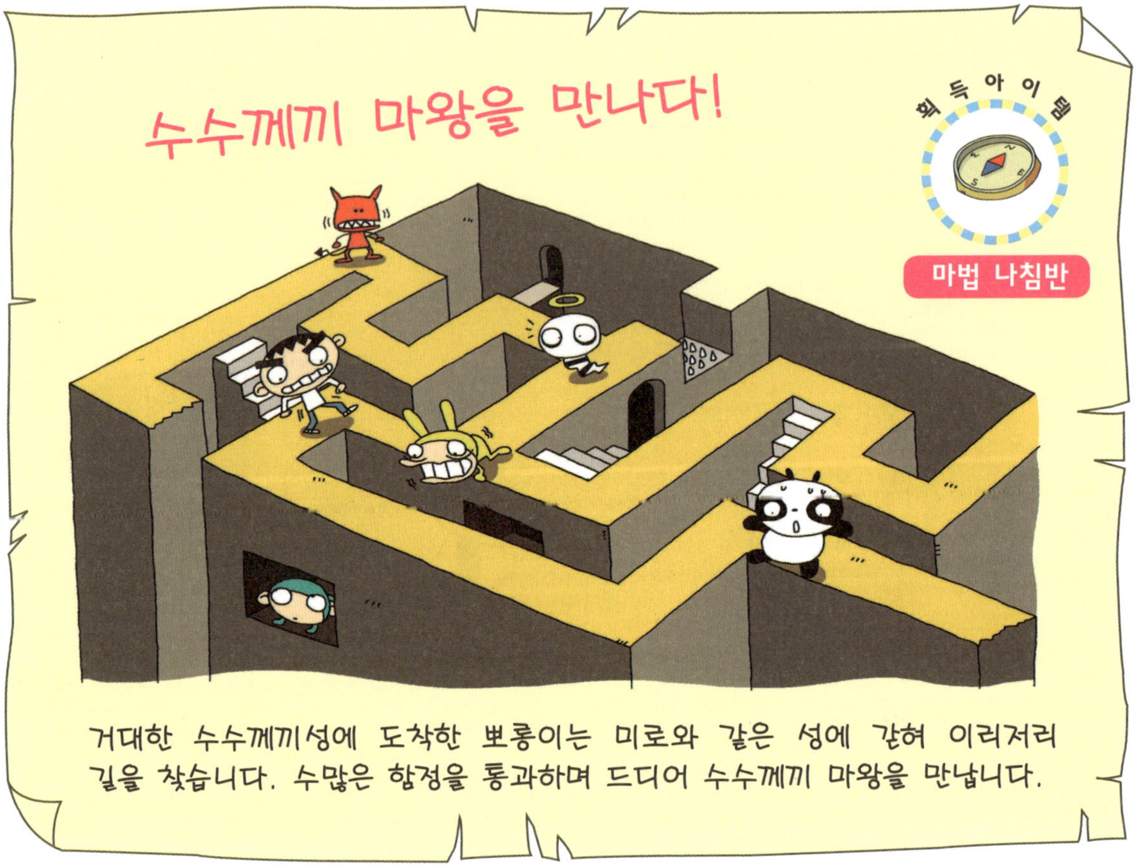

거대한 수수께끼성에 도착한 뽀롱이는 미로와 같은 성에 갇혀 이러저리 길을 찾습니다. 수많은 함정을 통과하며 드디어 수수께끼 마왕을 만납니다.

1 작은 것은 잘 보이지만 큰 것은 잘 보이지 않는 것은?

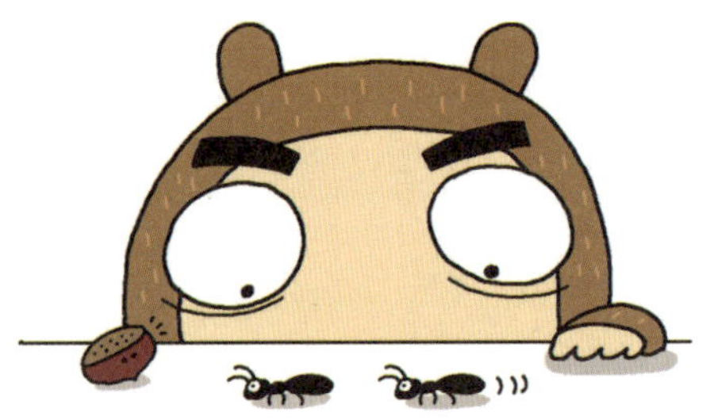

2 손을 올리면 서고, 손을 내리고 있으면 그냥 지나가는 것은?

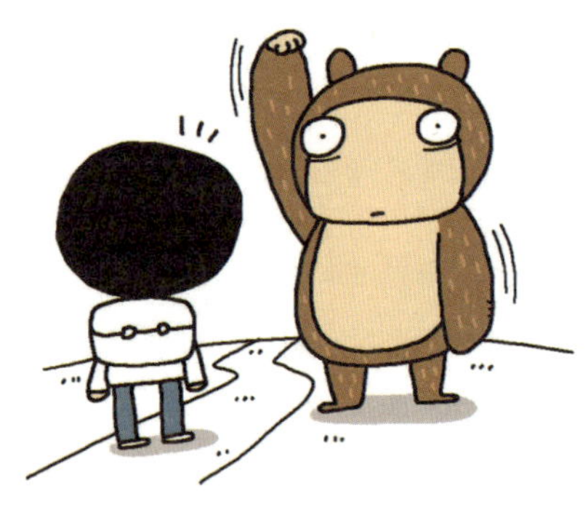

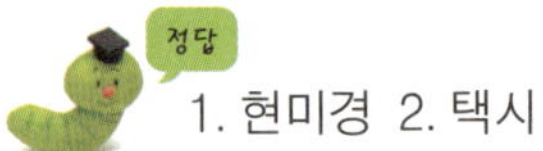
정답
1. 현미경 2. 택시

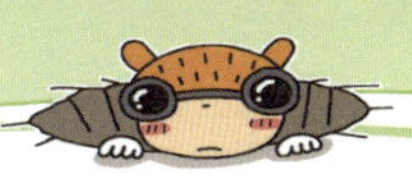

3 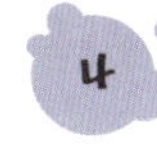 외출하면 벌거벗고, 집에 오면 옷을 입는 것은?

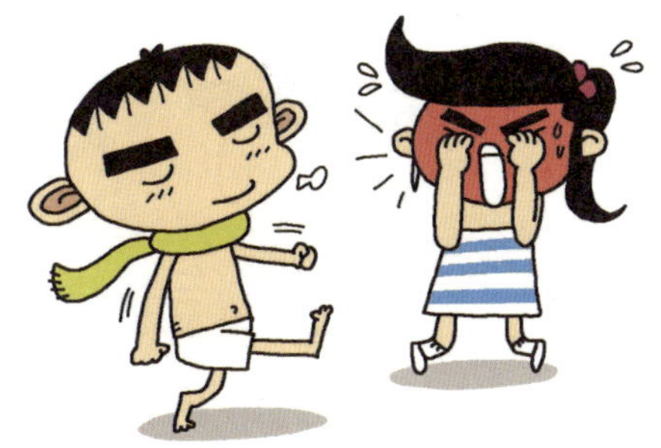

4 누가봐도 키는 똑같은데 매일 키 재는 것은?

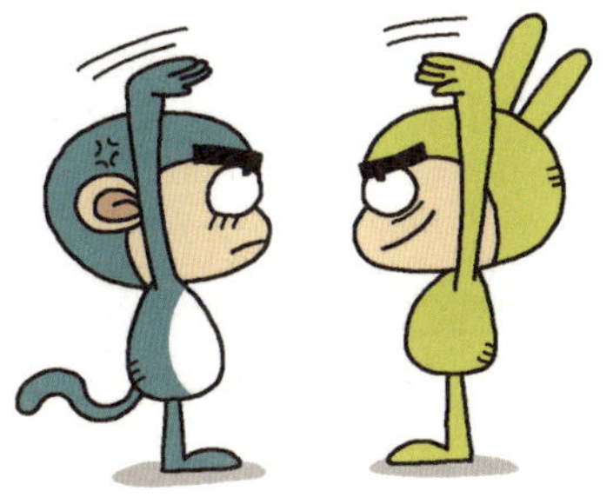

5 많이 맞으면 맞을수록 좋은 것은?

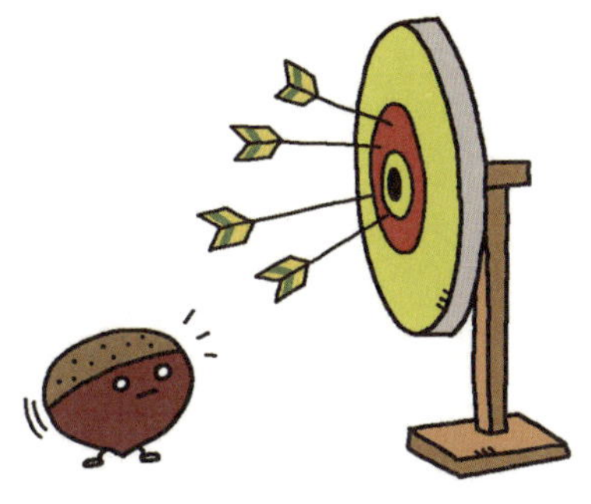

6 발은 발인데 하늘에서 춤추는 발은?

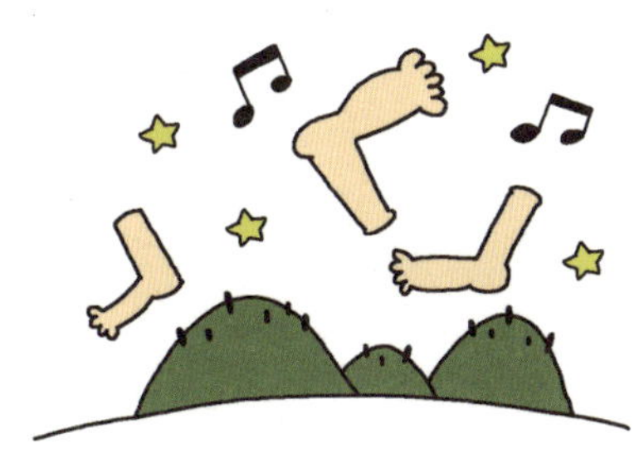

7 무엇을 보는지는 모르지만 자꾸만 보겠다는 곡식은?

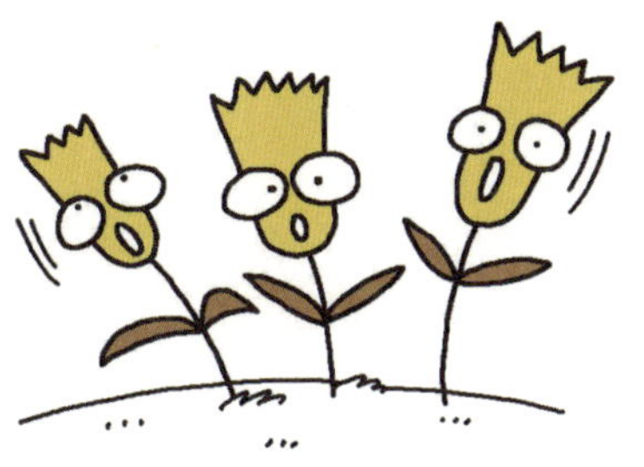

8 수저처럼 생겼지만 밥을 떠 먹지는 못하고 귀에서 일을 하는 것은?

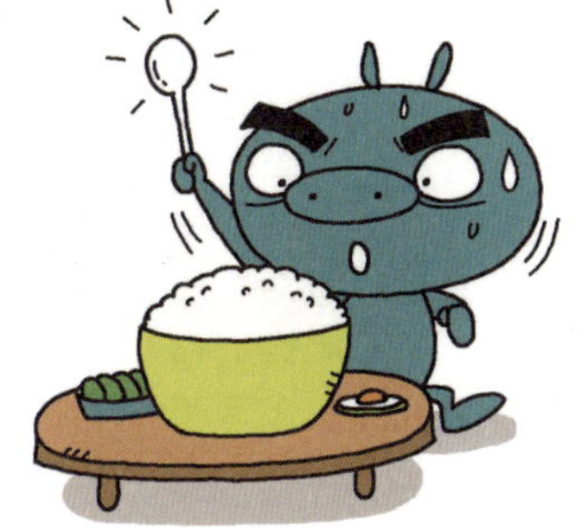

정답
3. 옷걸이 4. 젓가락 5. 시험 문제 6. 깃발 7. 보리 8. 귀이개

9 두 개와 다섯 개가 싸우면 두 개가 이기는 것은?

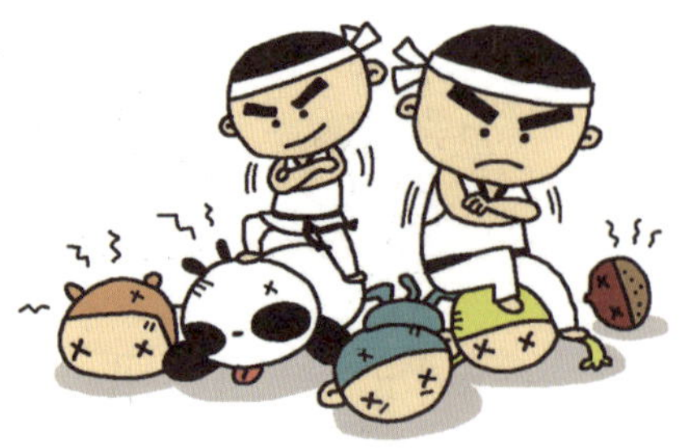

10 남에게 먹여야지 맛있는 탕은 무엇인가?

11 날씨가 추워야 살 수 있는 사람은?

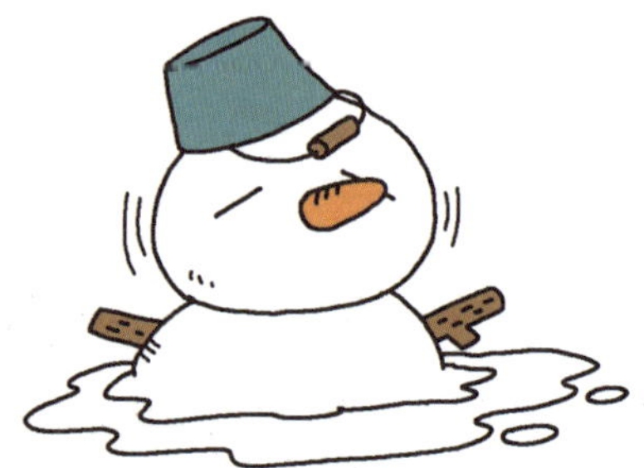

12 자기 뱃속에는 먹을 것을 잔뜩 가지고 있으면서 자기는 먹지 않고 남에게 모두 주는 것은?

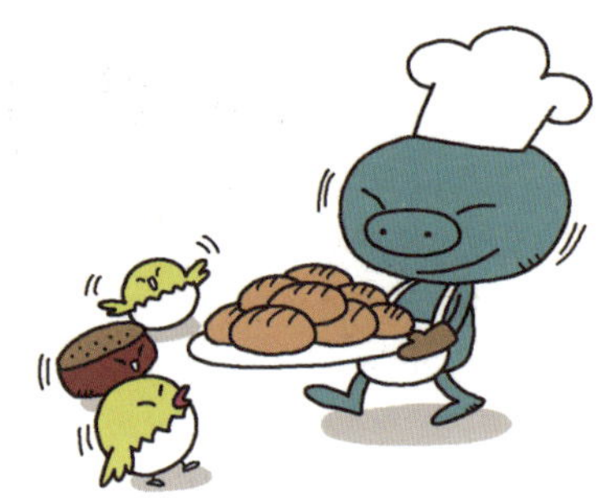

13 굴 속에서 신선 할아버지가 들어 갔다 나갔다 하는 것은?

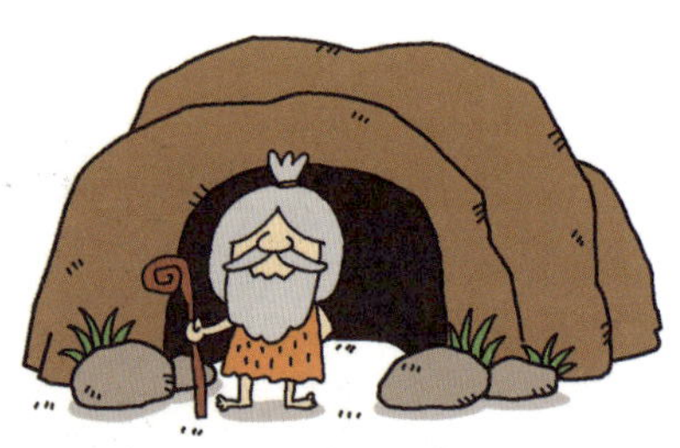

14 알 중에 가장 큰 알은?

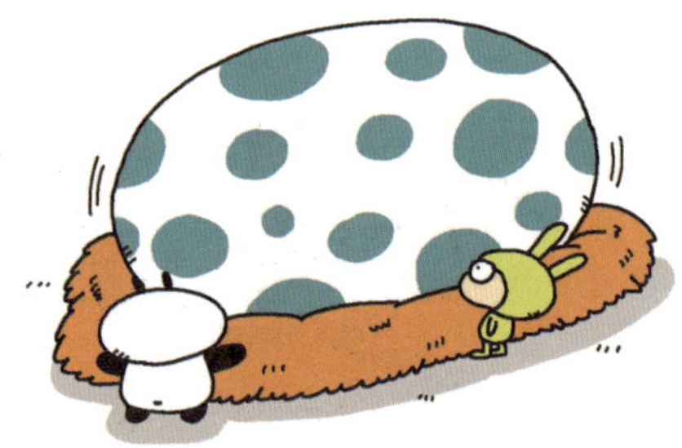

9. 가위, 바위, 보 10. 골탕 11. 눈사람 12. 냉장고 13. 코 훌쩍 14. 눈알(온 세상이 다 보이니까)

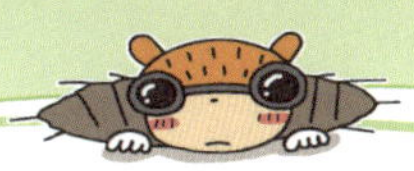

15 귀는 귀인데 못 듣는 귀는?

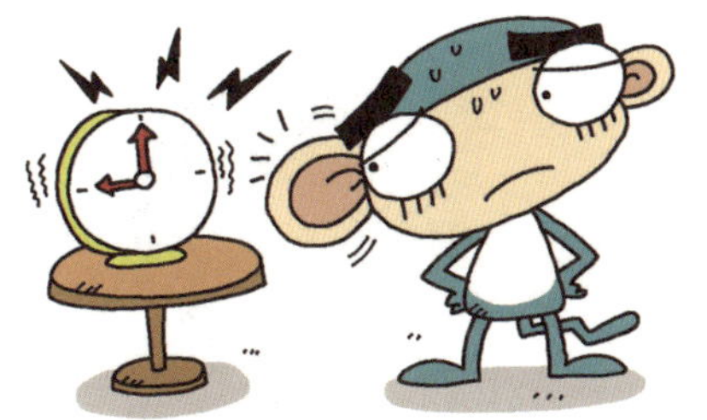

16 일할 때에는 새까만 물에 머리를 적시는 것은?

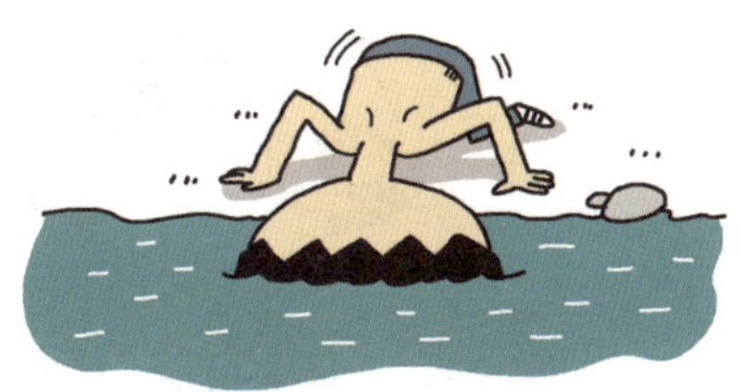

17 햇볕만 보면 죽는 사람은?

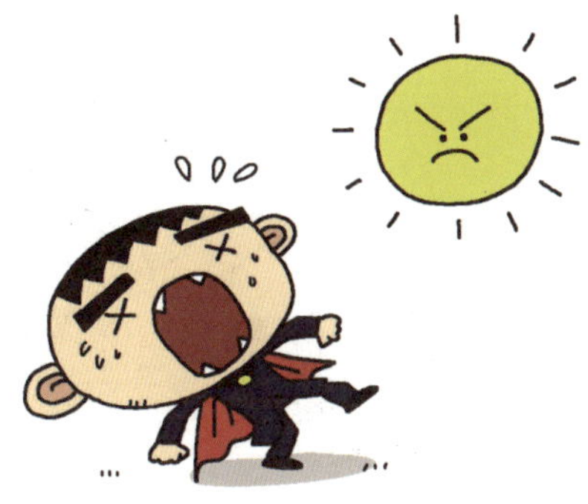

18 일할 때에는 서서 있지만, 일하지 않을 때에는 설 수 없는 것은?

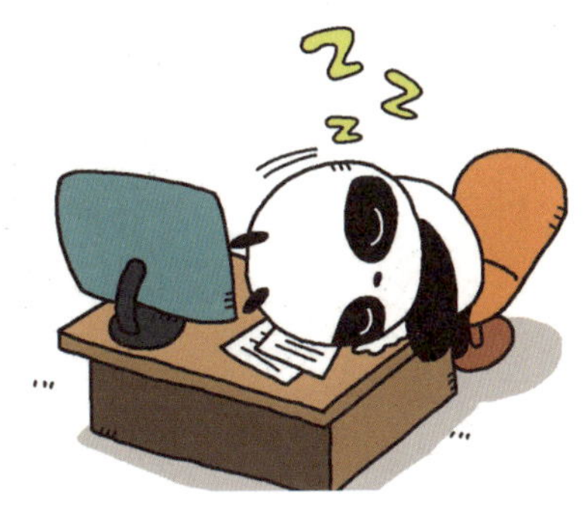

19 더운 날에만 빙빙 도는 것은?

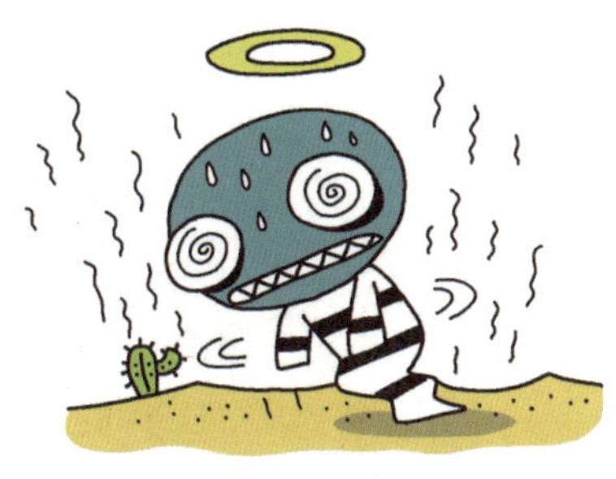

20 날개가 있지만 날지 못하고, 붕붕 소리를 내는 것은?

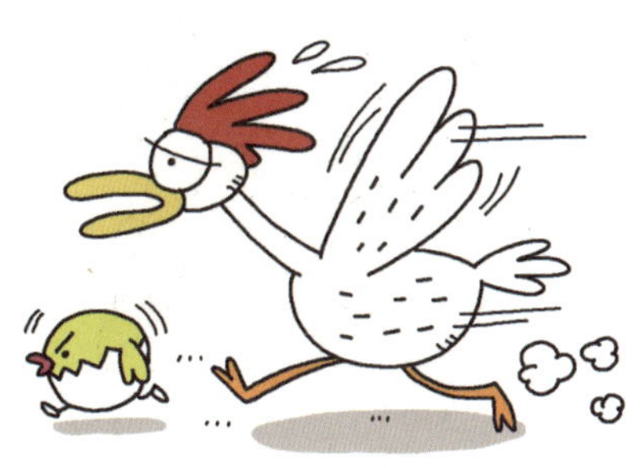

정답 15. 뼈다귀 16. 붓 17. 눈사람 18. 연필 19. 선풍기 20. 선풍기

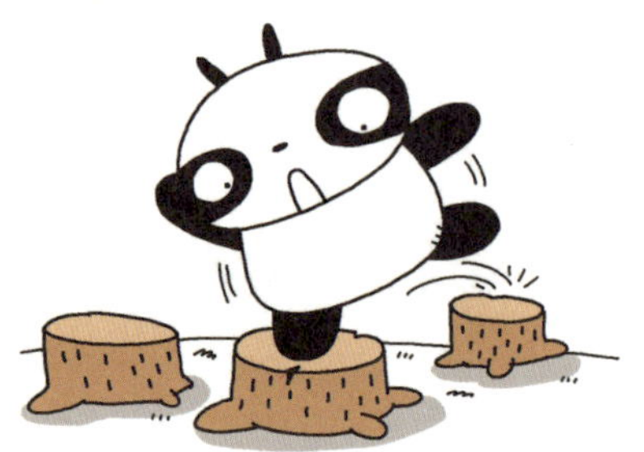

21 한쪽 발은 가만히 있고 다른 쪽 발로만 돌아다니는 것은?

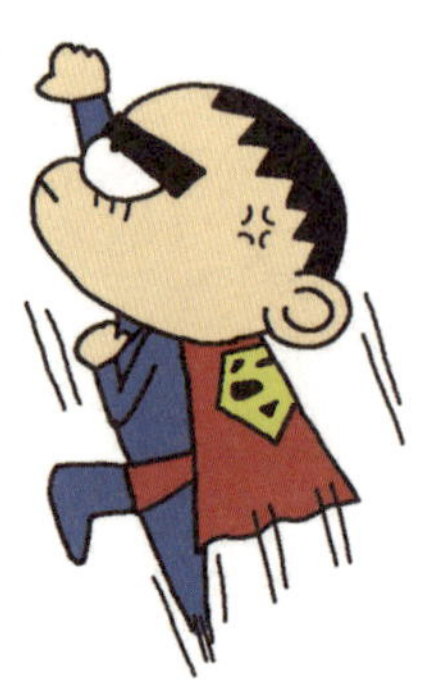

22 할 때는 올라가고, 하지 않을 때는 내려가는 것은?

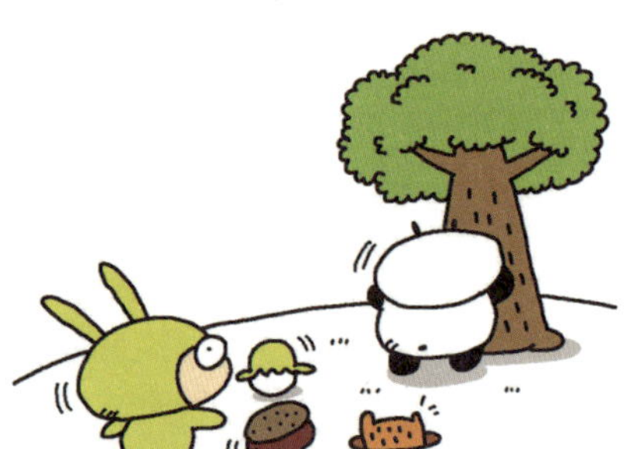

23 볼 때는 안 보이고, 안 볼 때는 보이는 것은?

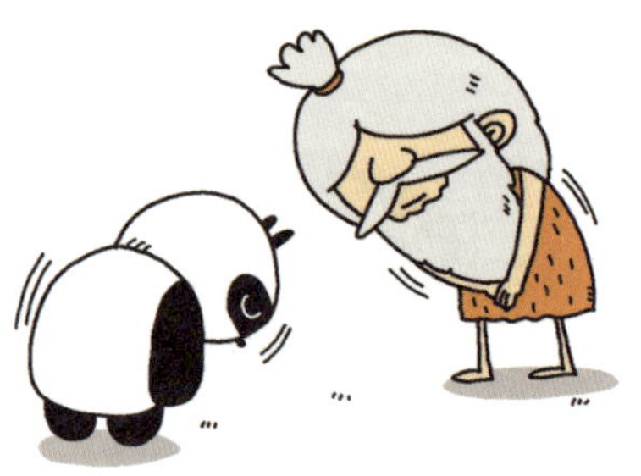

24 익으면 익을수록 고개를 아래로 숙이고 인사하는 것은?

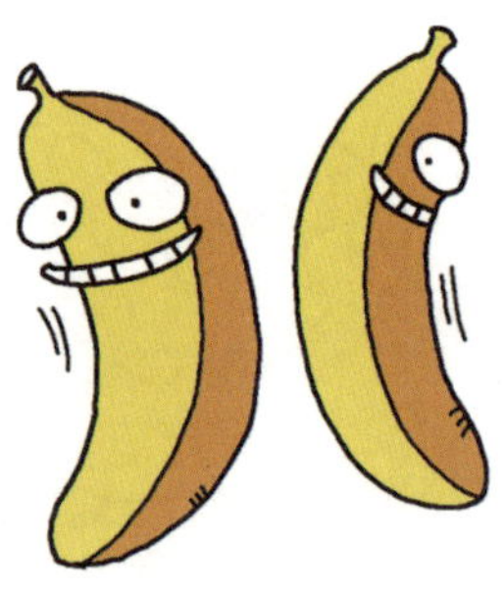

25 앞뒤가 같은 과일은?

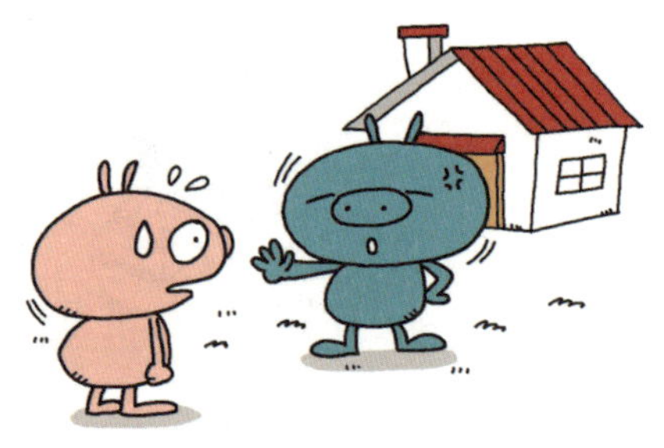

26 동생은 형 집에 들어갈 수 있지만, 형은 동생 집에 들어갈 수 없는 것은?

정답

21. 컴퍼스 22. 무대막(무대를 가리는 막) 23. 무대막 24. 벼이삭 25. 토마토 26. 그릇

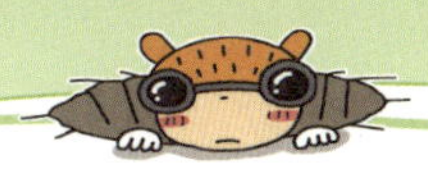

27 길 가운데에서 춤을 추는 사람은?

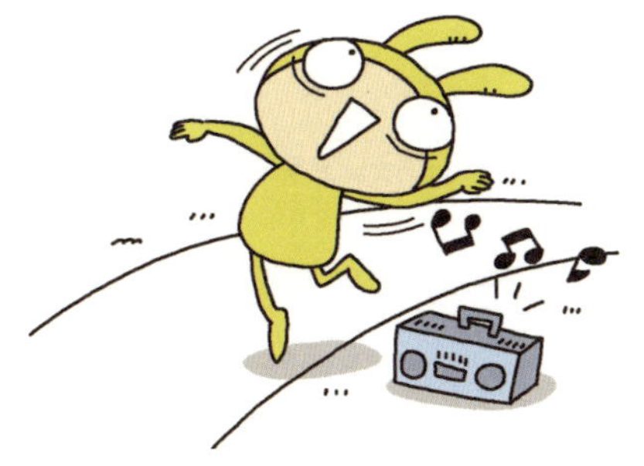

28 길바닥에 까만 콩을 뿌리고 다니는 것은?

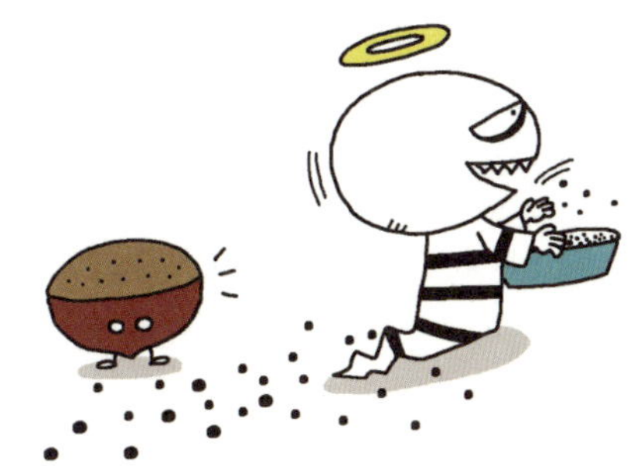

29 눈은 눈인데 보지 못하는 눈은?

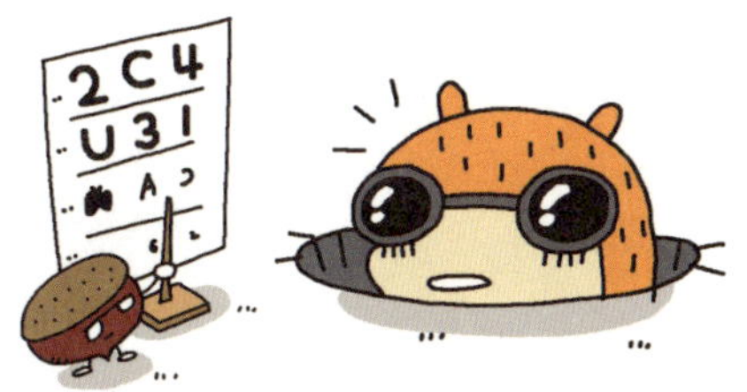

30 눈이 오나 비가 오나 빨간 옷을 입고 종이만 받아먹는 것은?

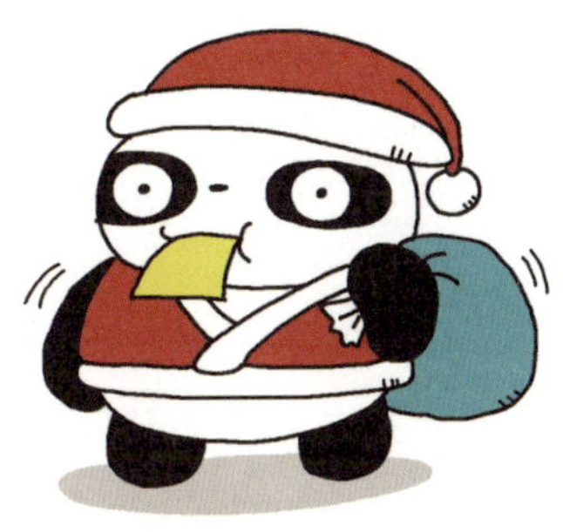

31 가만히 있어도 뺨을 때리는 것은?

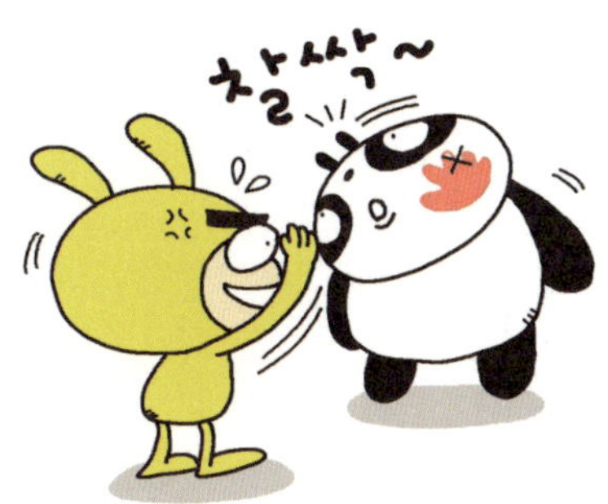

32 한 번 피면 평생 시들지 않는 꽃은?

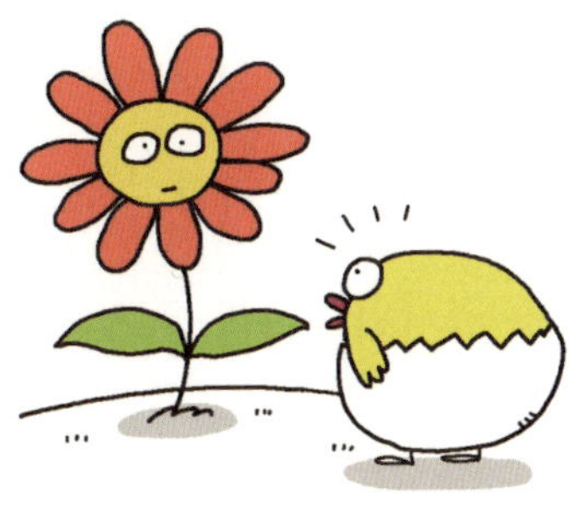

정답
27. 교통 경찰 28. 염소가 똥 누는 것 29. 티눈 30. 우체통 31. 성냥 32. 조화

33 젖소와 강아지가 싸우면 누가 이길까?

34 알 낳고 방귀 뀌는 것은?

35 어른은 타지 못하지만 정작 어른이 있어야 움직이는 차는?

36 방은 방인데 사람이 들어갈 수 없는 방은?

37 담은 담인데 말 많은 사람들이 좋아하는 담은?

38 운전사들이 제일 싫어하는 춤은?

39 머리에 입은 있는데 손과 발이 없는 것은?

40 바로 눈 앞에 있는데도 안 보이는 것은?

41 세균 중에서 대장은?

42 연기가 나지 않는 불은?

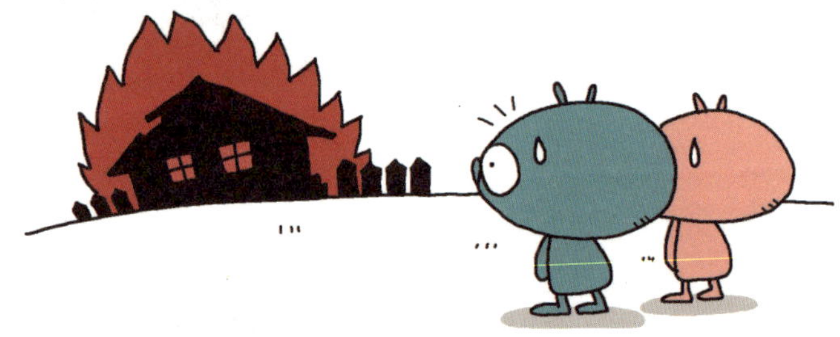

43 이 세상 만물을 모두 덮는 것은?

44 편식이 심한 사람이라도 어쩔 수 없이 먹는 것은?

45 하나로 잡을 수 없고 두 개가 있어야 잡을 수 있는 것은?

정답
33. 강아지('나 졌소', '나 강하지') 34. 총 35. 유모차 36. 가방 37. 잡담 38. 우선멈춤 39. 병
40. 눈꺼풀 41. 대장균 42. 반딧불 43. 눈꺼풀 44. 나이 45. 젓가락

46 줄어들면서 느는 것은?

47 이 세상에서 가장 힘든 일은?

48 다리 중에서 아무도 보지 못한 다리는?

49 생쥐가 고양이에게 쫓기다 하얀 연탄재를 뒤집어썼다. 이때 고양이가 한 말은?

50 아무리 태워도 불이 나지 않는 것은?

51 산은 산인데 피를 토하는 산은?

52 식인종이 비행기를 보고 한 말은?

53 파는 파인데 먹지 못하는 파는?

54 연이 멀리 가면 갈수록 가벼워지는 것은?

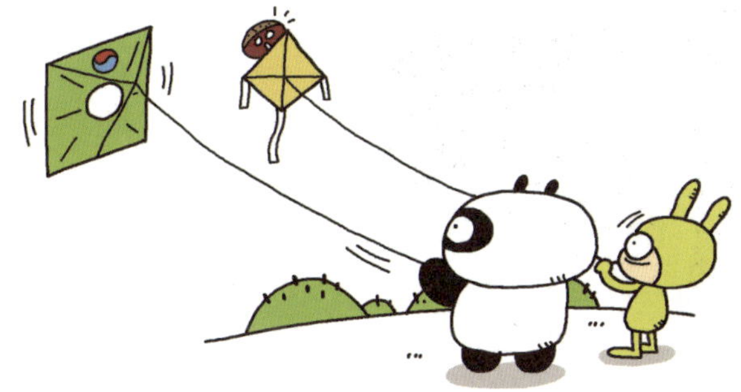

55 앞을 보면 아래를 보고, 위를 보면 앞을 보는 것은?

56 귀여움을 받으려고 알랑거리는 사람이 키우는 양은?

57 말 중에서 가장 정직하고 바른 말은?

정답
46. 늙은이의 흰머리 47. 칼로 물 베기 48. 헛다리 49. 다 된 밥에 재 뿌리네 50. 일광욕 51. 화산
52. 날아다니는 통조림 53. 전파 54. 실패 55. 콧구멍 56. 아양 57. 참말

58 공은 공인데 건축가들이 제일 좋아하는 공은?

59 밥 퍼주고도 밥을 못얻어 먹는 것은?

60 밥을 주지도 않으면서 밥 준다는 것은?

61 장사하는 사람들이 제일 싫어하는 경기는?

62 천 냥 빚을 말로 갚는 사람은?

63 절대 울면 안 되는 날은?

64 하늘에서 사는 개는?

65 한국이 배출한 세계 최초의 여성 장군은?

66 아내가 남편에게 매일같이 주는 상은?

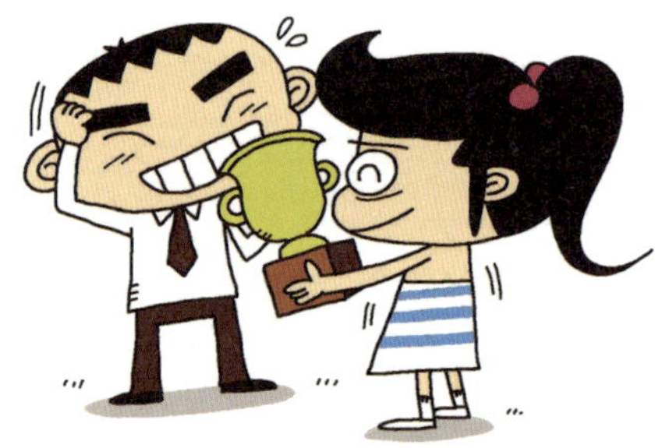

67 들어올 때는 무겁지만 나갈 때는 가벼워지는 것은?

68 세계에서 가장 날쌘 개는?

69 세상에서 가장 단 것은?

70 아무도 믿을 수 없다는 사람이 가장 믿는 신은?

정답
58. 준공(공사를 다 마침) 59. 주걱 60. 시계 61. 불경기 62. 말장수 63. 중국집 쉬는 날 64. 안개, 번개, 무지개
65. 지하여장군 66. 밥상 67. 밥상 68. 번개 69. 꾸러미(꿀어미, 즉 꿀의 어미) 70. 자기 자신

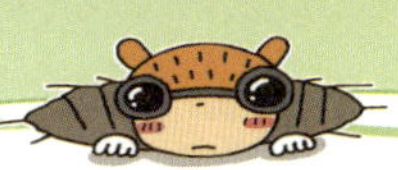

71 노처녀들이 가장 좋아하는 약은?

72 불황 때 폭풍우보다 더 무서운 비는?

73 네 형제가 공중을 한 번 올라갔다 내려오면 어떤 놈은 젖혀지고 어떤 놈은 엎어지는 것은?

74 무거우면 무거울수록 위로 올라가는 것은?

75 무섭고 더럽고 가엾은 것은?

76 문은 문인데 떠돌아 다니는 문은?

77 집에서 매일 먹는 약은?

78 보내기 싫으면 어쩌나?

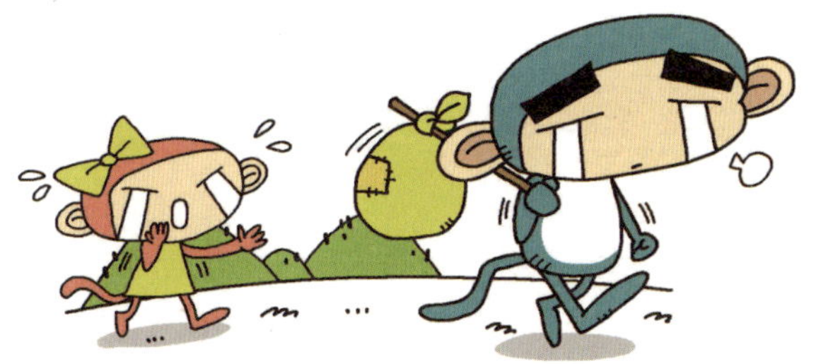

79 별 중에서 가장 슬픈 별은?

80 커다란 구렁이가 담배 피우며 가는 것은?

81 다 자랐는데 계속 자라라고 하는 것은?

82 놀부의 여동생 이름은 놀순이이다. 그러면 남동생 이름은?

83 세계에서 제일 작은 섬의 이름은?

정답

71. 혼약 72. 낭비 73. 윷 74. 저울 추 75. 호랑이가 똥싸고 죽은 것 76. 소문 77. 치약 78. 가위나 바위를 낸다.
79. 이별 80. 기차 81. 자라 82. 흥부 83. 건포도

84 소화제 먹고 체한 사람은?

85 1년 중 28일이 있는 달은 몇 월 달?

86 왜 교실 뒤쪽에 앉은 학생들은 선생님의 말씀이 잘 들리지 않는 것일까?

87 엘리베이터가 20층에서 1층으로 추락했는데 단 한 명도 다친 사람이 없었다. 왜 일까?

88 손가락 0, 5, 2가 싸우는 것은?

89 세계에서 가장 큰 총은?

90 봄에 오는 비는 무엇인가?

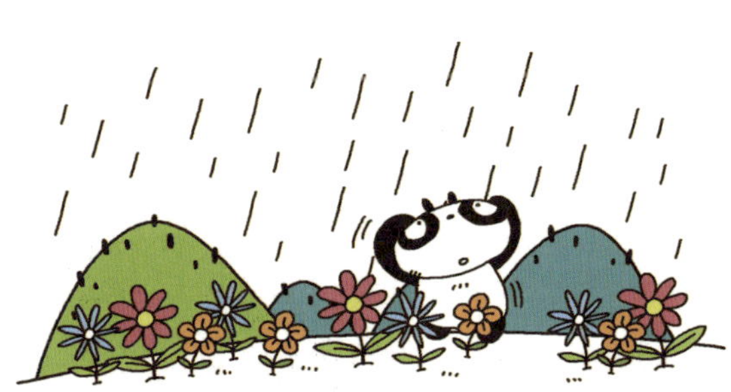

91 마음이 초조하고 불안한 사람이 가는 절은?

92 다이어트를 북한에서는 뭐라고 부를까?

93 수영장에서 나타나는 가장 무서운 적은?

94 장사꾼 보다 농부가 더 잘 팔 수 있는 것은?

95 목욕탕에서 혼자 옷 입고 있는 사람은?

96 얼음이 얼어야만 찧을 수 있는 방아는?

정답

84. 정말 재수 없는 사람 85. 열두 달 모두 있다. 86. 앞에 앉은 학생들이 다 들어버려서 87. 사람이 타지 않았거나 모두 다 사망했다. 88. 가위, 바위, 보 89. 왕건(gun: 총) 90. 제비 91. 안절부절 92. 살깎기 93. 허우적 94. 땅
95. 목욕관리사(때밀이) 96. 엉덩방아

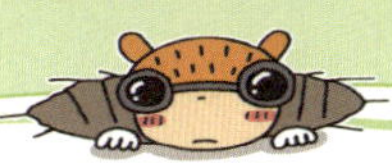

97 훔치고 때리는 일이 직업인 사람은?

98 먹으면 먹을수록 배고픈 것은?

99 입은 하나이고 단단한 껍질 속에서 사는 것은?

100 누구나 발벗고 나서야 할 일은?

101 돈을 벌려면 여기저기 불려 다니며 불러야 하는 사람은?

102 전기가 나가면 집집마다 걸리는 비상은?

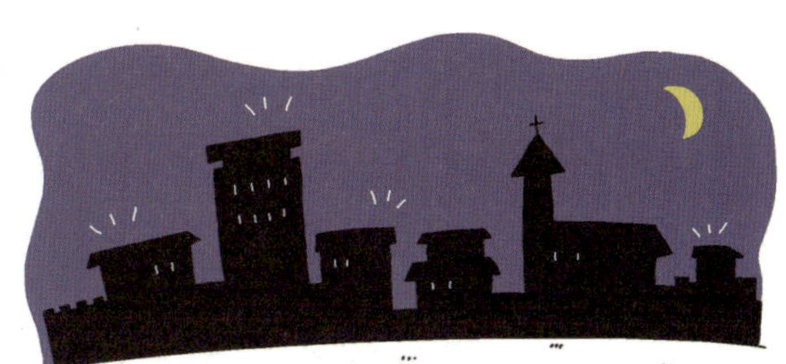

103 언제나 한 짝만 끼는 장갑은?

104 엿장수는 가위질을 몇 번 할까?

105 첫 자와 마지막 자 사이에 998자가 있는 책은?

106 가위로 3대째 내려오는 가문의 내력은?

107 이 더하기 이는?

108 개구리가 낙지를 먹어버리면 무엇이 될까?

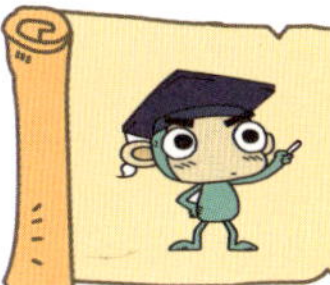

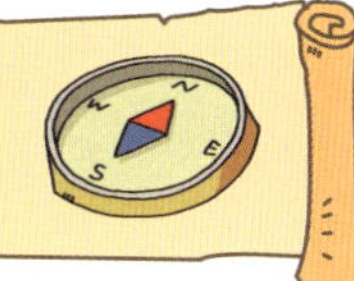

정답

97. 야구 선수 98. 소화제 99. 조개 100. 발 씻는 일 101. 가수 102. 초비상 103. 야구 장갑
104. 엿장수 마음대로 105. 천자문 106. 할아버지는 엿장수, 아버지는 이발사, 아들은 재단사
107. 덧니 108. 개구락지('개구리'의 방언)

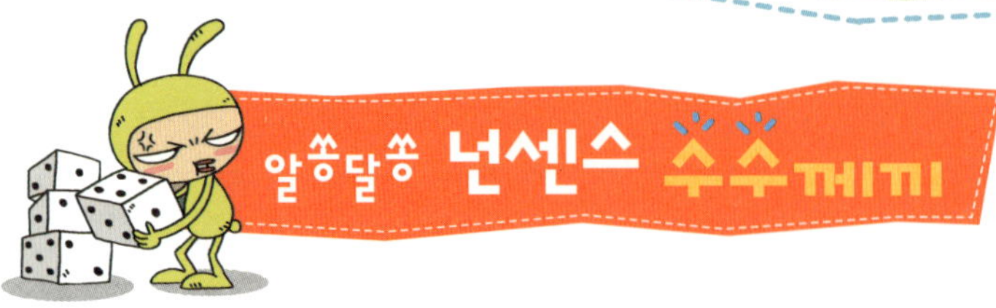

1 피카츄와 주인공 지우의 키 차이는?

2 텔레토비의 나나가 지구에 오면?

3 텔레토비의 뽀가 지구를 떠나면?

4 텔레토비의 뚜비가 먹는 밥은?

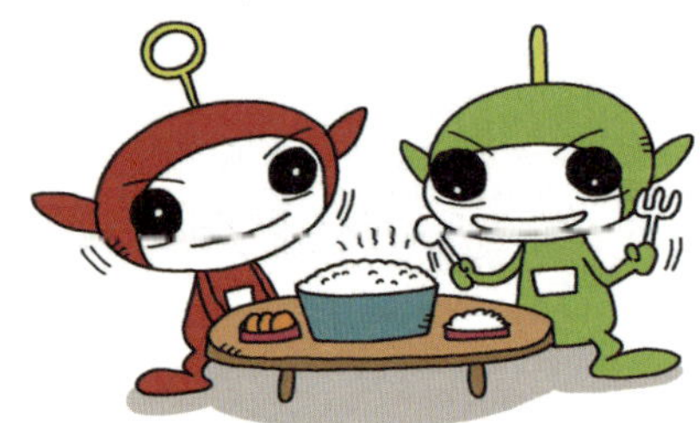

5 새 4마리, 돼지 2마리를 다른 말로 하면?

6 빵이 고향에 내려간 이유는?

7 흑인과 백인 사이에 태어난 갓난아기의 이빨색은?

8 우리나라에서 제일 큰 나무는 몇 그루일까?

9 나폴레옹은 왜 알프스를 넘었을까?

10 거북이가 운동장을 도는데 오른쪽으로 돌면 90분, 왼쪽으로 돌면 1시간 30분이 걸린다. 왜 그럴까?

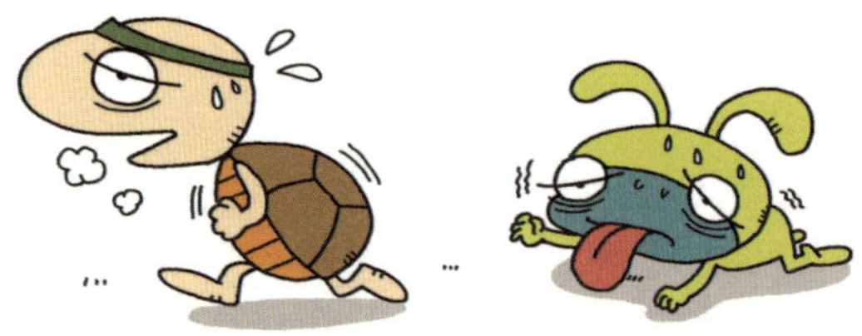

1. 삐까삐까 2. 지구온나나 3. 뽀빠이 4. 뚜비두밥 5. 포세이돈 6. 소보루(소 보러) 7. 이빨이 없다.
8. 한 그루 9. 터널이 없어서 10. 둘 다 똑같다.

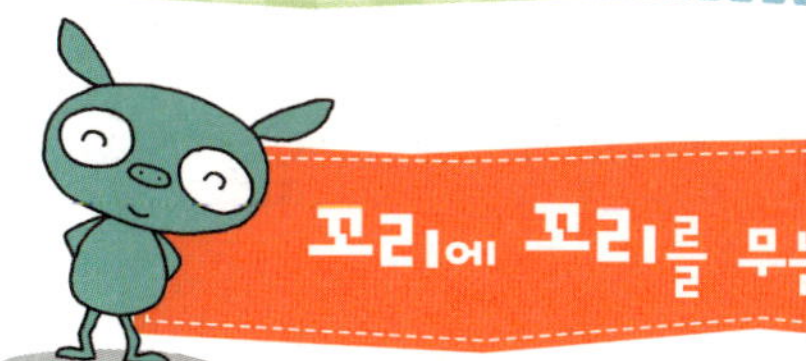

여기는 어디일까요?

1. 오이가 많이 나는 섬의 이름은?
2. 우리나라에서 가장 싸게 지은 전철역은?
3. 세계에서 몸이 제일 큰 여자의 이름은?
4. 산 중에서 등산객이 항상 많이 오는 산은?
5. 초등학생들이 제일 좋아하는 동네는?
6. 우리나라에서 도를 통달한 스님이 가장 많은 절은?
7. 건망증이 있는 사람들이 오르는 산은?
8. 걱정이 많은 사람이 자주 오르는 산은?
9. 세계적으로 가장 잘 알려진 세 여자는?
10. 1년 내내 울렁거리는 섬은?
11. 세계에서 입시경쟁이 가장 센 대학은?
12. 서울에서 제일 맑고 시원한 동네는?
13. 부모님들이 제일 살고 싶어하는 동네는?
14. 실수를 많이 한 사람들이 사는 동네는?
15. 여자만 사는 섬은?
16. 세상에서 가장 큰 차는?

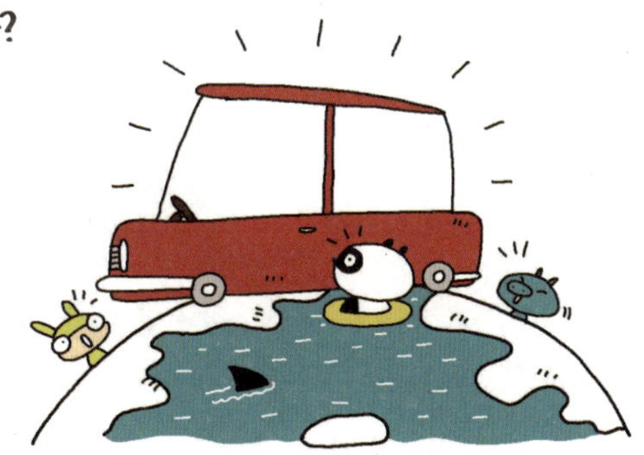

정답

1. 오이도 2. 노원역 3. 태평양 4. 마니산 5. 방학동 6. 통도사 7. 아차산 8. 태산(걱정이 태산이라고 하니까) 9. 태평양, 대서양, 인도양 10. 울릉도 11. 와세다 대학 12. 청량리 13. 효자동 14. 면목동(면목이 없다고 하니까) 15. 여의도 16. 아프리카

생활의 지혜와 교훈을 얻을 수 있는 수수께끼

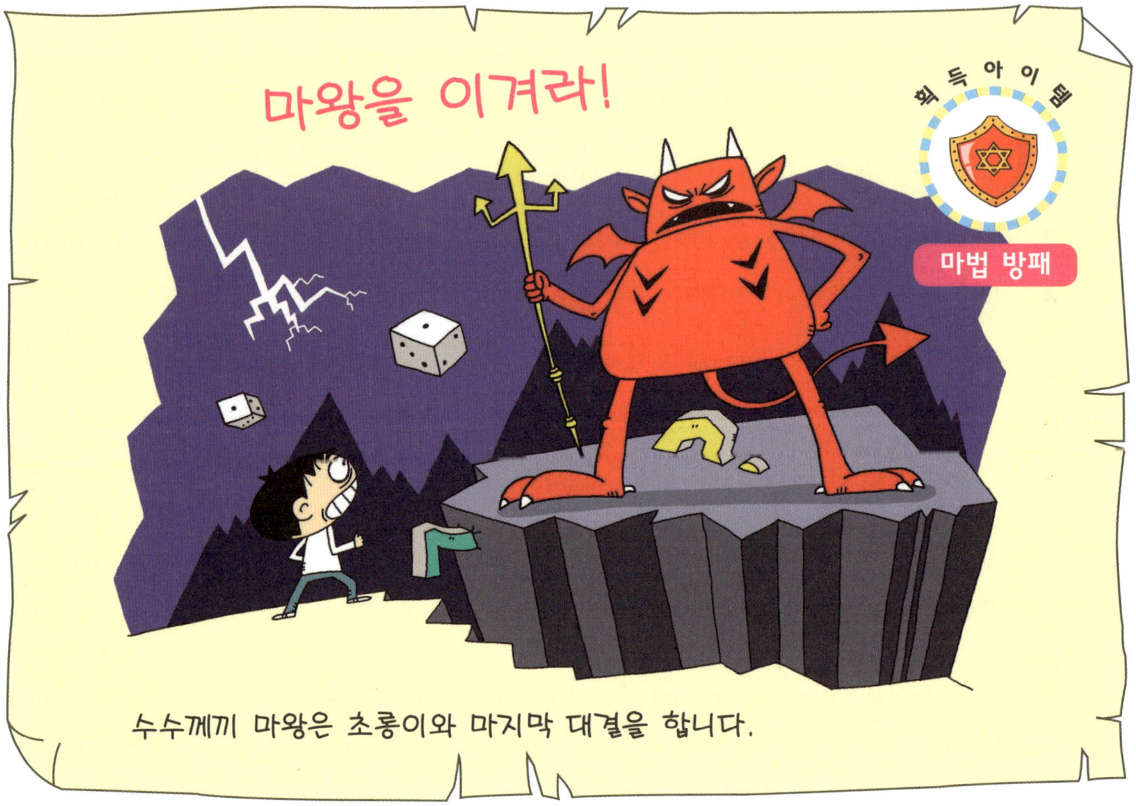

수수께끼 마왕은 초롱이와 마지막 대결을 합니다.

1 나리는 나리인데 아무도 절하지 않는 나리는?

2 맞고 오면 엄마가 제일 기뻐하는 것은?

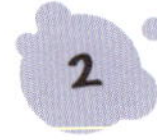

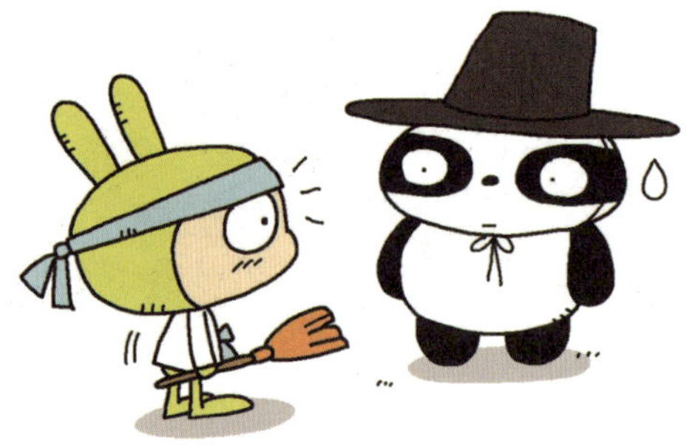

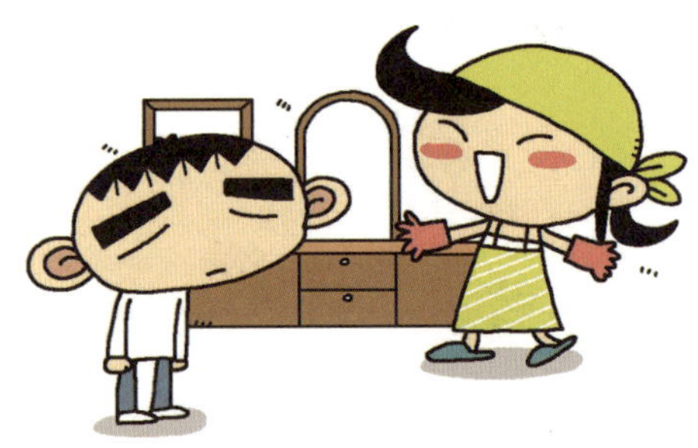

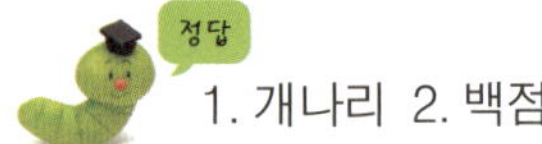
정답

1. 개나리 2. 백점

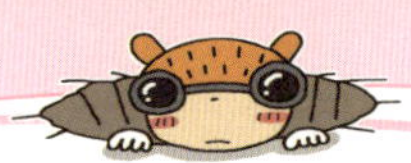

3 물은 물인데 무척 오래된 물은?

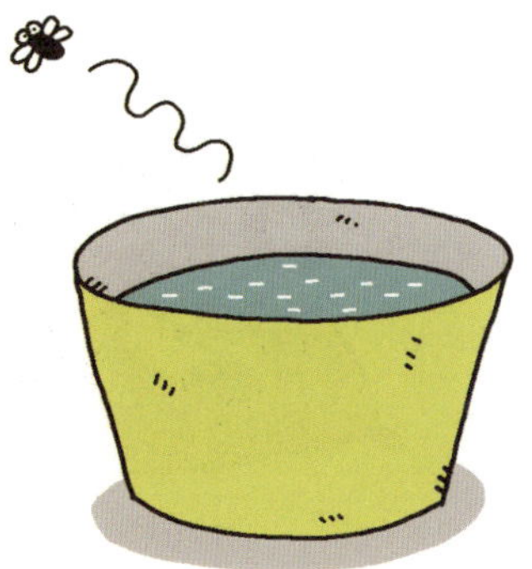

4 긴 막대기로 코를 꿰기만 하는 것은?

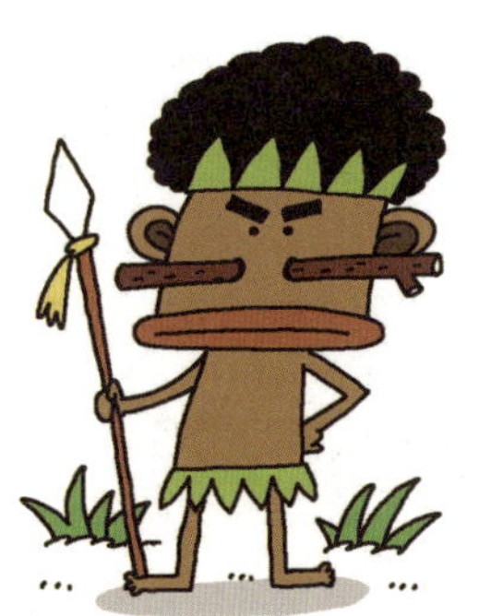

5 장님과 소방관이 싸우면 누가 이길까?

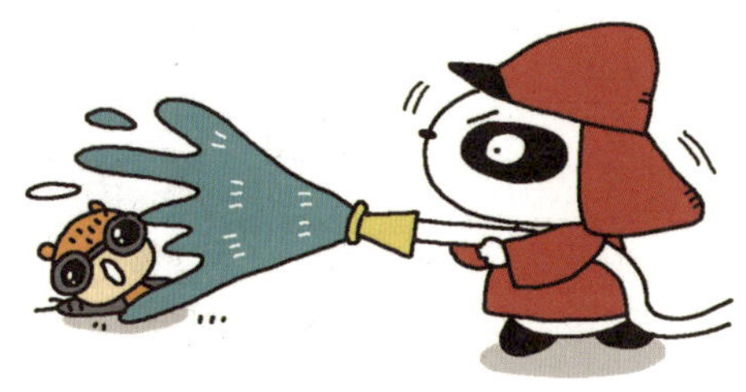

6 매일 숫자 공부를 해도 1부터 12까지만 아는 것은?

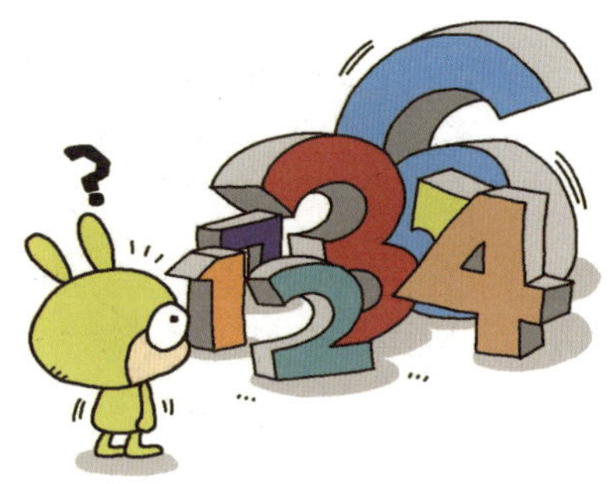

7 뺨을 때리고 달아나는 것은?

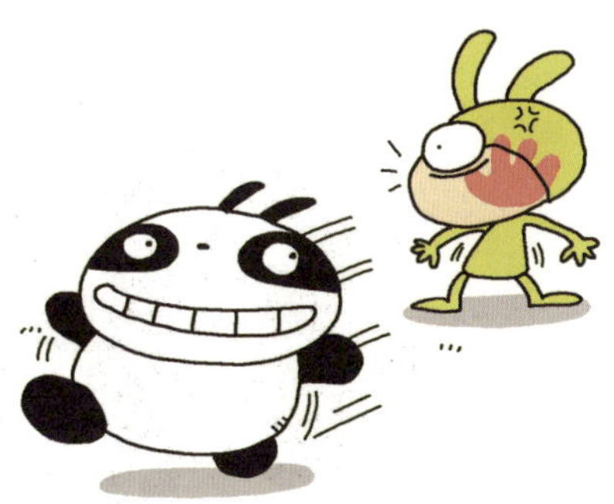

8 신경통 환자들이 제일 싫어하는 악기는?

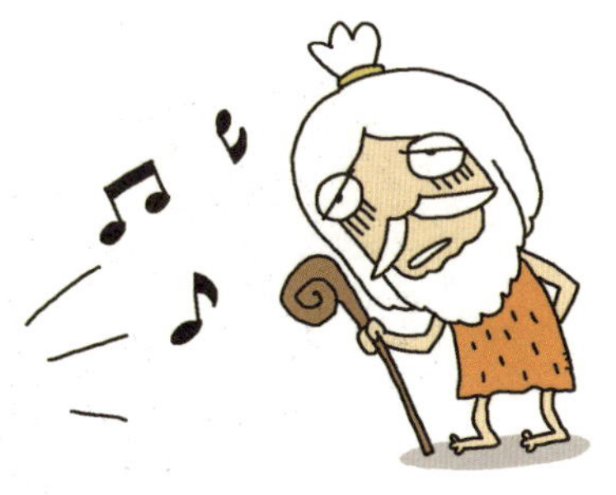

3. 고물 4. 바늘 뜨개질 5. 소방관(물불 안 가리니까) 6. 시계 7. 바람 8. 비올라

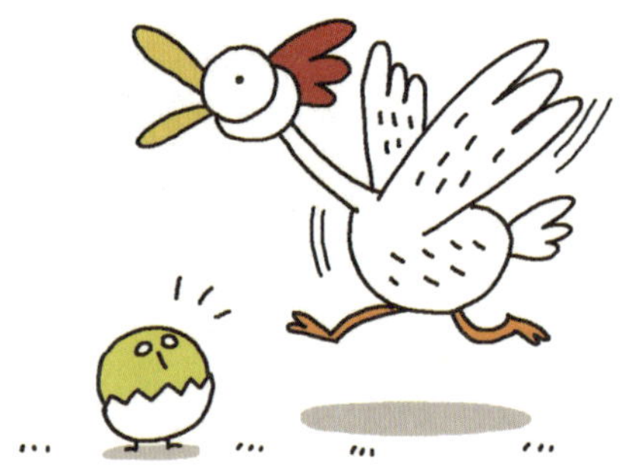

9 아기 때에는 기어다니지만 어른이 되면 날아다니는 것은?

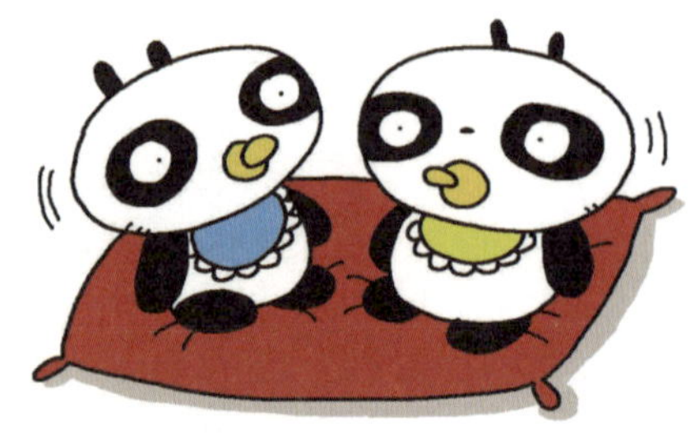

10 세상에 나올 때 쌍둥이로만 태어나는 것은?

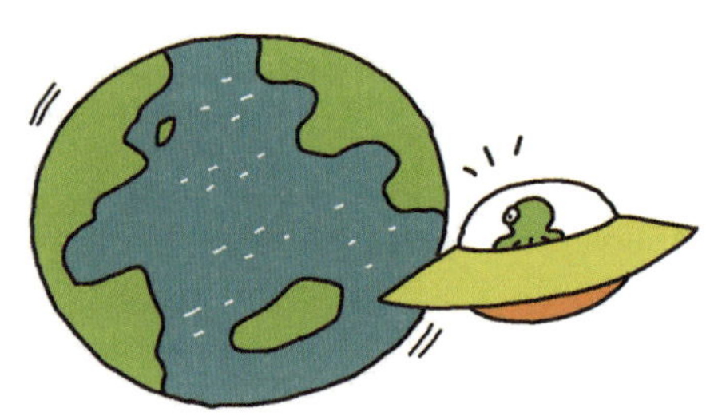

11 세상을 다 볼 수 있지만 정작 자기 자신은 볼 수 없는 것은?

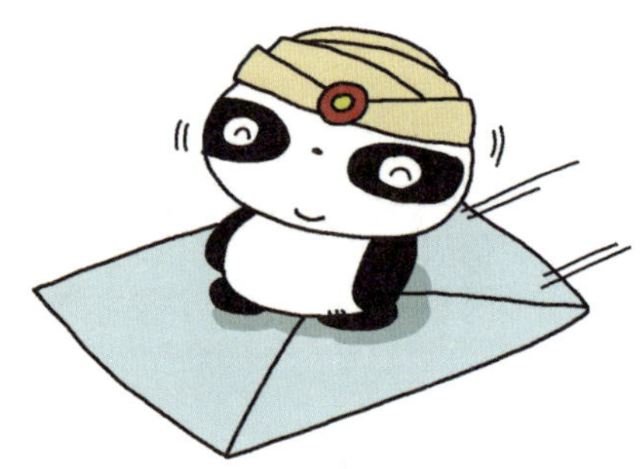

12 메일을 주고받을 때마다 늘 함께 가는 동물은?

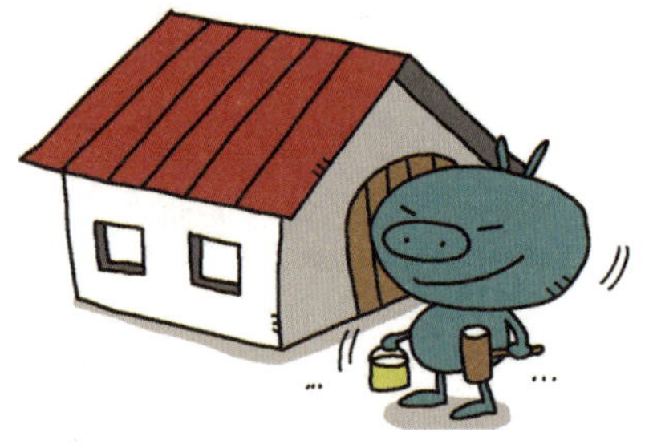

13 집주인한테 허락도 받지 않고 집안에 집을 짓는 것은?

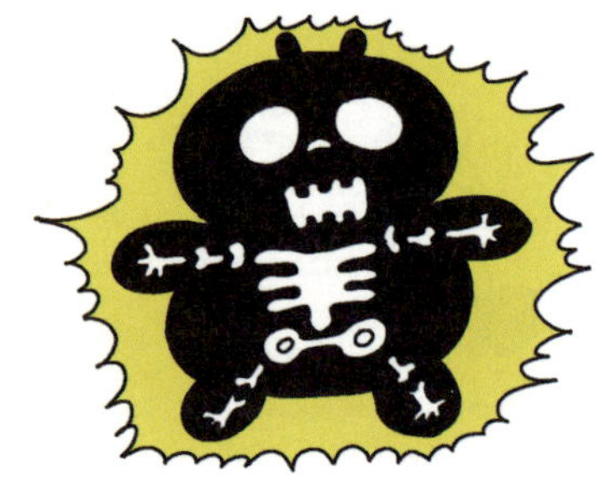

14 아무리 살찐 사람이 찍어도 뼈만 나오는 것은?

정답
9. 나비, 파리 10. 양말, 장갑, 신발, 젓가락 11. 눈 12. 골뱅이 13. 제비 14. 엑스선 사진

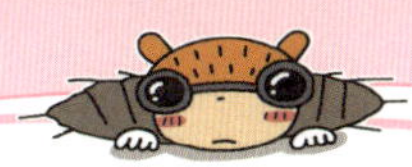

15 물은 물인데 물고기들이 가장 두려워하는 물은?

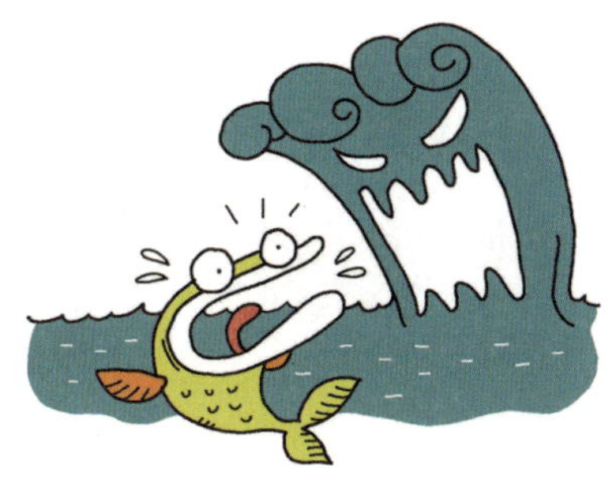

16 차는 차인데 가장 저렴한 차는?

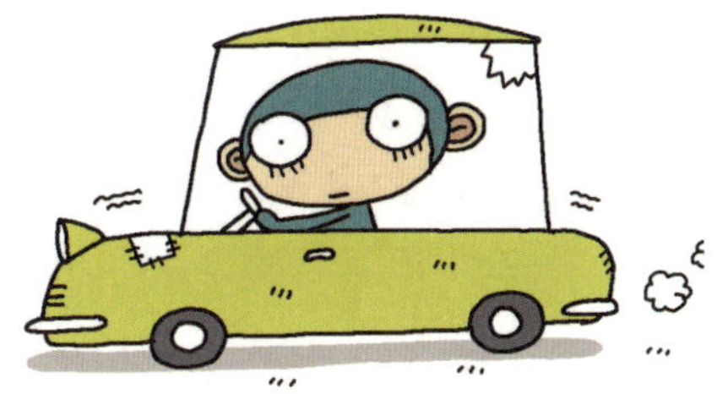

17 사람인데 집안에서 살 수 없는 사람은?

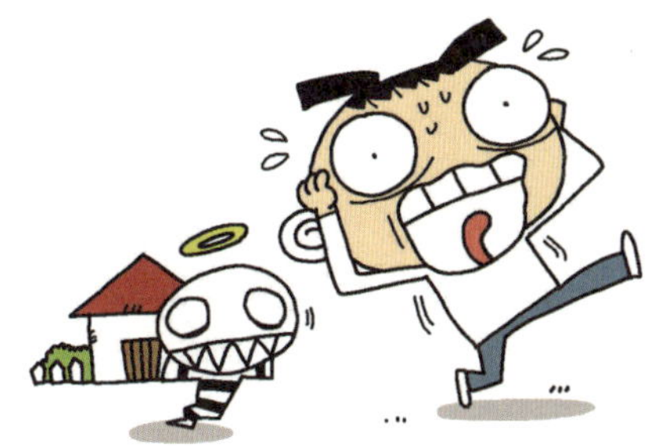

18 욕인데 옷을 모두 벗고 나서야 할 수 있는 욕은?

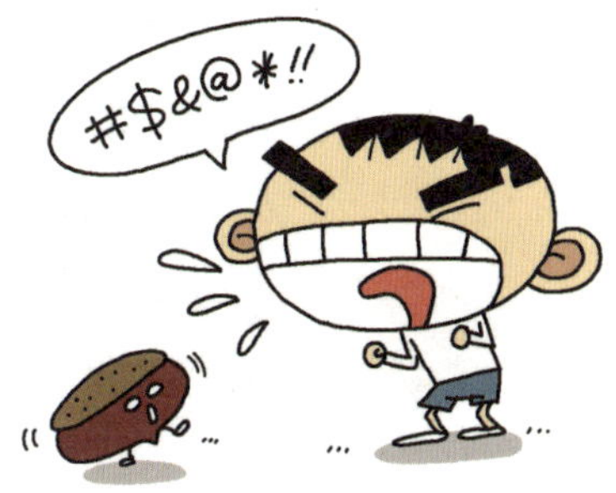

19 산은 산인데 위에서 아래로 내려올 수만 있는 산은?

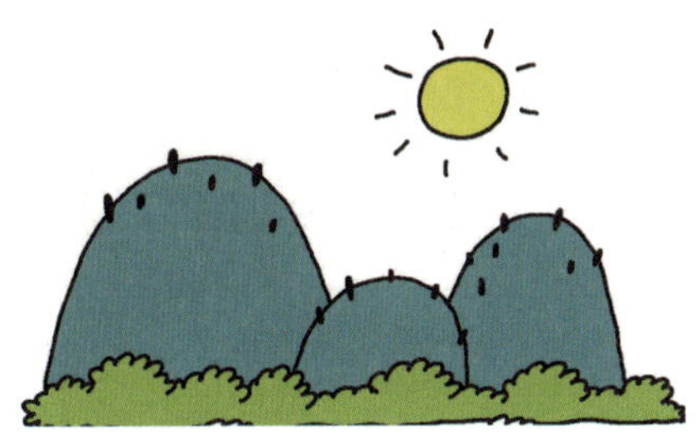

20 과거와 미래를 알려주는 벌레는?

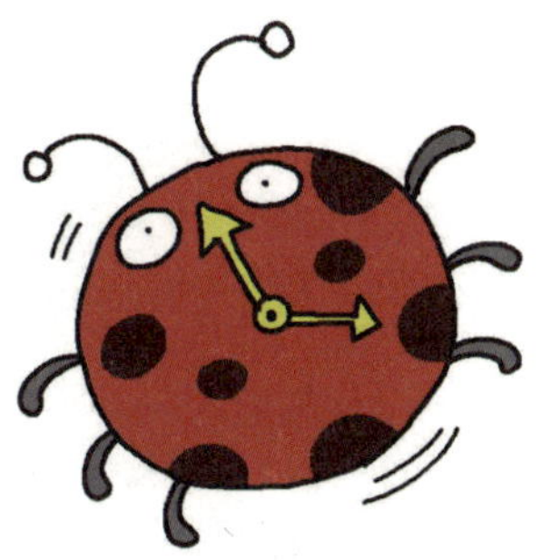

정답
15. 그물 16. 보리차 17. 눈사람 18. 목욕 19. 낙하산 20. 무당벌레

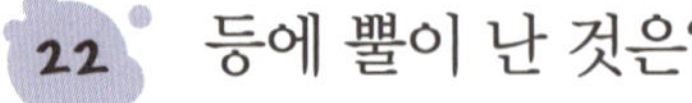

21 "나는 1위, 2위, 3위보다는 4위가 더 좋아!" 누가 한 말일까?

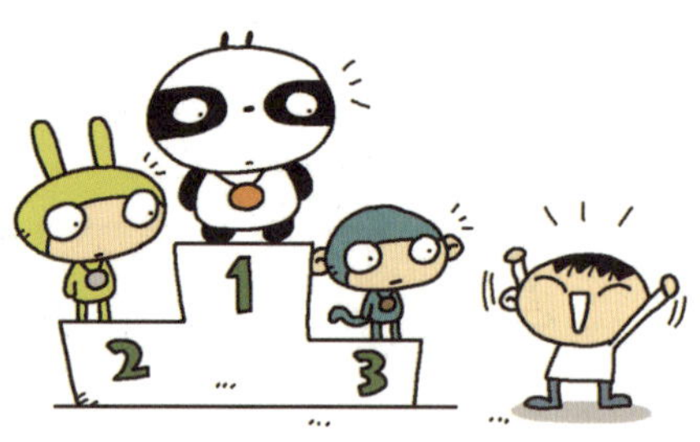

22 등에 뿔이 난 것은?

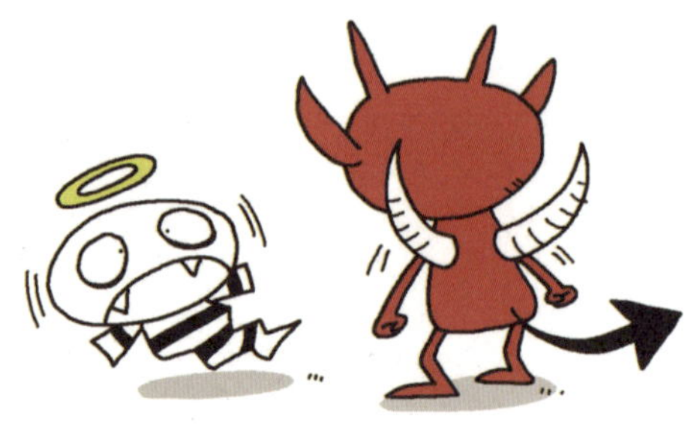

23 등 위에 배꼽 달린 것은?

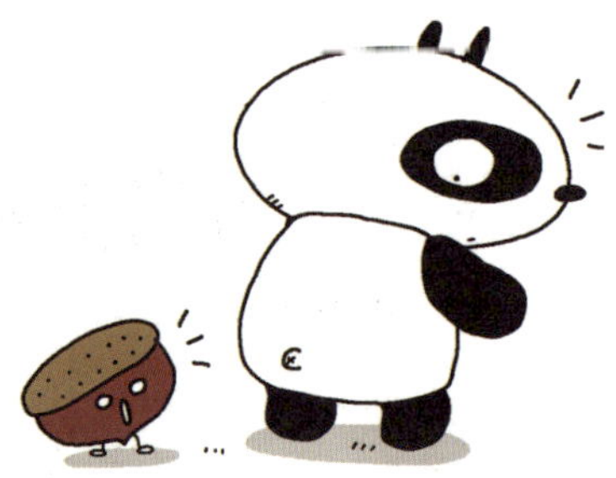
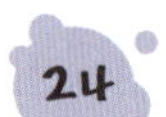

24 할아버지가 제일 좋아하시는 돈은?

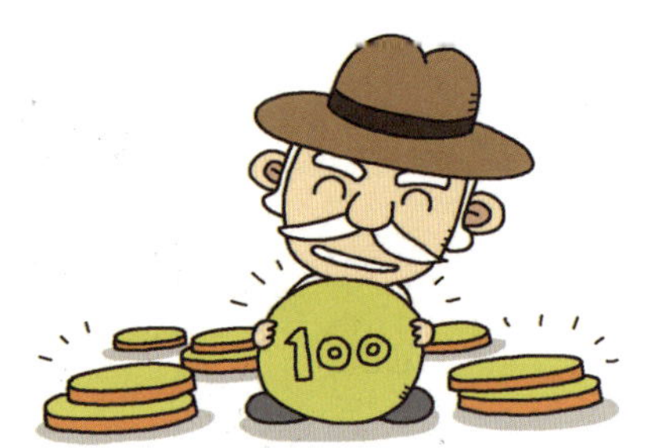

25 할아버지, 할머니께서 가장 좋아하시는 폭포는?

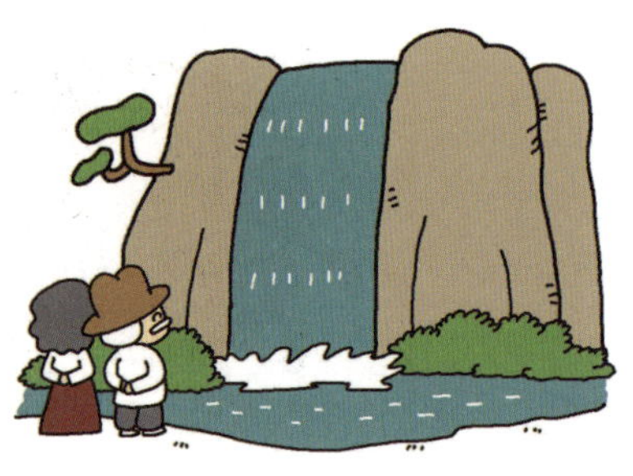
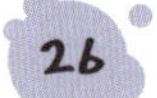

26 소가 웃는 소리를 세 글자로 하면?

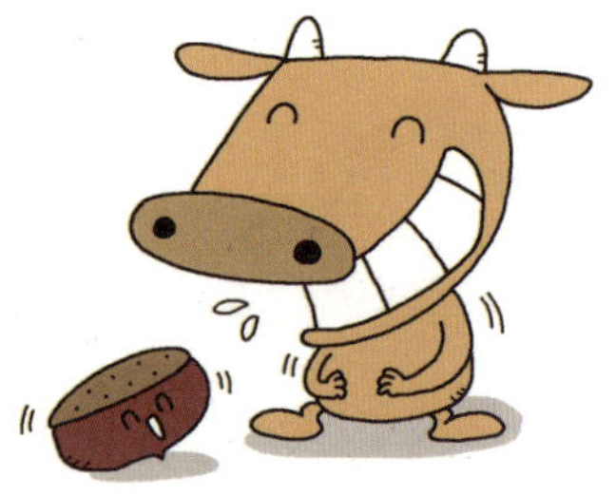

21. 장모 22. 지게 23. 솥뚜껑 24. 할머니 25. 나이야(아) 가라 26. 우하하!

27 분명히 사각형으로 생겼는데 원이라고 하는 것은?

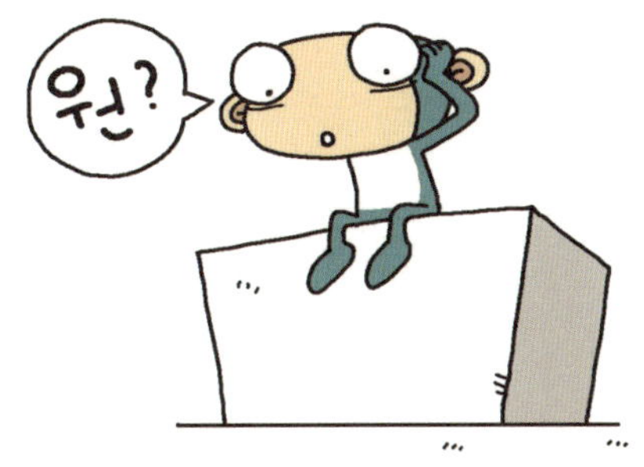

28 통은 통인데 사람들이 가장 좋아하는 통은?

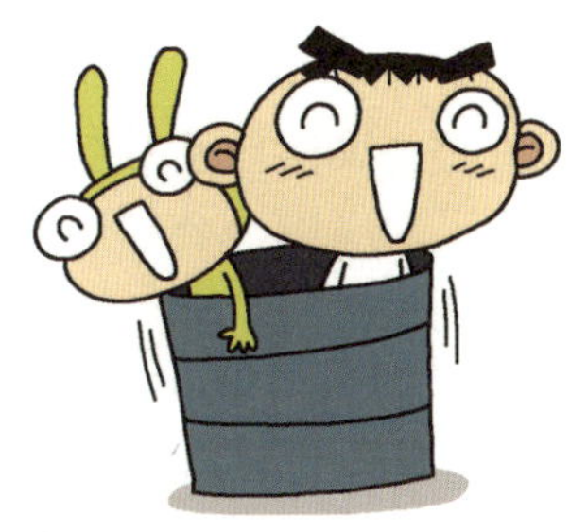

29 겨울철에 미니 스커트만 입고 다니는 여자는?

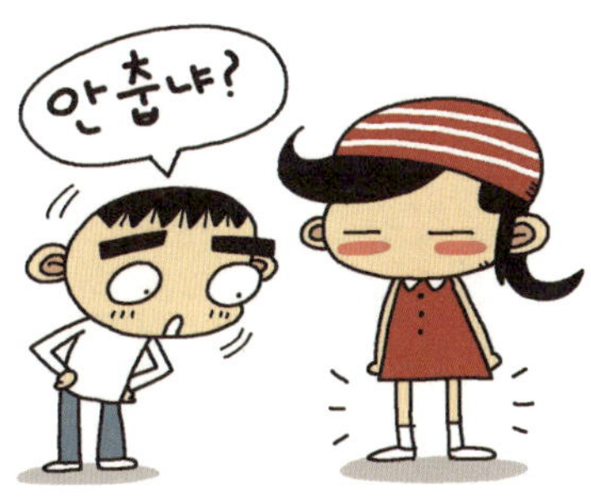

30 세상에서 가장 무섭게 깨지는 유리창은?

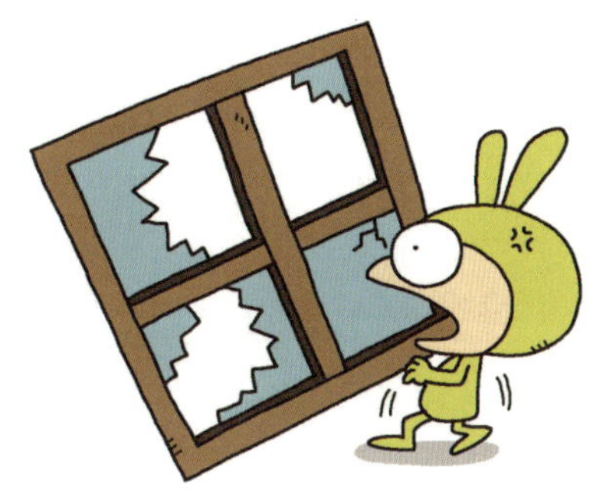

31 여우가 제일 무서워하는 여자는?

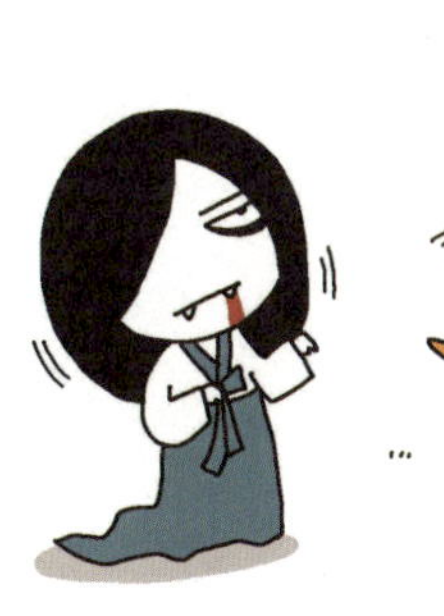
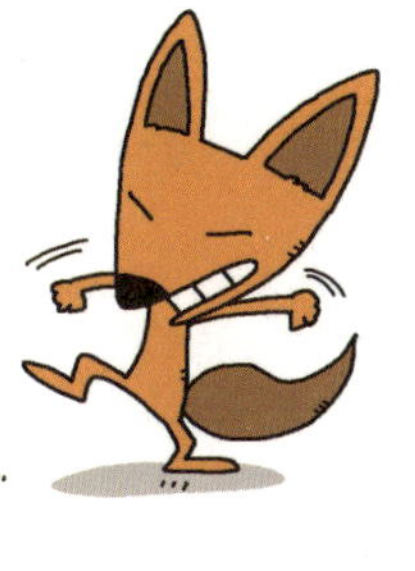

32 문이 하늘로 난 집은?

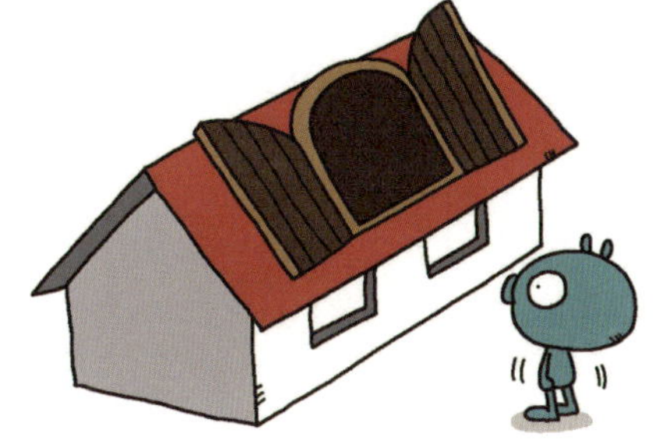

정답

27. 돈 28. 운수대통 29. 철없는 여자 30. 와장창 31. 여우 목도리한 여자 32. 돼지우리, 제비집

33 노처녀가 제일 끌고 싶어하는 차는?

34 무는 무인데 당기면 늘어나고, 놓으면 줄어드는 것은?

35 개 조심이란 글자를 제일 좋아하는 사람은?

36 비는 비인데 입으로 뜯어 먹는 것은?

37 이름은 하나지만 실제로 일곱 명의 쌍둥이인 것은?

38 여름철에 장사가 잘 안 되는 사람들이 날리는 것은?

39 매일같이 하루에도 여러번 푸른 얼굴에 하얀 화장을 했다가 지우는 것은?

40 눈사람의 반대말은?

41 거지가 가장 좋아하는 욕은?

42 계절에 상관없이 사시사철 피는 꽃은?

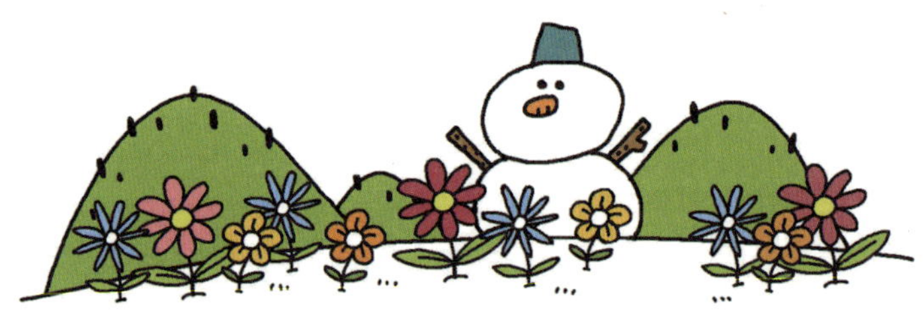

43 천재 남편과 바보 아내가 결혼하면 어떤 아이를 낳을까?

44 집에 가만히 앉아서 공짜로 받을 수 있는 것은?

45 우습게 봐줄수록 좋다고 하는 사람은?

정답
33. 유모차 34. 고무 35. 개 도둑 36. 갈비 37. 무지개 38. 파리 39. 칠판 40. 일어선 사람
41. 빌어먹을 42. 웃음꽃 43. 갓난아기 44. 전화 45. 개그맨

46 '사람이란 다 때가 있는 법이야' 하면서 찾아가는 곳은?

47 홍대는 마포구, 그러면 서울역은 어느 구로 들어갈까?

48 치면 칠수록 때리면 때릴수록 생기가 넘치는 것은?

49 이자 없이 꾸는 것은?

50 도둑이 휴가 가는 날은?

51 한 방에 네 명과 한 명이 따로 들어가는 것은?

52 가위는 가위인데 자르지 못하는 가위는 무엇인가?

53 깎으면 깎을수록 커지는 것은 무엇인가?

54 사람을 물에 넣어두었다가 다시 말리고 파는 사람은?

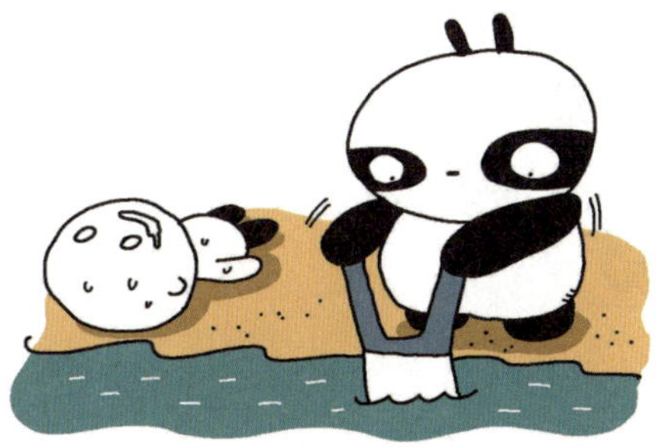

55 산타클로스 할아버지가 가장 싫어하는 음식은?

56 큰 구멍이 났는데도 물 위에 둥둥 뜨는 것은?

57 앞으로 가면 갈수록 올라가는 것은?

58 해에게 오빠가 있는데 누구인가?

정답
46. 목욕탕 47. 개찰구 48. 팽이 49. 꿈 50. 경찰에게 잡힌 날 51. 벙어리 장갑 52. 한가위(추석) 53. 구멍
54. 사진사 55. 울면 56. 튜브 57. 택시 요금 58. 해오라비('해오라기'의 경상도 방언)

59 해의 성별은 남자인가 여자인가?

60 코에 걸면 코걸이, 귀에 걸면 귀걸이다. 그러면 입에 걸면 무엇인가?

61 똑똑한 사람을 가장 많이 볼 수 있는 장소는?

62 할머니가 제일 좋아하는 배는?

63 하는 일 없이 무료로 맛있는 것만 받아먹고 사는 것은?

64 가만히 있어도 잡을 수 없는 것은 무엇인가?

65 뒤로 갈수록 위치가 높아지는 것은?

66 가장 짧은 시간에 돈 버는 사람은?

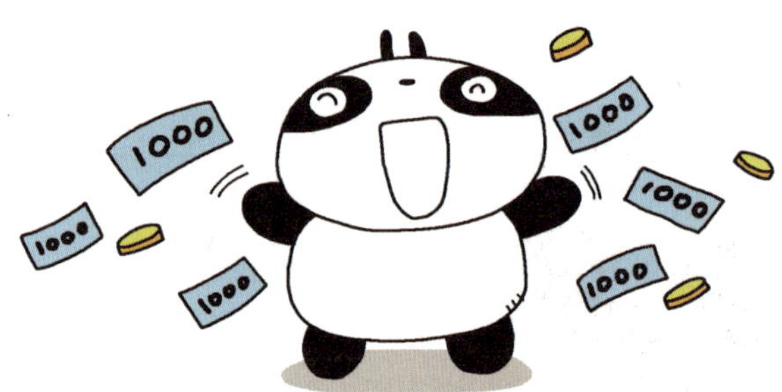

67 인체에서 나오는 것인데 추운 날에만 보이고, 더운 날에는 보이지 않는 것은?

68 아는 길을 물어 가면?

69 뜨거운 물만 배에 넣고 다니는 것은?

70 이기고도 지는 것은?

정답
59. 여자(오빠가 있으니까) 60. 마스크 61. 화장실 62. 할배('할아버지'의 방언) 63. 회충 64. 그림자
65. 극장 좌석 66. 사진사 67. 입김 68. 시간 낭비 69. 보온병 70. 상품(상품을 등에 진다)

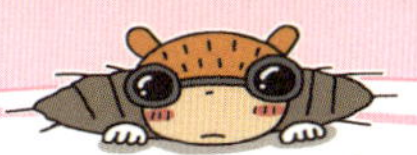

71 호랑이는 영어로 Tiger이다. 그렇다면 이 빠진 호랑이는?

72 매일 방귀만 뀌는 나무는?

73 지붕 위에 올려놓은 뼈다귀는?

74 하얀 속살을 갖고 있지만 노란 옷을 입고 있는 것은?

75 차 위에 모자를 쓰고 다니는 것은?

76 몽둥이와 공이 하나씩 있는 기호는?

77 할미꽃도 좋고, 호박꽃도 좋다고 하는 것은?

78 병은 병인데 가짜인 병은?

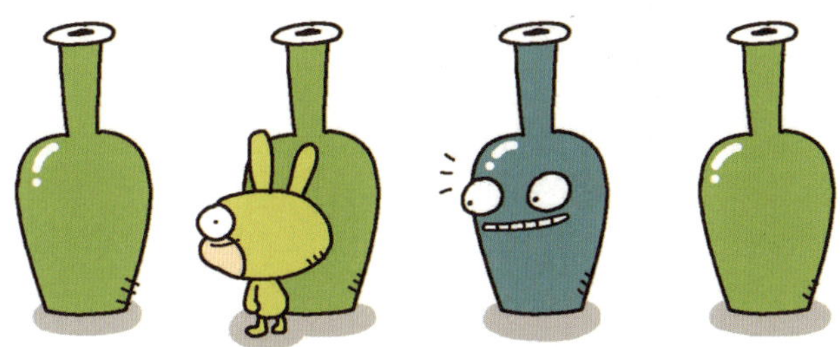

79 들어가면 불을 끄지만 나오면 불을 켜는 곳은?

80 부엌에서 발가벗기고 몽둥이로 얻어맞는 것은?

81 벼락은 벼락인데 모든 사람이 맞고 싶어하는 벼락은?

82 버스는 버스인데 바다를 지나간 버스는?

83 불은 불인데 가시가 잔득 있는 불은?

정답

71. Tigr 72. 뽕나무 73. 안테나 74. 참외 75. 택시 76. 느낌표 77. 꿀벌 78. 꾀병 79. 극장 80. 마늘
81. 돈벼락 82. 콜럼버스 83. 가시덤불

84 나무젓가락에 구름을 걸어둔 것은?

85 고래 두 마리가 소리를 질렀다. 뭐하고 했을까?

86 옷을 벗고는 껌껌한 동굴로 들어가는 것은?

87 책은 책인데 글씨가 하나도 없이 비어 있는 책은?

88 세상에서 제일 싼 집은?

89 개구리가 자주 찾는 굴은?

90 제발 화내지 말라고 홍보하고 다니는 사람은?

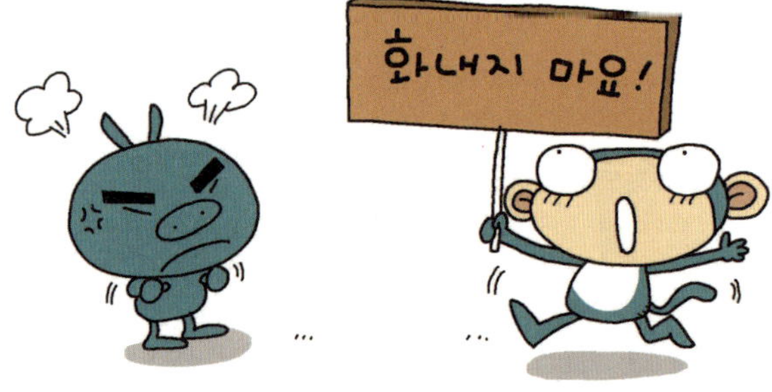

91 낮에는 눈을 감지만 밤에는 눈을 뜨는 것은?

92 사기꾼들이 잘 파는 땅은?

93 꿔 주기만 하고 다시 돌려 받지는 못하는 것은?

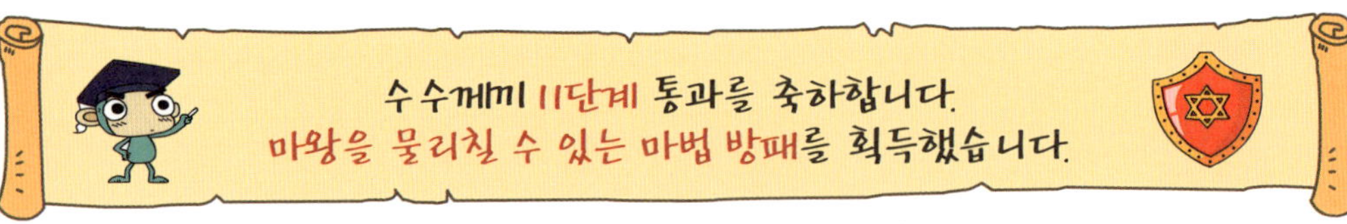

정답
84. 솜사탕 85. 고래고래 86. 사탕 87. 공책 88. 닭똥집 89. 개굴개굴 90. 소방관 91. 자동차
92. 얼렁뚱땅 93. 방귀

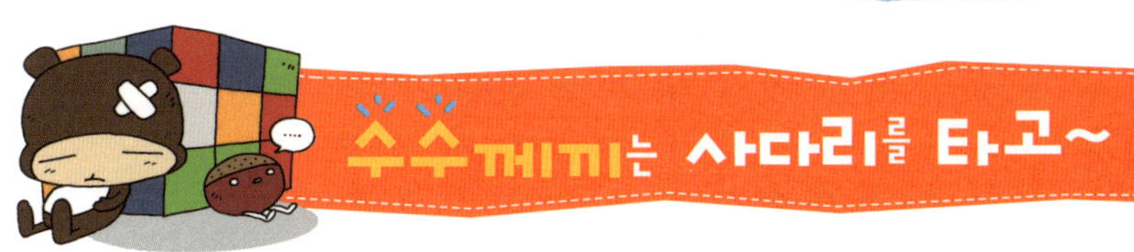

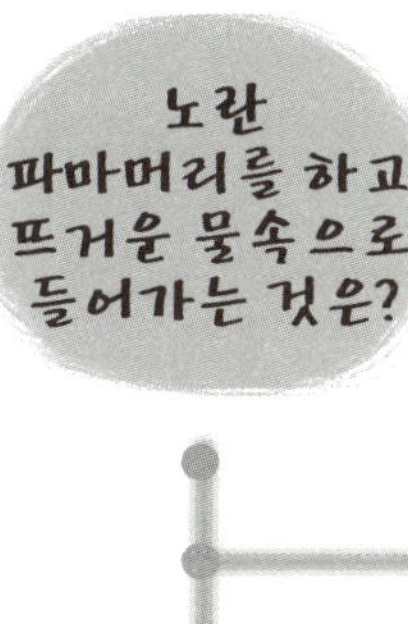

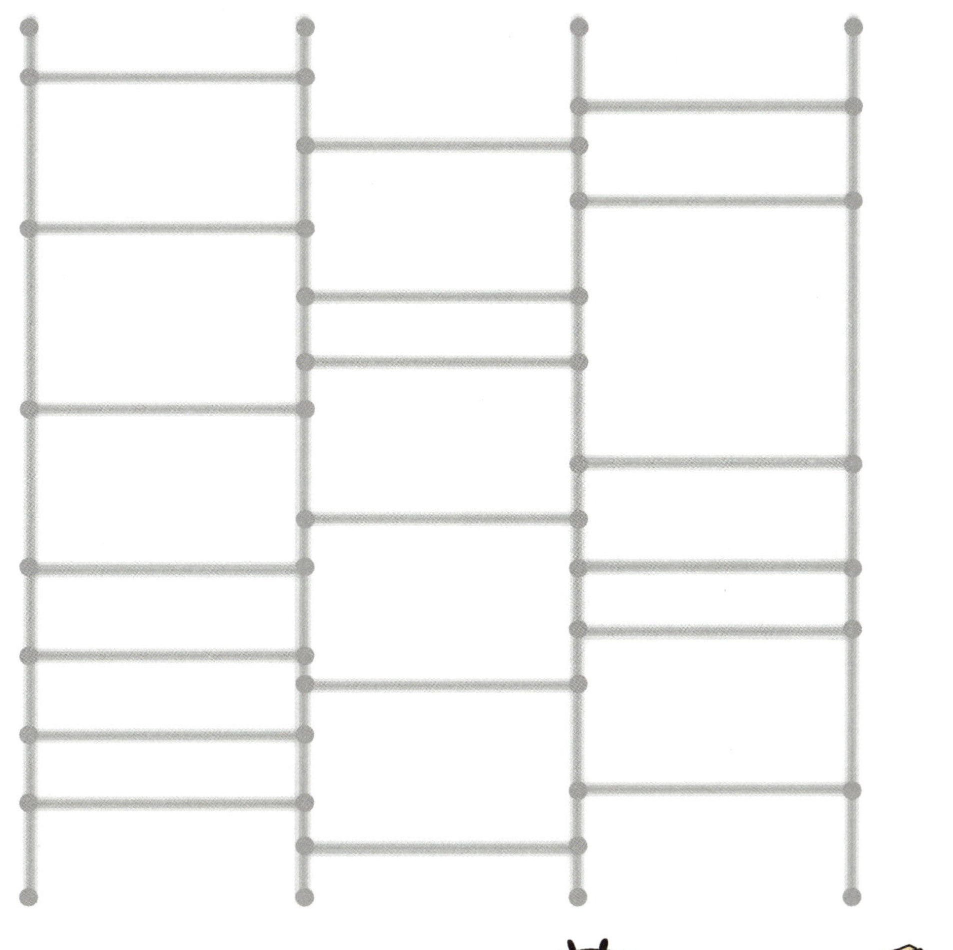

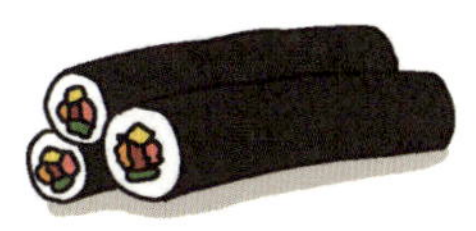

김밥

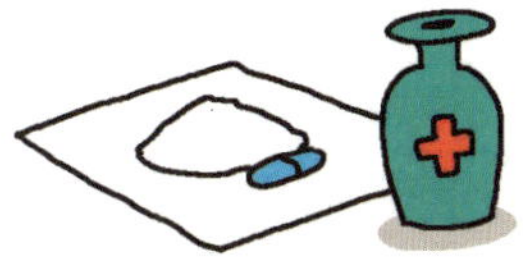

소화제

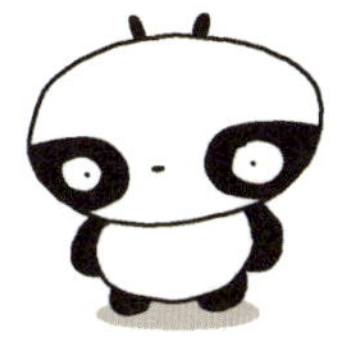

싱거운 사람

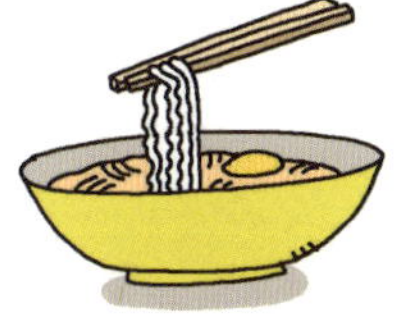

라면

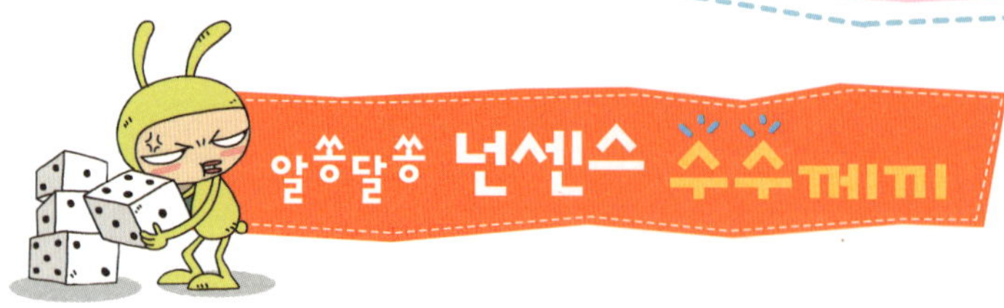

1. 뼈로 만든 방은?

2. 아수라 백작의 아들 이름은?

3. 종달새 수컷이 암컷을 어떻게 부를까?

4. 육지에서 사는 고래는?

5. 아이스크림 차가 교통사고가 났다. 왜일까?

6. 사람들이 인터넷에서 하나씩 가지고 있는 쥐는 무엇인가?

7. 금은 금인데 도둑 고양이에게 가장 어울리는 금은?

8. 임꺽정이 타고 다니는 차는 무엇일까?

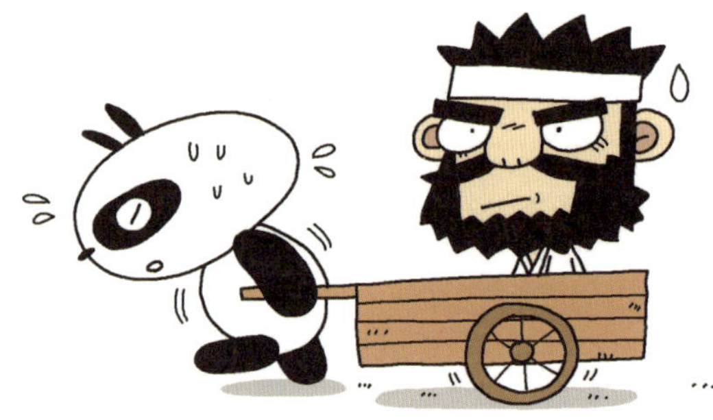

1. 골룸 2. 아수라장 3. 지지배(배) 4. 술고래 5. 차가 와서 6. 홈페이지(쥐) 7. 야금야금
8. 으라차차차!

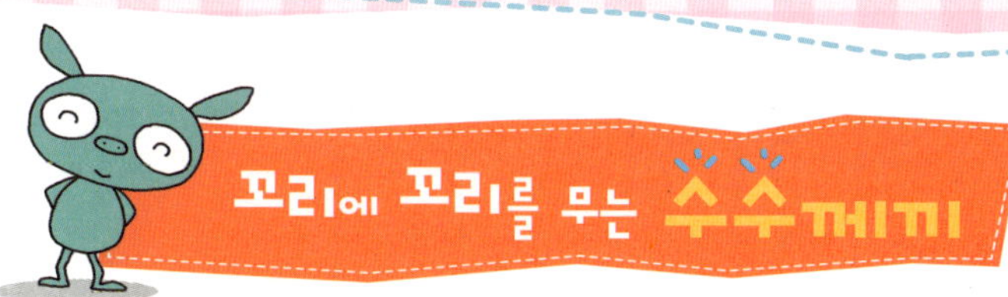

1. 아름다움을 시기해서 일으킨 전쟁 이름은?

2. 세계에서 제일 지루하게 오랫동안 계속된 전쟁은?

3. 세계에서 제일 추잡한 전쟁은?

4. 세계에서 제일 두려운 전쟁은?

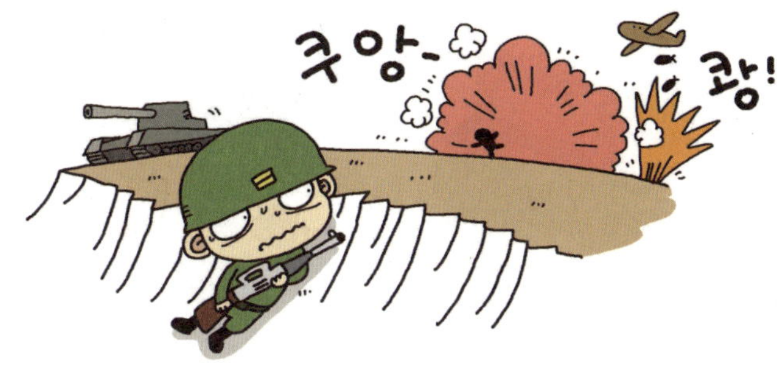

5. 도둑이 가장 좋아하는 아이스크림은?

6. 도둑이 가장 싫어하는 아이스크림은?

7. 형사가 가장 좋아하는 아이스크림은?

8. 드라큐라가 가장 좋아하는 아이스크림은?

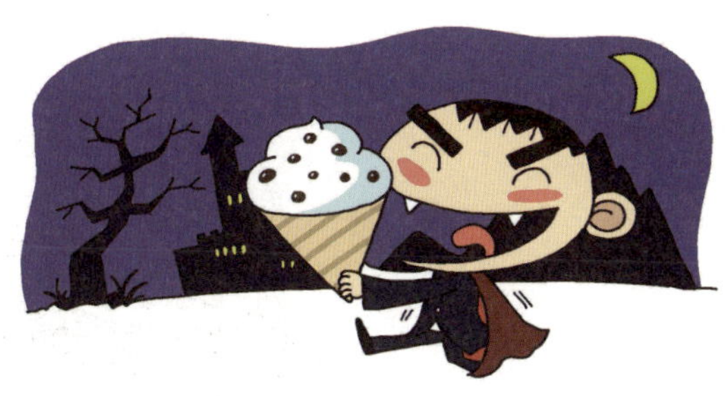

정답
1. 미워(war) 2. 지겨워 3. 더러워 4. 무서워 5. 보석바 6. 누가바 7. 잡고바 8. 빨고바

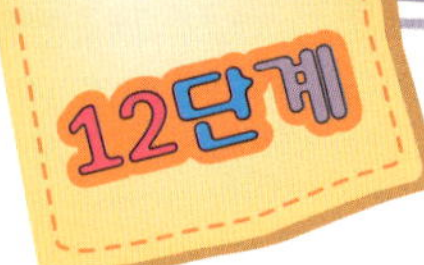

수수께끼의 달인

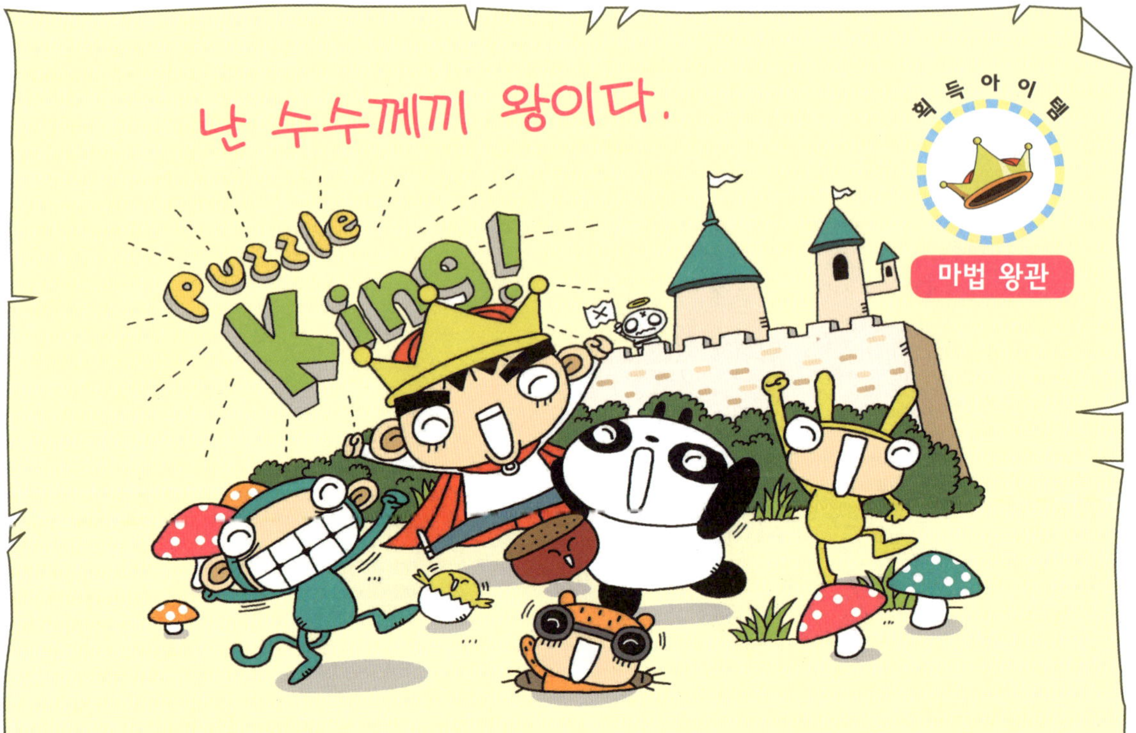

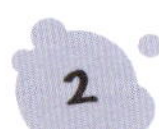

수수께끼 마왕을 물리친 초롱이는 드디어 수수께끼 왕이 되었습니다.
섬에 갇혀있던 모든 친구들은 집으로 돌아갈 수 있게 되었답니다.

1 물만 먹고도 건강하게 자라나는 것은?

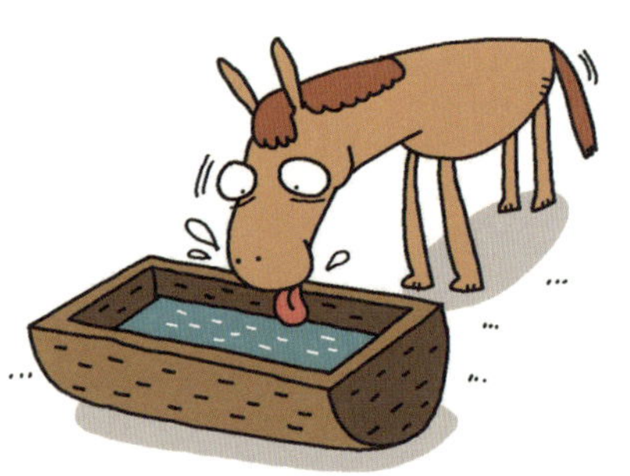

2 세상에서 제일 맛있는 집은?

정답

1. 콩나물 2. 닭똥집

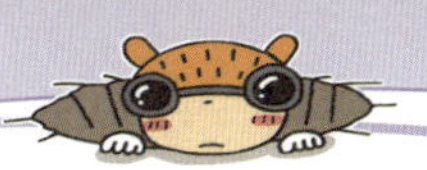

3. 내 것인데 남이 주로 쓰는 것은?

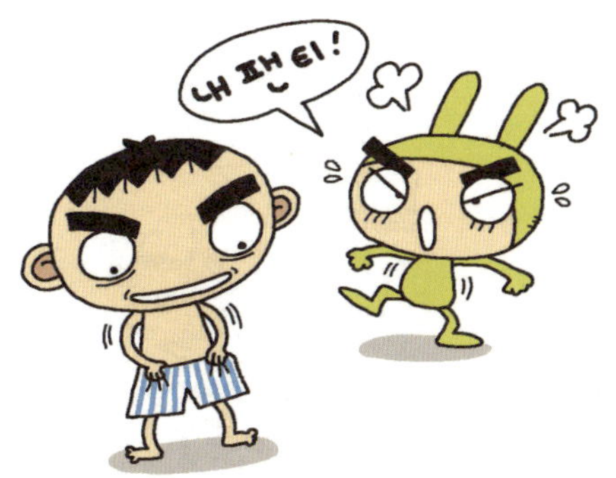

4. 내 것인데 나보다 남이 더 필요한 것은?

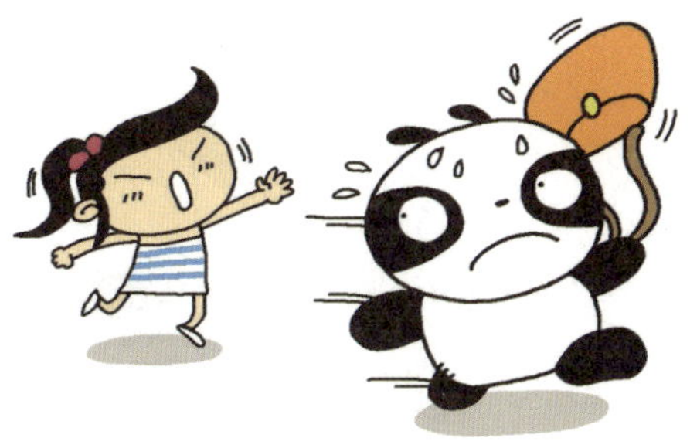

5. 머리를 세게 두들겨 맞아야 들어가는 것은?

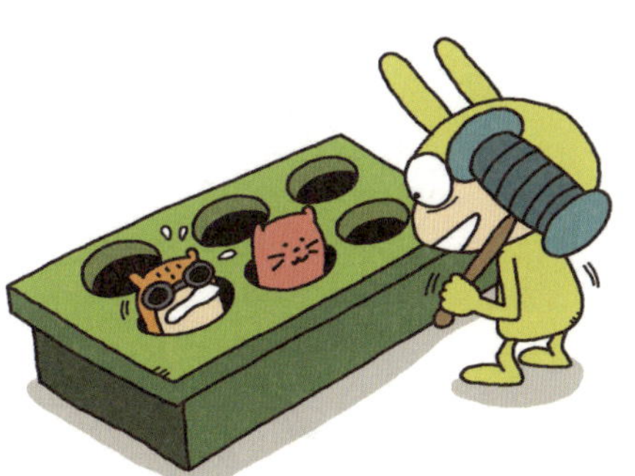

6. 사람 얼굴에서 터널 두 개가 뚫려 있는 것은?

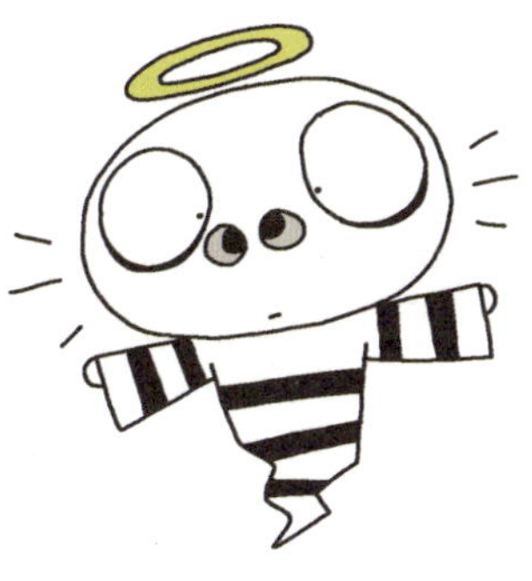

7. 바다에 사는데 날아다니는 동물은?

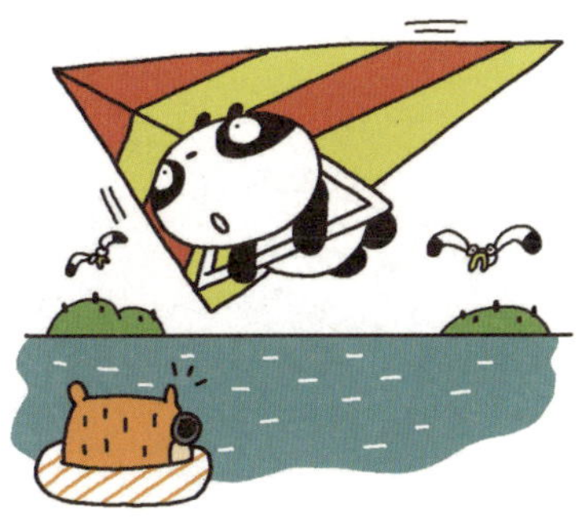

8. 이 산에서 소리지르면, 저 산에서 따라하는 것은?

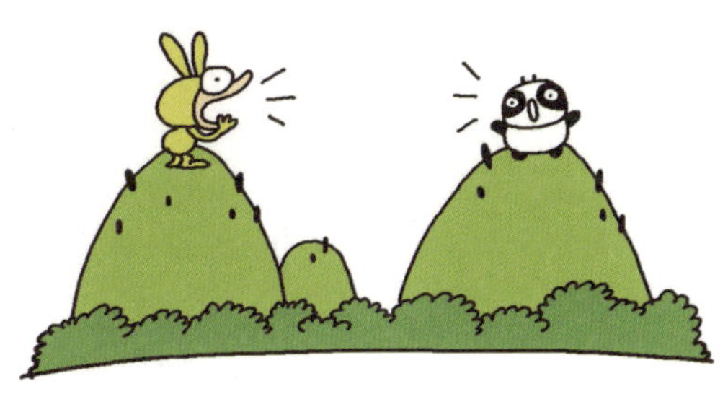

3. 이름 4. 명함 5. 못 6. 콧구멍 7. 날치 8. 메아리

손님이 올 때마다 끌려 나오는 것은?

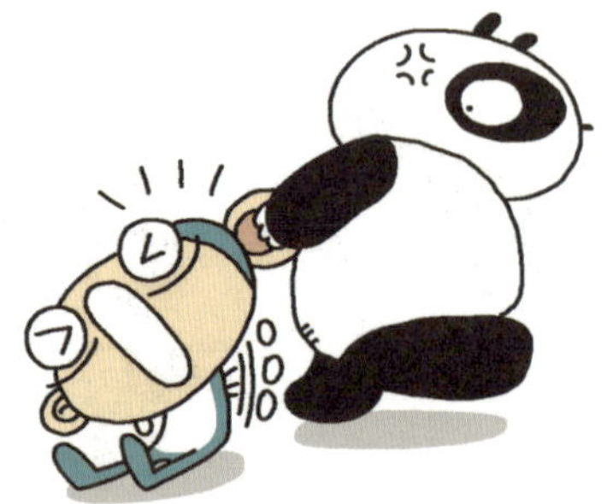

차는 차인데 타고 다니는 차가 아니라 실려 가는 차는?

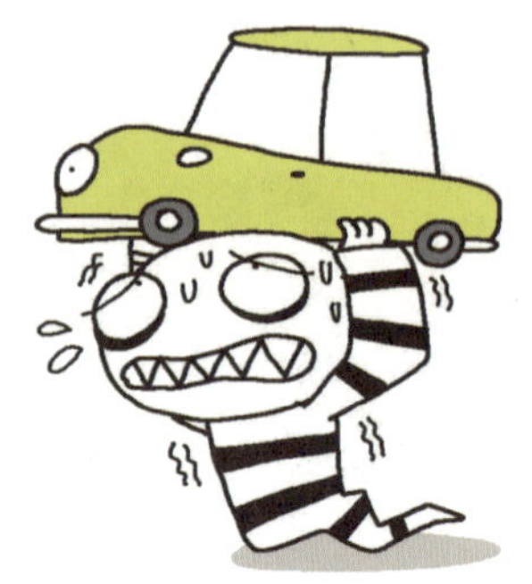

11

오리의 방석은?

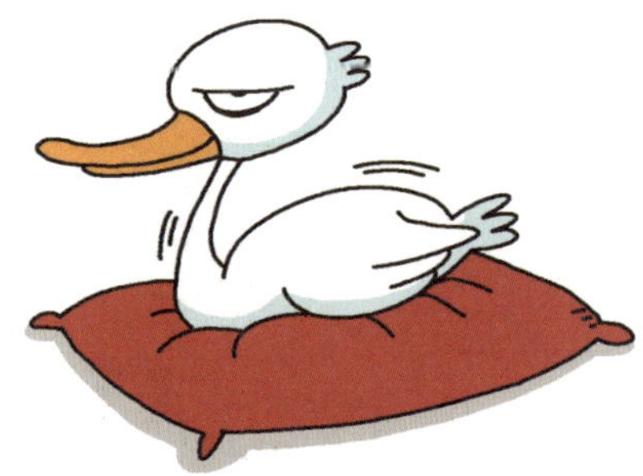

12

거꾸로 걸어다니는 것은?

13

자리는 자리인데 깔지 못하는 자리는?

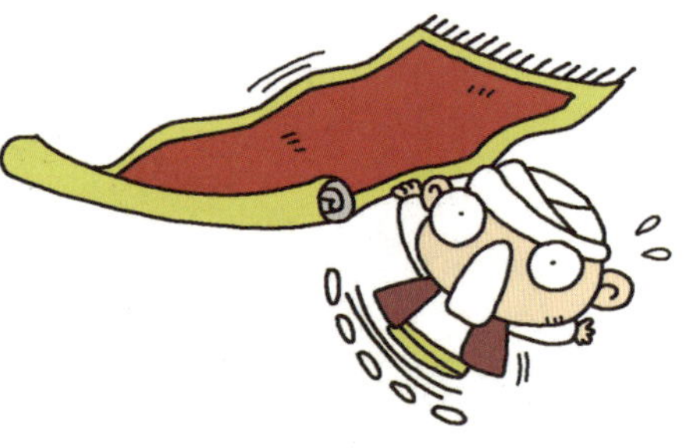

14

있으면 안 보이고 없으면 보이는 것은?

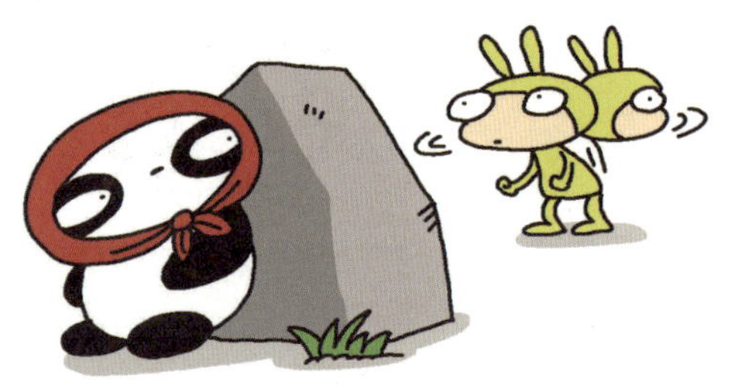

정답

9. 방석 10. 구급차 11. 물 12. 붓 13. 꿈자리 14. 구름과 해

15 장님도 볼 수 있는 것은?

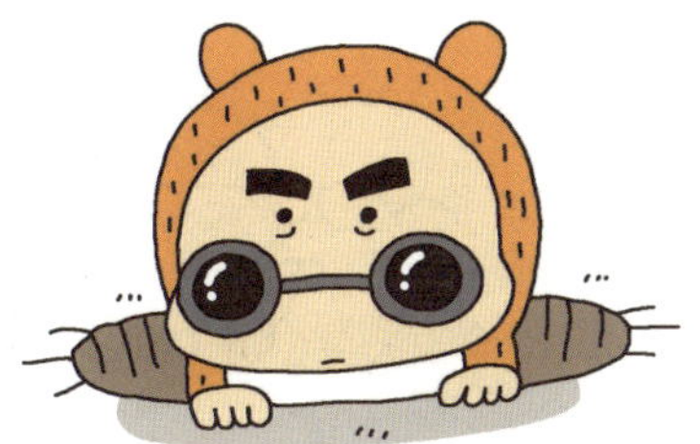

16 볼 수는 있어도 결코 가질 수 없는 것은?

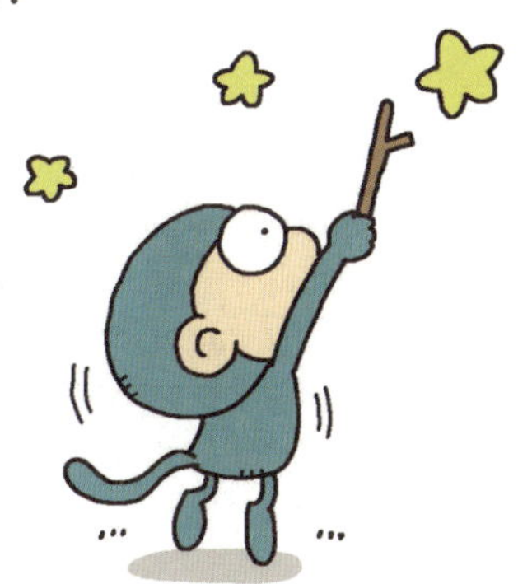

17 소는 소인데 뿔 없는 소는?

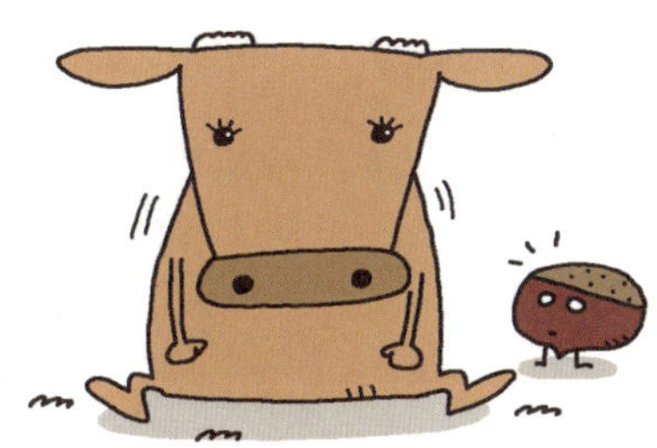

18 머리로 먹고 옆으로 게우는 것은?

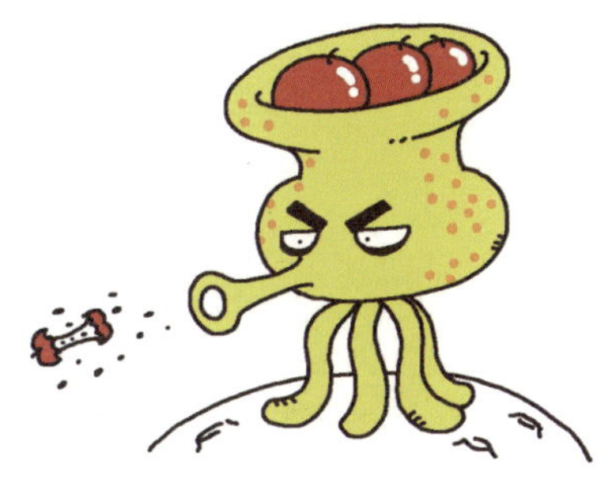

19 걸어가면서 빈대떡 부치는 것은?

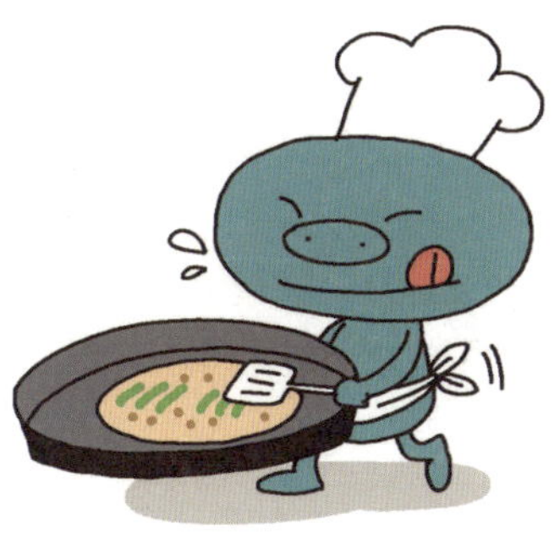

20 한 주일마다 꼭 한 번씩 빨간 옷을 입고 나오는 것은?

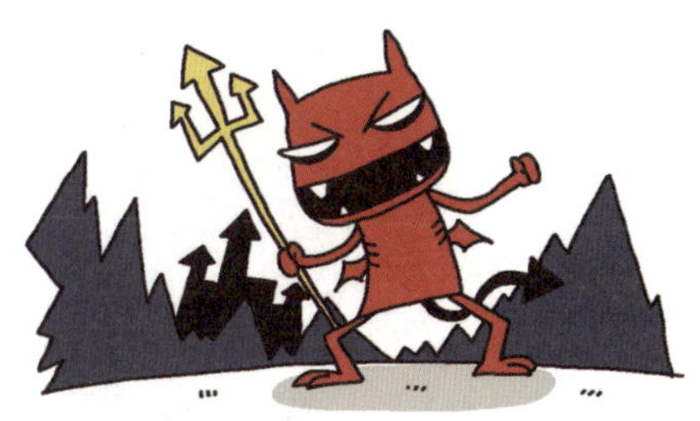

정답

15. 꿈 16. 거울 속의 물건이나 그림자 17. 미소 18. 맷돌, 주전자 19. 쇠똥 20. 일요일

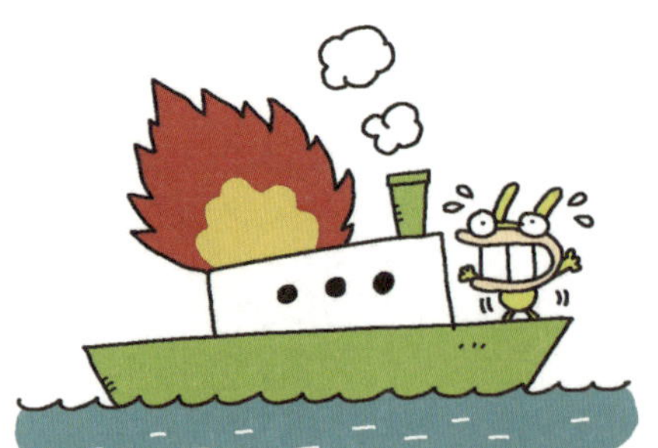

21 불은 불인데 배 위에 올라가는 불은 무엇일까?

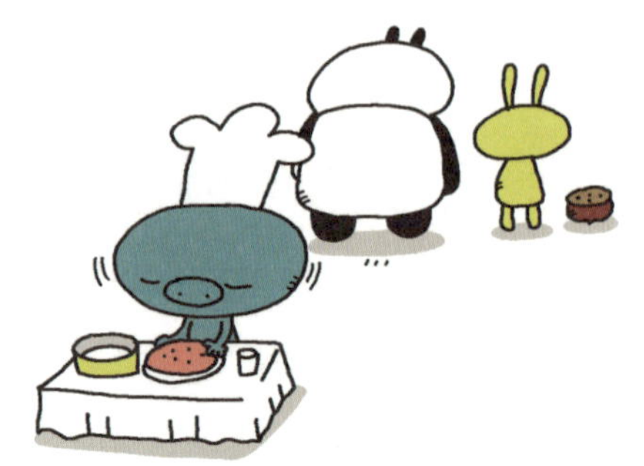

22 항상 손님을 뒤에 두고 일하는 사람은?

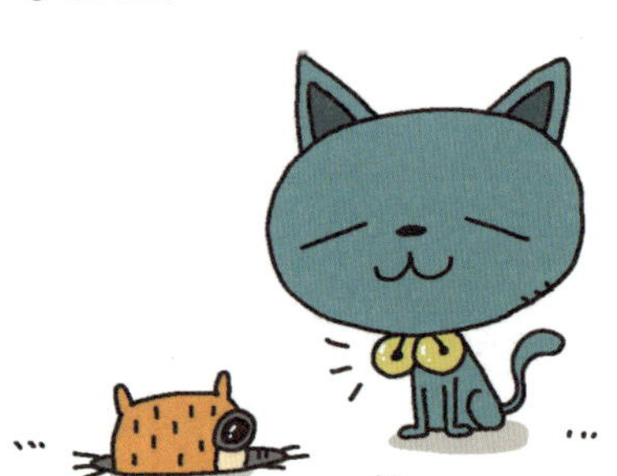

23 방울은 방울인데 소리가 나지 않는 방울은?

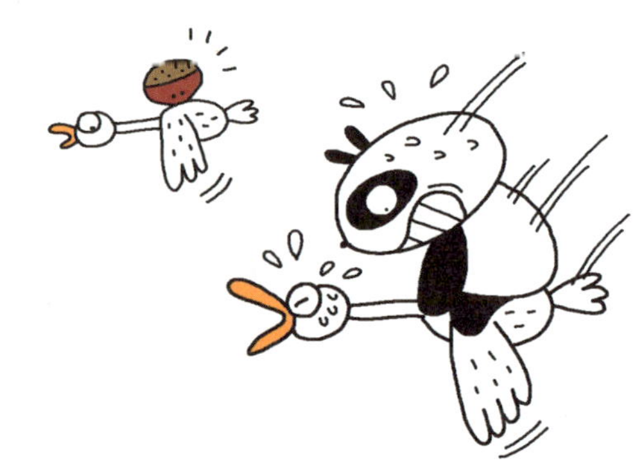

24 크면 클수록 아래와 가까워지는 것은?

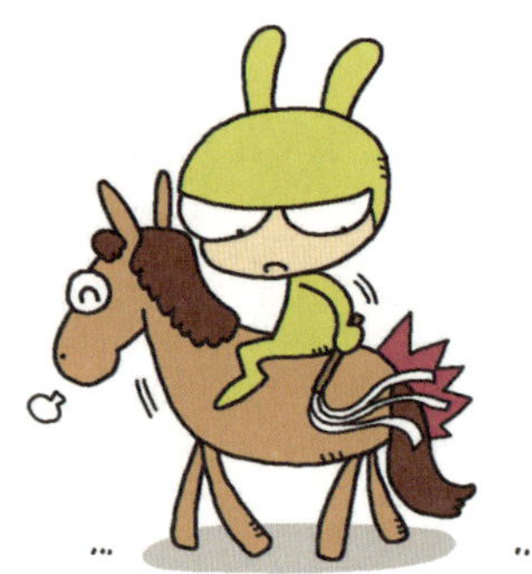

25 엉덩이를 때려도 고맙다는 말을 듣는 사람은?

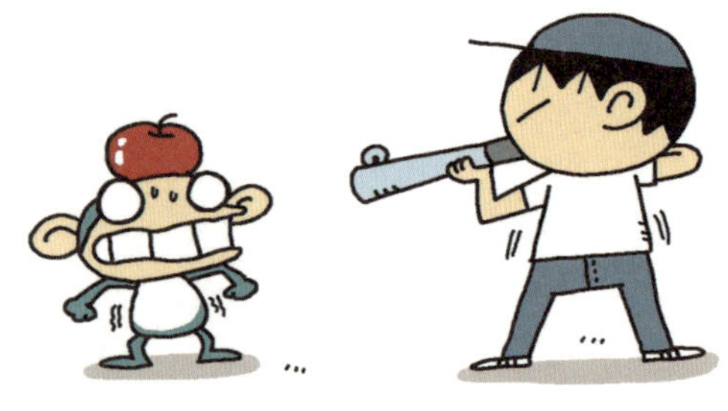

26 쏴도 죽지는 않지만 기분이 좋지 않은 총은?

21. 이불 22. 택시 기사 23. 솔방울 24. 고드름 25. 간호사 26. 눈총

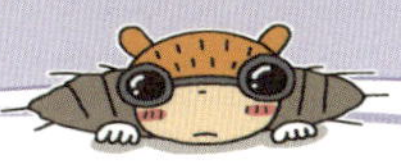

27 매일 같은 길을 왔다 갔다 하는 것은?

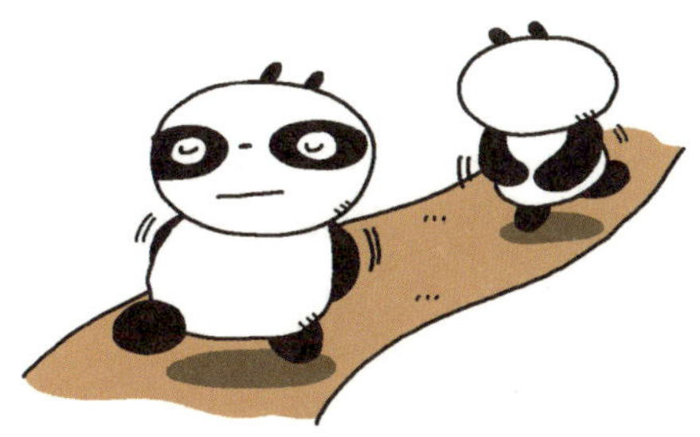

28 책상 위에 쳐 놓은 그물을 넘는 것이 직업인 것은?

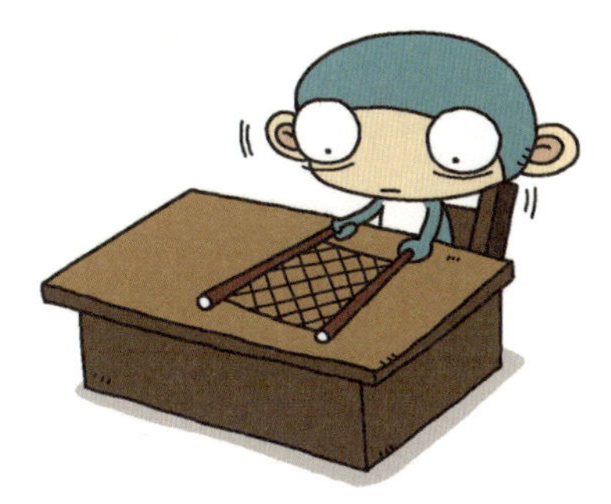

29 소는 소인데 날 수 있는 소는?

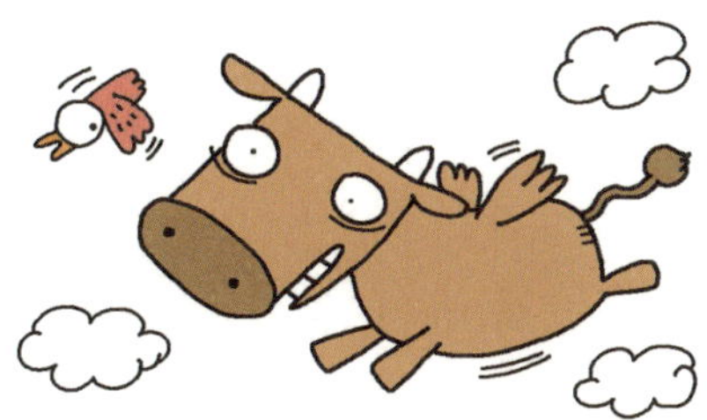

30 발이 두 개 달린 소는?

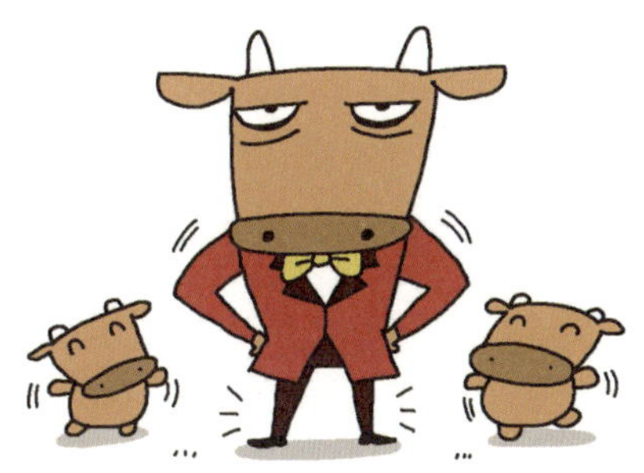

31 사람의 몸무게가 가장 많이 나갈 때는?

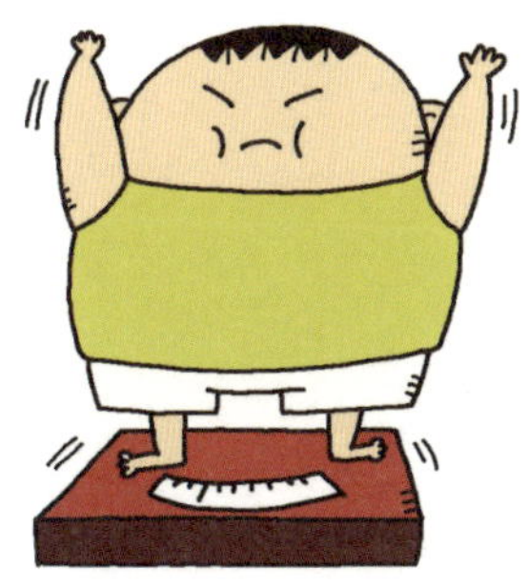

32 심장의 무게는 몇 근이나 될까?

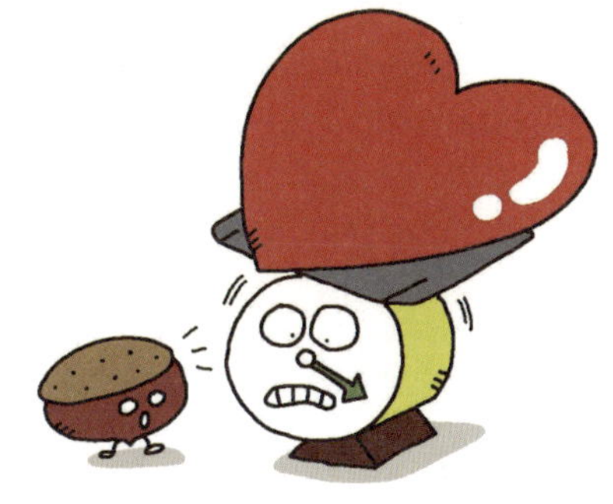

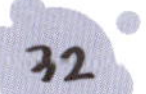

정답
27. 기차 28. 탁구공 29. 장수하늘소 30. 이발소 31. 철들 때 32. 두근

33 사람을 깨끗하게 하면 할수록 자신은 작아지는 것은?

34 올라가면 내려가고, 내려가면 다시 올라가는 것은?

35 눈치코치란 말의 의미는?

36 누구나 즐겁게 웃으며 읽는 글은?

37 말은 말인데 타지 못하는 말은?

38 많이 먹으면 먹을수록 하늘로 높이 올라가는 것은?

39 초는 초인데 불을 켤 수 없는 초는?

40 태어난 날이 곧 제삿날인 동물은?

41 산에 살면서 남을 그대로 따라하는 것은?

42 약은 약인데 아껴 먹어야 하는 약은?

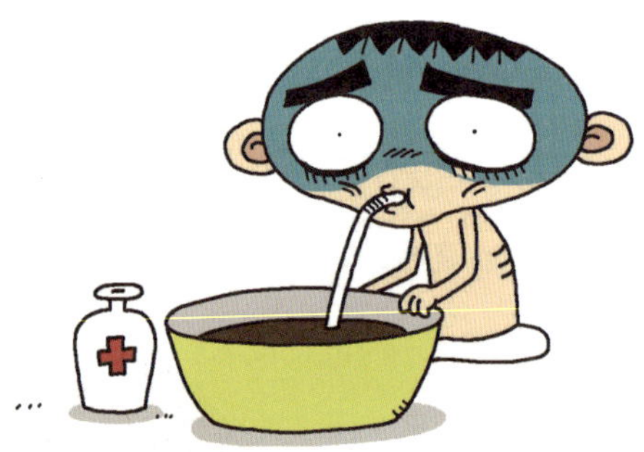

43 양초가 꽉 차 있을 때 하는 말은?

44 못 팔고도 돈 버는 사람은?

33. 비누 34. 시소 35. 눈 때리고 코 때리고 36. 싱글벙글, 생글생글 37. 거짓말 38. 풍선 39. 식초
40. 하루살이 41. 메아리 42. 절약 43. 초만원 44. 철물점 주인

45 눈으로 정확히 보고도 잡지 못하는 것은?

46 들어가면 들어갈수록, 파면 팔수록 깊어지는 것은?

47 잘 먹고도 성내기 쉬운 것은?

48 세상에 태어나서 단 한 번만 먹고 입을 다물어 버리는 것은?

49 뿔 없는 소는 무엇인가?

50 누구든지 노력하면 얻을 수 있는 금은?

51 나는 꼬리가 무엇인가?

52 피도 눈물도 없는 아버지는?

53 나는 동물의 새끼인데 날지 못하는 것은?

54 자기들만이 옳다고 우기는 사람들만 사는 집은?

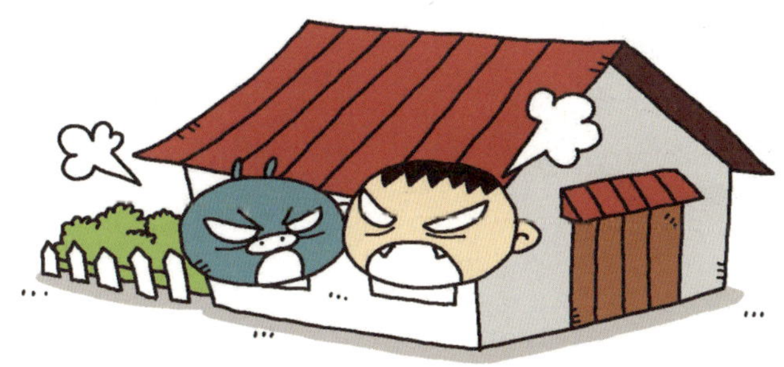

55 물 없는 사막에서도 할 수 있는 물놀이는?

56 도둑이 훔친 돈을 뭐라고 할까?

57 나이를 먹어갈수록 살찌는 것은?

정답

45. 그림자 46. 학문 47. 술 48. 편지 봉투 49. 송아지 50. 저금 51. 꾀꼬리 52. 허수아비
53. 구더기, 애벌레(나비) 54. 고집 55. 사물놀이 56. 슬그머니 57. 열매

58 날마다 종일토록 두 손으로 얼굴을 만지는 것은?

59 누르면 나오는 것은?

60 세탁소 주인이 가장 좋아하는 차는?

61 세상에서 제일 더럽고 추잡스러운 개는?

62 그리면 둥글고 쓰면 모진 것은?

63 길에 우물을 파며 가는 것은?

64 '술과 차는 안 팝니다'를 네 글자로 줄이면?

65 백설 공주는 무엇을 먹고 죽었을까?

66 비가 오면 펼쳐지고, 비가 그치면 오므라드는 것은?

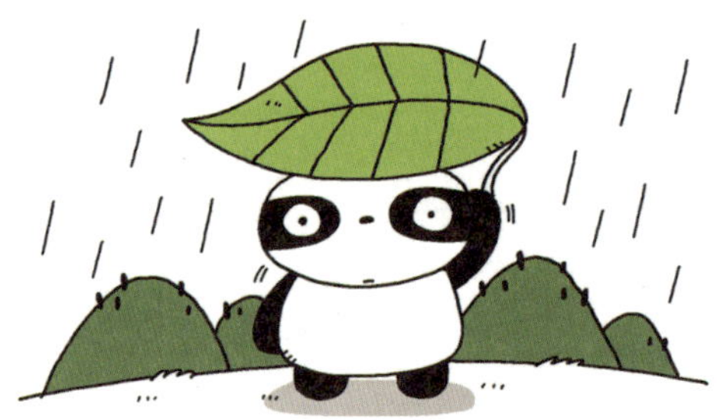

67 반드시 불을 끄지 않고서는 잠을 잘 수 없는 사람은?

68 발버둥치려는 사람들이 찾아오는 곳은?

69 쥐가 네 마리 모이면 무엇이 될까?

70 만두 장수가 가장 듣기 싫어하는 말은?

58. 시계 59. 초인종 60. 구기자차 61. 꼴불견 62. 해(日) 63. 지팡이 64. 주차(酒茶) 금지 65. 나이
66. 우산 67. 소방관 68. 수영장 69. 쥐포 70. 속 터진다.

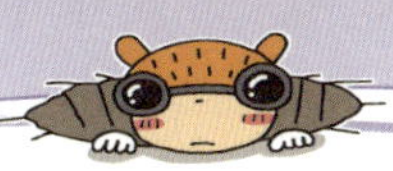

71 물 속에 다니는 버들잎은?

72 물에 넣어도 젖지 않고 불에 넣어도 타지 않는 것은?

73 무엇이든지 혼자 다 해먹는 사람은?

74 술은 술인데 어린이가 해도 되는 술은?

75 양파를 까면 깔수록 나오는 것은?

76 앞 뒤가 같은 이름의 새는?

77 칼이 달린 구두를 신고 얼음 위를 다니는 것은?

78 무게를 잡는 일이 직업인 사람은?

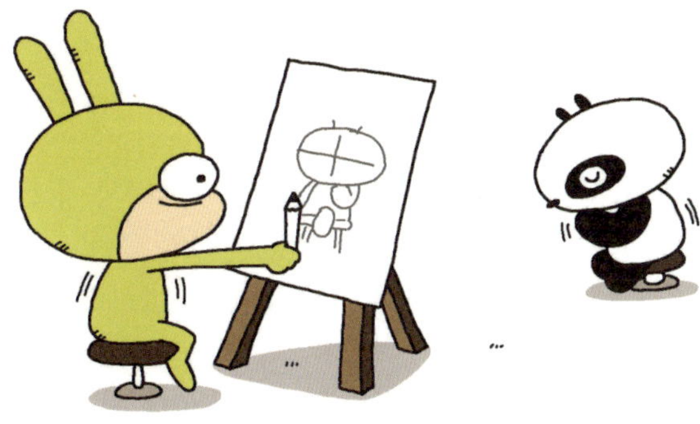

79 절대로 자나 깨나 볼 수 없는 것은?

80 잡으면 죽고, 놓으면 사는 것은?

81 산 중에서 미역 장수가 제일 좋아하는 산은?

82 누구나 죽어야만 받을 수 있는 돈은?

정답
71. 물고기 72. 그림자 73. 자취생 74. 무술 75. 눈물 76. 기러기 77. 스케이트 78. 역도선수
79. 잠자는 자신의 얼굴 80. 고압선 81. 출산 82. 조의금

83 강도 아니고, 바다도 아니지만 물고기가 언제나 헤엄쳐 노는 곳은?

84 하늘과 땅에서 줄을 당겼다 놓았다 하는 것은?

85 일단은 하지 않아도 되는 것은?

86 무당을 제일 좋아하는 사람은?

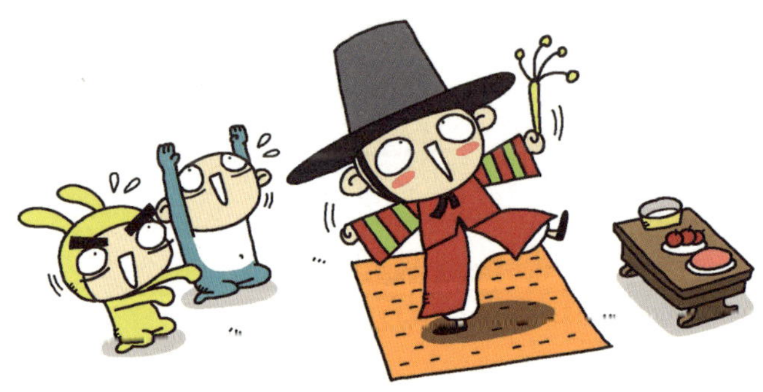

87 남자도 입을 수 있는 치마는?

88 나무는 나무인데 거꾸로 선 나무는?

89 화초가 가장 좋아하는 개는?

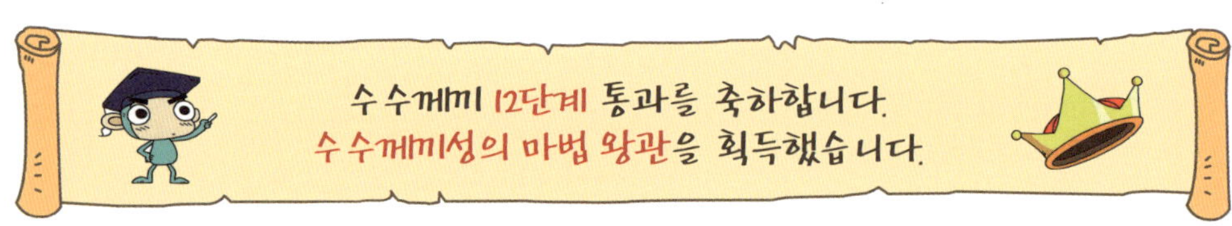

정답
83. 수족관 84. 연 85. 구구단 86. 당뇨병 환자 87. 앞치마 88. 물구나무 89. 물뿌리개

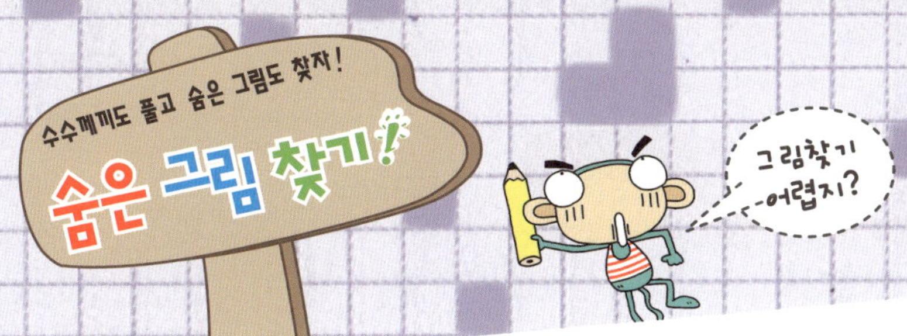

Q 멋진 날개를 갖고 있지만 때리지 않으면 날 수 없는 것은?

Q 해를 보고 수줍어서 고개 숙이는 것은?

Q 잘못했을 때 먹는 과일은?

Q 뼈 속에 살이 든 것은?

Q 이 세상에 태어난 뒤로 머리를 한 번도 깎아 본 적이 없는 것은?

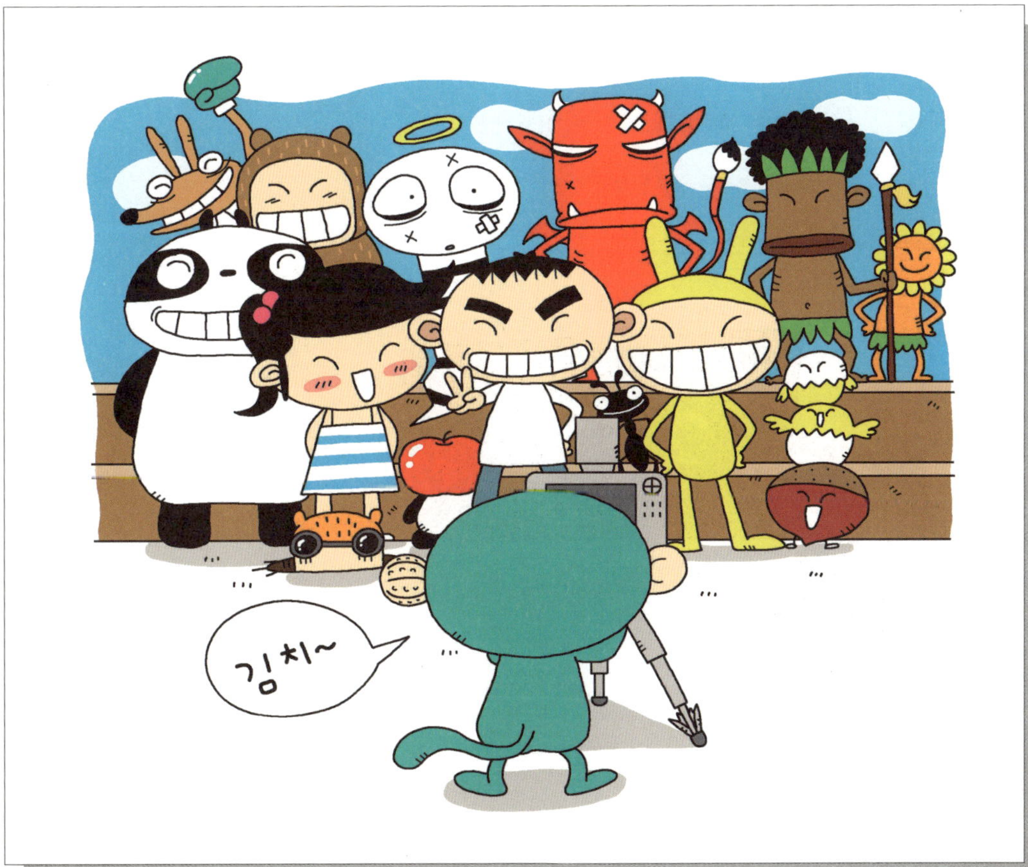

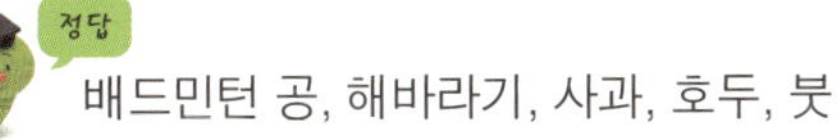

배드민턴 공, 해바라기, 사과, 호두, 붓

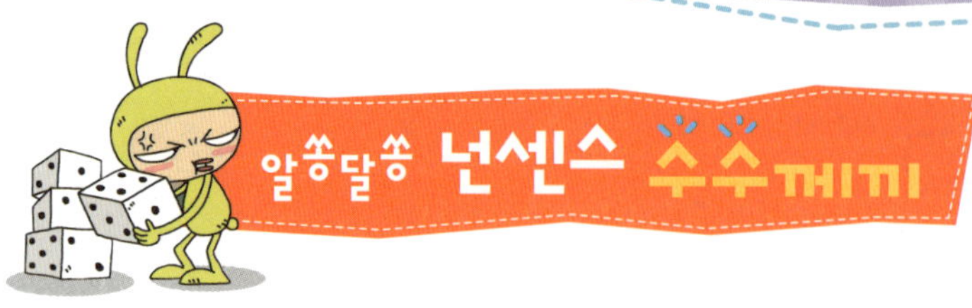

1 콩쥐의 깨진독을 수리해 줄 다섯 사람은?

2 태양을 인터뷰하는 기자는?

3 큰 꿈을 가진 나무를 네 글자로 줄이면?

4 텔레토비가 좋아하는 알파벳은?

5 답답한 사람은?

6 음식에 앉은 파리를 내쫓자, 파리가 한 말은?

7 '여름철 모기'를 영어로 말하면?

8 '등잔 밑이 어둡다'를 현대판으로 말하면?

9 이팔은 십육이다. 그러면 사오는?

10 삼오는 십오이다. 그러면 이구는?

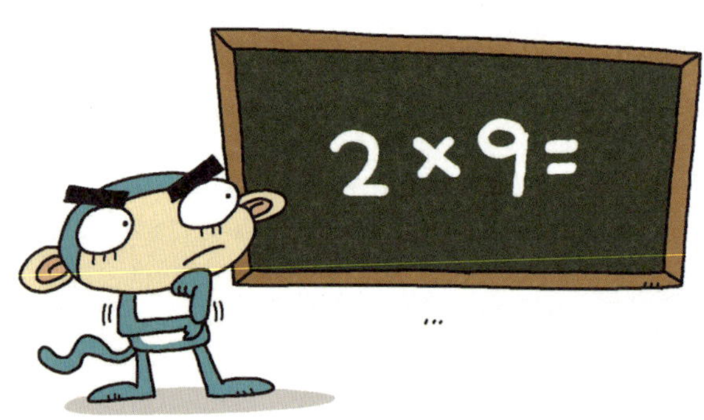

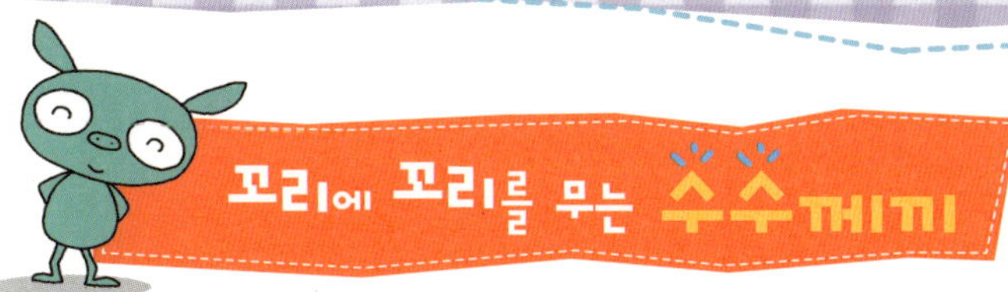

여기는 어디일까요?

1. 우리나라에서 분주하고 시끄러운 도시 이름은?
2. 우리나라에서 생선 매운탕을 좋아하는 도시 이름은?
3. 우리나라에서 노래를 부르려는 사람이 먼저 찾아가는 도시 이름은?
4. 우리나라에서 식욕이 없는 사람들이 가고 싶어하는 도시 이름은?
5. 우리나라에서 술을 좋아하는 사람들이 찾는 도시 이름은?
6. 우리나라에서 보석을 좋아하는 사람들이 가고 싶어하는 도시 이름은?
7. 왕의 딸이 산다는 도시는?
8. 매일 달리기를 하면서 사는 도시는?
9. 싸움을 좋아하는 호전적인 이름을 가진 도시는?
10. 세상에서 제일 큰 콩은?
11. 매일 새로운 욕이 만들어지는 도시는?

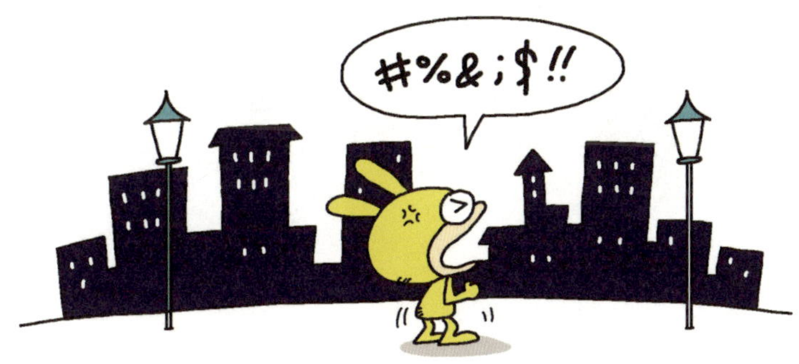

정답
1. 부산 2. 대구 3. 전주 4. 구미 5. 청주 6. 진주 7. 공주 8. 경주 9. 대전 10. 홍콩 11. 뉴욕

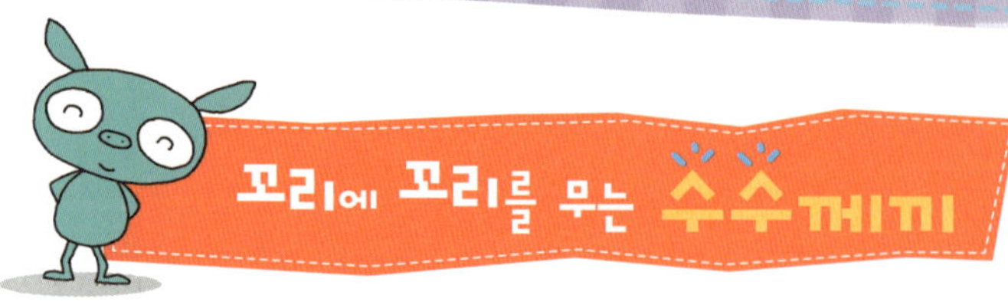

한자(漢字) 수수께끼

1. 열에 대나무 잎하나 붙인 글자는?

2. 나무에 매달린 아들이 있는 한자는?

3. 여자가 갓을 쓰고 있는 한자는?

4. 사람을 옥 속에 가둔 글자는?

5. 여자가 아들을 안은 글자는?

6. 나무가 옥에 갇혀 있는 글자는?

7. 해와 달이 함께 있는 글자는?

8. 입속에 입이 들어있는 글자는?

9. 나무가 둘 있으면 수풀 림(林)이다. 그러면 나무가 다섯 있으면?

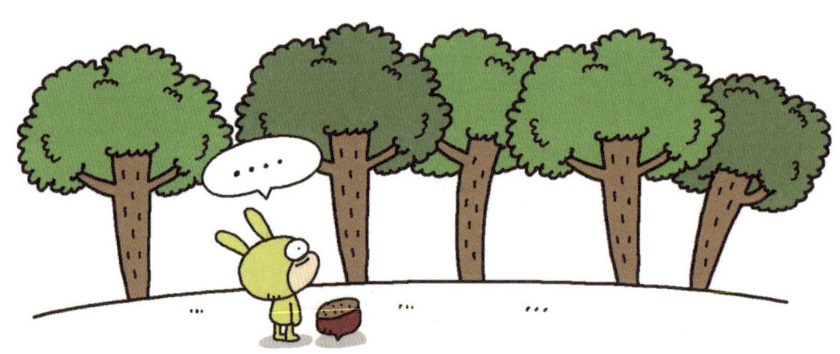

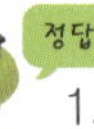

1. 일천 천(千) 2. 오얏 이(李) 3. 편안할 안(安) 4. 가둘 수(囚) 5. 좋을 호(好) 6. 곤할 곤(困)
7. 밝을 명(明) 8. 돌아올 회(回) 9. 삼림(森林)

10 머리는 작고 몸뚱이는 커다란 글자는?

11 입 아래 발이 달린 글자는?

12 입을 1000개나 가진 글자는?

13 두 개의 입을 하나의 긴 막대로 꿰뚫은 한자는?

14 입이 넷 달린 개(犬)는 무슨 한자?

15 나무 밑에 입이 붙어 있는 한자는?

16 밭 위에 비가 내리면 무시무시한 소리가 나는 한자는?

17 쌀(米)을 잘게 나누면(分) 무슨 글자인가?

18 점을 하나 붙이면 단단해지고, 점을 다시 떼면 물렁해지는 글자는?

19 산(山)과 함께 있는 사람은?

20 산(山) 아래에 돌이 있는 글자는?

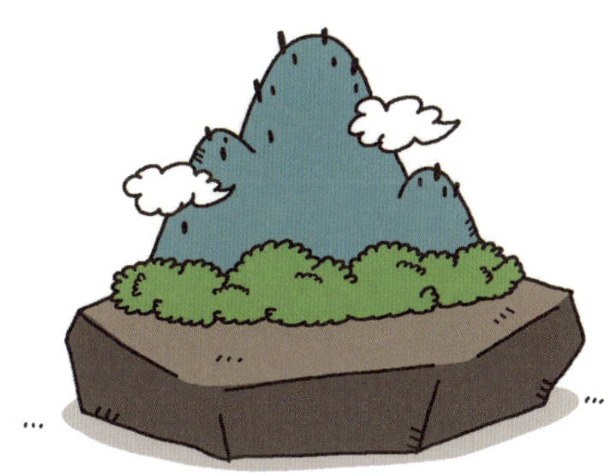

10. 뾰족할 첨(尖) 11. 다못 지(只) 12. 혀 설(舌) 13. 익힐 관(串) 14. 그릇 기(器) 15. 살구 행(杏)
16. 천둥 뇌(雷) 17. 가루 분(粉) 18. 얼음 빙(氷) 19. 신선 선(仙) 20.바위 암(岩)

MEMO

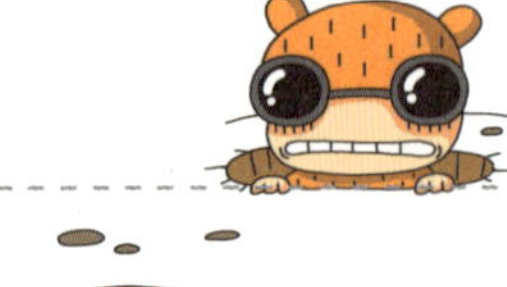

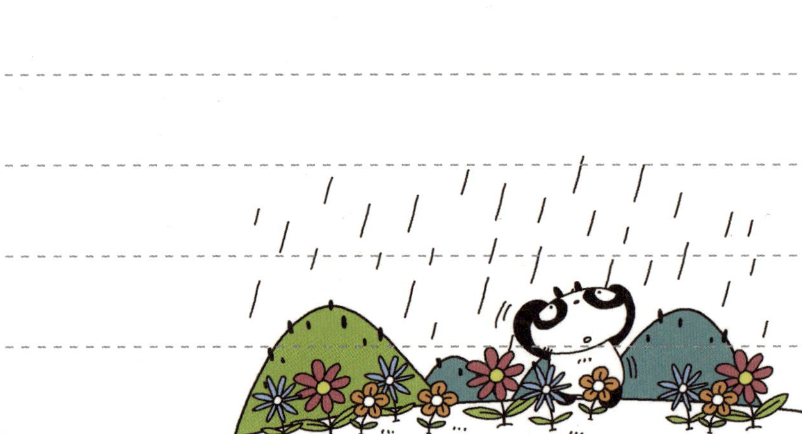

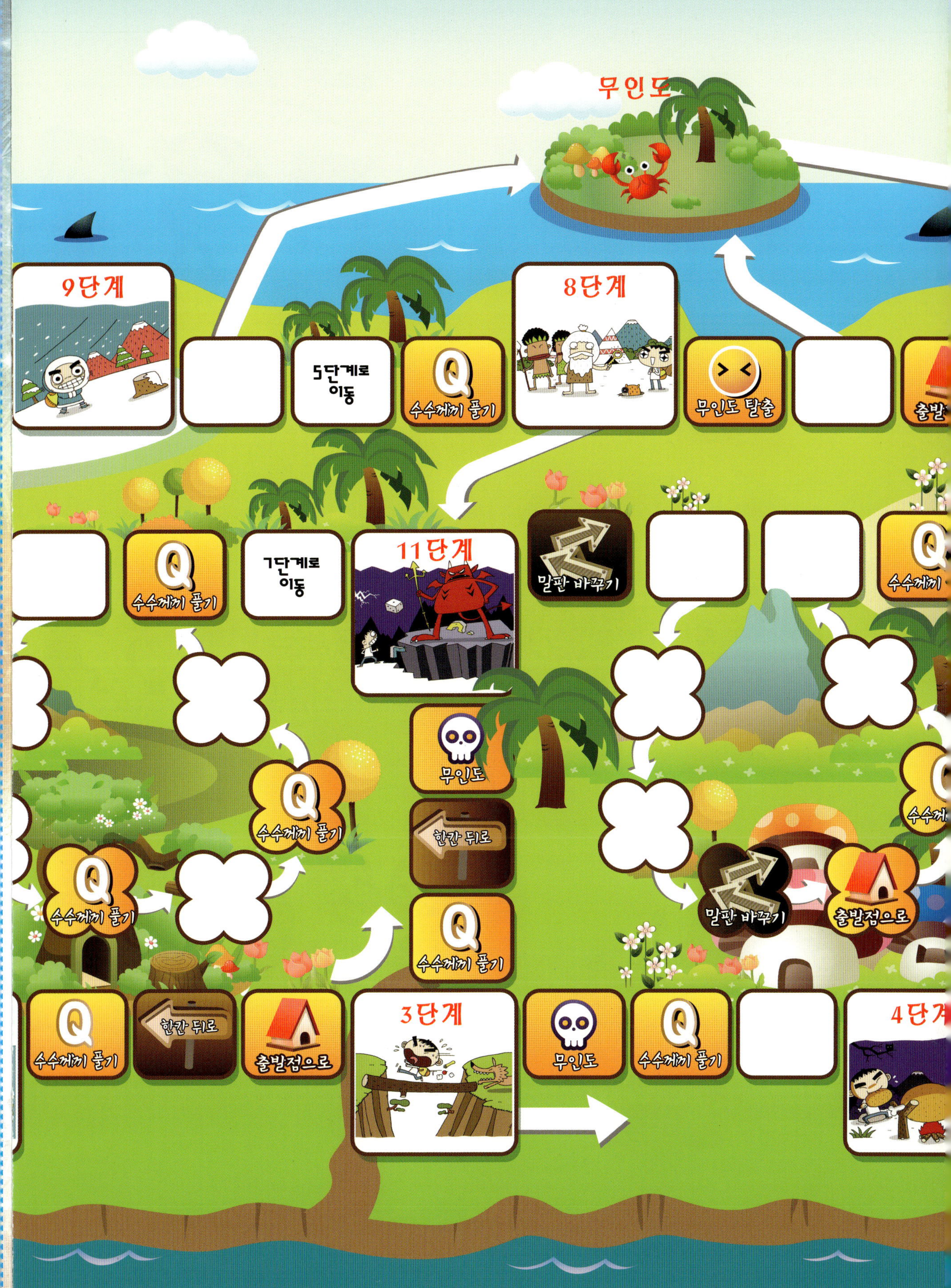
무인도
9단계
5단계로 이동
Q
수수께끼 풀기
8단계
무인도 탈출
출발
Q
수수께끼 풀기
7단계로 이동
11단계
말판 바꾸기
Q
수수께끼
무인도
Q
수수께끼 풀기
한칸 뒤로
Q
수수께끼 풀기
수수께끼
Q
수수께끼 풀기
말판 바꾸기
출발점으로
Q
수수께끼 풀기
한칸 뒤로
출발점으로
3단계
무인도
Q
수수께끼 풀기
4단계

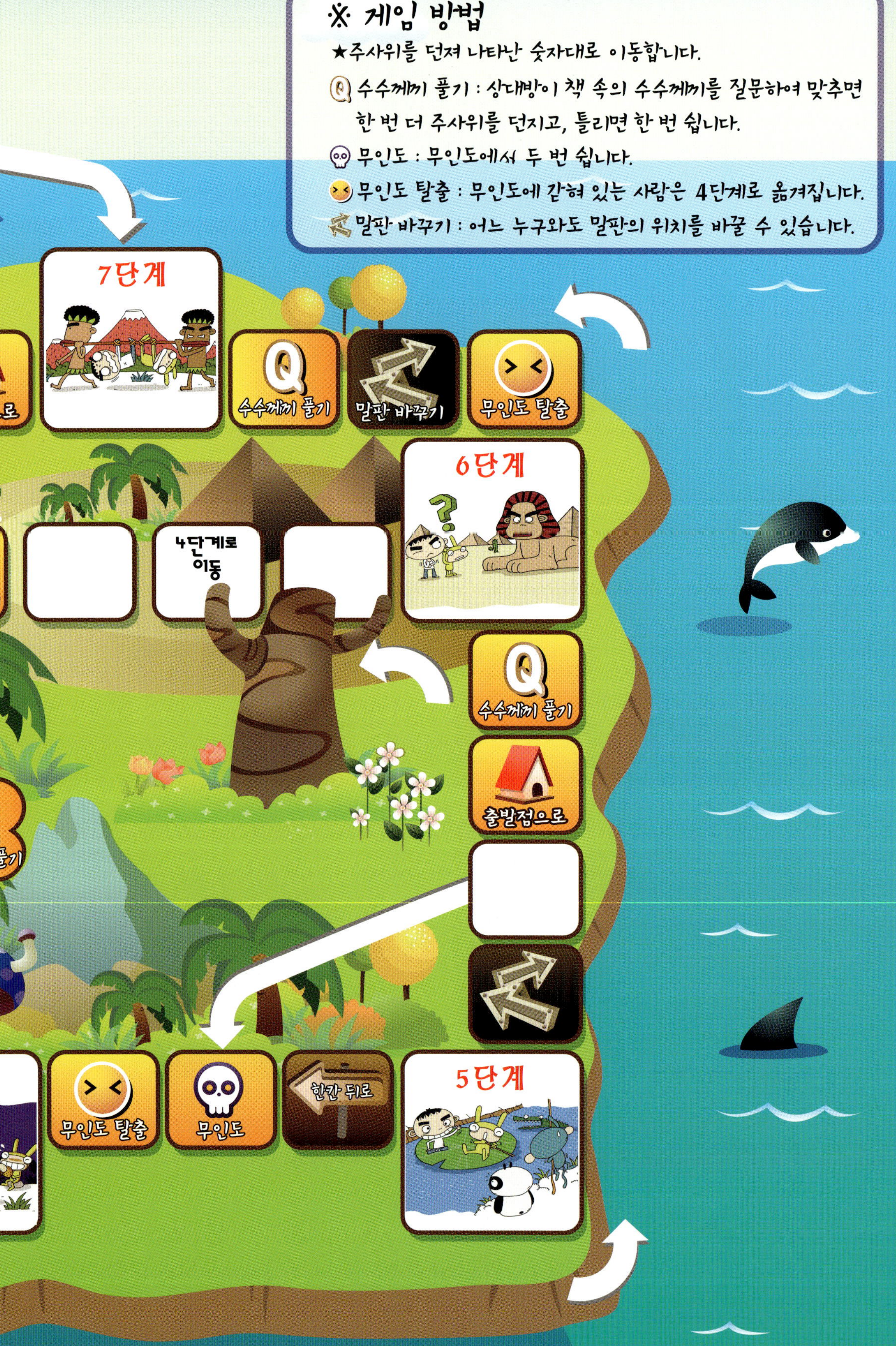

※ 게임 방법
★주사위를 던져 나타난 숫자대로 이동합니다.
수수께끼 풀기 : 상대방이 책 속의 수수께끼를 질문하여 맞추면 한 번 더 주사위를 던지고, 틀리면 한 번 쉽니다.
무인도 : 무인도에서 두 번 쉽니다.
무인도 탈출 : 무인도에 갇혀 있는 사람은 4단계로 옮겨집니다.
말판 바꾸기 : 어느 누구와도 말판의 위치를 바꿀 수 있습니다.
7단계
수수께끼 풀기
말판 바꾸기
무인도 탈출
6단계
4단계로 이동
수수께끼 풀기
출발점으로
무인도 탈출
무인도
한칸 뒤로
5단계